Peter Riemer
Michael Weißenberger
Bernhard Zimmermann

Einführung in das
Studium der Latinistik

Verlag C. H. Beck München

Mit 6 Abbildungen und einer Karte im Text

Die erste Auflage dieses Bandes erschien 1998.

2., vollständig neu bearbeitete Auflage, 2008
Umschlagentwurf: Bruno Schachtner, Dachau
© Verlag C. H. Beck oHG, München 1998
Gesamtherstellung: Druckerei C. H. Beck, Nördlingen
Gedruckt auf säurefreiem, alterungsbeständigem Papier
(hergestellt aus chlorfrei gebleichtem Zellstoff)
Printed in Germany
ISBN 978 3 406 44051 9

www.beck.de

Inhalt

Vorwort

Zehn Jahre sind seit der 1. Auflage der *Einführung in das Studium der Latinistik* vergangen. Allen Rezensenten, die den Band ihrer kritischen Lektüre unterzogen haben, aber auch den Studierenden und Lehrenden, die uns ihre Stellungnahmen zukommen ließen, sei herzlich gedankt, insbesondere dem Verlag C.H.Beck, der eine zweite, überarbeitete Auflage, die viele Anregungen berücksichtigen kann, möglich machte.

Gegenüber der Situation im Jahre 1998 hat sich einiges geändert, vieles ist gleich geblieben. Nicht verändert hat sich der damals festgestellte Befund, daß es immer notwendiger wird, aufgrund der veränderten Studienbedingungen gerade für Studierende im Grundstudium die für das Studium der Latinistik erforderlichen Lehrinhalte, ohne große Vorkenntnisse vorauszusetzen, zugänglich zu machen. Der vorliegende Band versucht, dieses Grundlagenwissen zu vermitteln. Er ist speziell für Studierende der Latinistik geschrieben. Kenntnisse des Griechischen sind nicht erforderlich, wohl aber wird auf die griechische Literatur und Wissenschaftsgeschichte da eingegangen, wo die lateinische Entwicklung ohne die griechische Vorgeschichte nicht verständlich wäre (vor allem in den Kap.II und IX). Was in den einzelnen Kapiteln vorgestellt wird, ist das unabdingbare Grundwissen; die Literaturangaben verweisen jeweils auf einschlägige, weiterführende Literatur.

Verändert haben sich gegenüber 1998 erfreulicherweise die Berufsaussichten für Absolventinnen und Absolventen der Latinistik: Lehrkräfte für Latein werden dringend gebraucht. Die Gründe für die Beliebtheit, derer sich das Fach Latein momentan an den Gymnasien erfreut, sind vielfältig. Sicher mag dazu beigetragen haben, daß die Antike im Augenblick eine weit über die Fachgrenzen hinaus wirkende Attraktivität ausübt. Nachhaltiger dürfte jedoch sein, daß der große didaktische Wert, den der Lateinunterricht in Verbindung mit einer modernen Fremdsprache in Klasse 5 oder 6 des Gymnasiums für die sprachliche und intellektuelle Entwicklung der Schülerinnen und Schüler aufweist, inzwischen generell anerkannt wird.

Verändert hat sich seit 1998 die universitäre Ausbildung. Die im Zusammenhang mit dem sog. Bologna-Prozeß erfolgte Umstellung des Studiums auf eine dreijährige wissenschaftliche Grundausbildung, die mit dem Baccalaureat oder Bachelor of Arts (B.A.) abgeschlossen wird, und einem daran anschließenden Master. Studium (M.A.) und die damit verbundene Modularisierung des Studiums hat zu unterschiedlichen Studienordnungen in den einzelnen Bundesländern und an den verschiedenen Universitäten geführt. Der gesamte Prozeß ist momentan noch nicht abgeschlossen. In Kap. XI. (Das Studium) wird versucht, die derzeitige Studiensituation darzustellen.

Saarbrücken   Peter Riemer
Greifswald   Michael Weißenberger
Freiburg i. Br.   Bernhard Zimmermann

I. Einleitung

Definition des Faches und seines Gegenstandes

Gegenstand der Latinistik im weitesten Sinne ist die in Latein verfaßte Literatur vom Beginn der römischen Literatur im Jahr 240 v. Chr. bis in die Neuzeit hinein. Im Universitätsbetrieb hat sich jedoch aus praktischen Gründen eine in drei Bereiche zerfallende Arbeitsteilung etabliert: Die Latinistik (oder Lateinische Philologie bzw. Lateinische Literaturwissenschaft) behandelt die lateinische Literatur von ihren Anfängen bis zum Ende der Spätantike (7. Jh. n. Chr.); für die in Latein geschriebene Literatur des Mittelalters ist das Mittellatein zuständig; mit den folgenden Epochen, vor allem der Zeit des Humanismus und der Renaissance, befaßt sich das Neulatein.

Im Gegensatz zu den anderen Philologien wie der Germanistik, Romanistik, Anglistik und Slawistik ist der Gegenstand der Latinistik bedeutend umfangreicher. Sie widmet sich nicht nur der Dichtung und der fiktionalen Literatur, sondern allen in Latein verfaßten Texten, also auch der Sach- und Fachliteratur wie der Geschichtsschreibung, philosophischen Werken sowie rhetorischen, architektonischen, landwirtschaftlichen und sonstigen Lehrschriften (S. 150 ff.)*. Aufgrund der besonderen Überlieferungslage der lateinischen Literatur (S. 54 ff.) muß sich die Latinistik in weit höherem Maße, als dies bei den neueren Philologien der Fall ist, mit der Erstellung einer zuverlässigen Textgrundlage befassen und die Wege und Möglichkeiten der Überlieferung eines Werks von der Antike bis in die Neuzeit klären. Eine weitere Besonderheit der Latinistik ist darin zu sehen, daß aufgrund der zeitlichen Distanz, die den Studierenden von seinem Gegenstand trennt, eine möglichst umfassende Rekonstruktion des historisch-kulturellen Hintergrunds als des Erfahrungshorizonts von Autor und Publikum nötig ist, um einen Text in seinen vielfältigen Bezügen in seiner Zeit adäquat zu erfassen. Dies hat zur Folge, daß die Studierenden der Latinistik sich Grundkenntnisse in den zu

---

* Alle Seitenverweise ohne nähere Werkangabe innerhalb des Bandes beziehen sich auf die vorliegende Einführung.

dieser Rekonstruktion beitragenden Wissenschaftszweigen erarbei-
ten sollten, vor allem in der Alten Geschichte, der Philosophie der
Antike, der Kunstgeschichte, der Archäologie und der Indogermanistik für die Sprachgeschichte sowie – für die christliche Literatur der
Spätantike – auch in der Theologie. Da zudem die griechisch-römische Literatur in entscheidendem Maß die europäische Literatur beeinflußte und prägte, sollte die Rezeption, das Nachleben der lateinischen Autoren und Texte, wenigstens exemplarisch berücksichtigt
werden.

Um einen Text der ersten Hauptphase der lateinischen Literatur
von 240 v. Chr. – 240 n. Chr. adäquat zu erfassen, sind bei der in dieser Periode durchgängigen Abhängigkeit der römischen von der griechischen Literatur und der ständigen Auseinandersetzung römischer
Autoren mit ihren griechischen Vorbildern Kenntnisse des Altgriechischen, die mit dem sogenannten *Graecum* nachgewiesen werden,
und Vertrautheit mit der Geschichte der griechischen Literatur erforderlich. Ohne diese Kenntnisse ist das Verständnis von Autoren wie
Plautus und Terenz, Catull, Tibull, Properz, Horaz und Vergil unmöglich. Dasselbe gilt für die römische Rhetorik und Philosophie
dieser Zeit (Lukrez, Cicero), die ohne die griechische Literatur nicht
angemessen gewürdigt werden können. Bis vor wenigen Jahrzehnten
war es denn auch üblich, das Studium der Latinistik mit dem der Gräzistik zu verbinden. Institutionell findet dies noch heute seinen Niederschlag darin, daß Latinistik und Gräzistik in der Regel in einem
Seminar oder Institut für Klassische Philologie zusammengefaßt sind.
Der unterschiedliche Bedarf an Griechisch- und Lateinlehrern hat jedoch seit den 60er Jahren in der Praxis dazu geführt, daß man das Studium der Latinistik immer mehr mit anderen, inhaltlich verwandten
Fächern wie der Geschichte, Archäologie, Theologie oder den neueren Philologien verbindet.

Auch in den ein Studium der Latinistik bestimmenden Schwer-
punkten ist in den letzten Jahrzehnten ein Wandel eingetreten: Zwar
verweist der Begriff ‹Klassische Philologie› programmatisch darauf,
daß im Zentrum der Fächer Gräzistik und Latinistik die klassischen
Texte der jeweiligen Literatur standen – in der Gräzistik also die Autoren von Homer bis ins 5. Jh., eventuell bis in die Zeit des Hellenismus (4./3. Jh. v. Chr.), in der Latinistik vor allem das 1. Jh. v. Chr. und
die wichtigsten Autoren des 1. Jh.s n. Chr. wie Seneca, Tacitus und
Quintilian. Inzwischen ist allerdings in Forschung und Lehre die
christliche und pagane (heidnische) Literatur der Spätantike als

gleichberechtigter Gegenstand hinzugekommen, und in den letzten Jahren hat sich auch die neulateinische Literatur einen festen Platz im Lehrplan der Latinistik erobert.

Zwar herrscht momentan in allen Bundesländern ein großer Mangel an Lehrkräften für das Fach Latein, der sicher noch einige Jahre anhalten wird. Die sinkenden Schülerzahlen, die Einführung des achtjährigen Gymnasiums und die Reduktion der für das Fach Latein zur Verfügung stehenden Unterrichtsstunden werden jedoch in Verbindung mit der Tatsache, daß in einigen Bundesländern im Schnellverfahren fachfremde Lehrkräfte für Latein umgeschult werden, ohne Zweifel dazu führen, daß Latein in wenigen Jahren nicht mehr zu den Mangelfächern zählen wird und eine Stelle im Schuldienst wie vor ca. 10 Jahren höchstens mit besten Noten erreicht werden kann. Deshalb ist nachdrücklich angeraten, andere Berufsziele neben dem Lehramt im Auge zu haben. Die späteren beruflichen Möglichkeiten hängen entscheidend von den mit dem Studium der Latinistik kombinierten Fächern ab. Allgemein läßt sich sagen, daß berufliche Alternativen am ehesten im Bereich des Kulturbetriebs im weitesten Sinne, des Verlagswesens und immer mehr auch in der Tourismusbranche zu sehen sind. Es empfiehlt sich demnach, insbesondere nach der Zwischenprüfung das Studium breiter anzulegen und zum Beispiel durch die im Rahmen eines Studium generale angebotenen fächerübergreifenden Veranstaltungen zu ergänzen.

Die vorliegende *Einführung in das Studium der Latinistik* ist – wie bereits im Vorwort angedeutet – letztlich als eine Reaktion auf die skizzierten Entwicklungen anzusehen. Der Rückgang der für den Lateinunterricht an den Schulen vorgesehenen Stunden und die damit verbundenen geringeren sprachlichen und inhaltlichen Vorkenntnisse machen für Studienanfänger eine Art von latinistischem Propädeutikum erforderlich. Dies wird für die meisten darin bestehen, daß zunächst die sprachlichen Fähigkeiten in Grammatikübungen und Lektürekursen vertieft, die für das Studium erforderlichen Griechischkenntnisse *(Graecum)* nachgeholt und in einer Einführungsveranstaltung die literaturgeschichtlichen und methodischen Voraussetzungen geschaffen werden müssen, die für die Erfassung eines lateinischen Textes erforderlich sind. Der vorliegende Band versucht, diese Grundlagenkenntnisse zu vermitteln; Spezialliteratur zu den einzelnen Abschnitten kann er natürlich nicht ersetzen. Das Literaturverzeichnis am Ende des Bandes enthält jeweils Hinweise auf die wichtigste weiterführende Literatur. Für die einzelnen Autoren dagegen (S. 158 ff.) wird die einschlägige Literatur jeweils im Text nach der Vorstellung des Autors angegeben. In diesem Kapitel kann selbstverständlich nur Basiswissen geboten werden. Es wird demnach empfohlen, zur Vertiefung die einschlägigen Literaturgeschichten zu konsultieren, vor allem M. v. Albrechts *Geschichte der römischen Literatur* (2 Bde., ²1994).

II. Geschichte der Klassischen Philologie

Philologische Bearbeitung der Werke lateinischer Dichter findet in Rom erstmals im 2. Jh. v. Chr. statt, etwa hundert Jahre nach den ersten Anfängen der lateinischen Literatur. Wie Literatur selbst, so hat sich auch Philologie in Rom nicht aus eigenständigen, lateinischen Wurzeln entwickelt, sondern wurde als fertig ausgebildete Disziplin aus dem griechischen Kulturkreis übernommen. Eine geschichtliche Übersicht muß deshalb mit einem Blick auf Griechenland bzw. die von hellenischer Kultur geprägten Länder des östlichen Mittelmeeres beginnen.

1. Griechische Ursprünge

1.1. Die voralexandrinische Zeit (bis ca. 300 v. Chr.)

Philologie als eigenständige wissenschaftliche Disziplin entwickelte sich in den ersten Jahrzehnten des 3. Jh.s v. Chr. in Alexandria. Die ersten Versuche einer Bearbeitung von Dichtertexten, in denen zumindest Elemente philologischer Tätigkeit zu erkennen sind, reichen aber viel weiter zurück: So hören wir von einem Theagenes von Rhegion (6. Jh.), der nicht nur Biographisches über den ersten Dichter der Griechen, Homer, zusammentrug, sondern auch Textinterpretation betrieb: Mit dem Instrument der allegorischen Deutung versuchte er, die in den homerischen Epen vermittelte und bereits im 6. Jh. kritisierte Gottesvorstellung zu rechtfertigen.

Bis ins 4. Jh. hinein blieb unseres Wissens Homer der einzige Gegenstand der ‹vorphilologischen› Bearbeitung. Neben der Produktion von Schriften zur sachlichen Erklärung bemühte man sich auch, einen einigermaßen zuverlässigen Text der alten Epen zu sichern. Die in diesem Zusammenhang oft erwähnte sogenannte ‹Peisistratidische Rezension› (d. h.: die Fixierung eines gewissermaßen ‹offiziellen› Homertextes im Athen der Söhne des Tyrannen Peisistratos, Ende 6. Jh.) läßt sich allerdings nicht als historisches Faktum erweisen; von dem epischen Dichter Antimachos von Kolophon (um 400) ist dagegen sicher bezeugt, daß er eine Homer-Ausgabe erstellt hat. Es ist aber unwahrscheinlich, daß er oder auch Aristoteles, der für seinen Schüler Alexander einen Homertext eigenhändig korrigierte, bereits ein dem später in Alexandria entwickelten vergleichbares Verfahren regelrechter Textkritik angewandt haben.

Auch das sogenannte ‹athenische Staatsexemplar›, eine um 330 auf Initiative des Lykurgos erstellte Ausgabe sämtlicher Stücke der drei großen attischen Tragödiendichter des 5. Jh.s (Aischylos, Sophokles, Euripides), war keine kritische Ausgabe nach den Standards der späteren Philologie, sondern eine Fixierung des aktuell gängigen Textes, durch die weitere willkürliche Veränderungen (vor allem Hinzufügungen – man spricht von Schauspieler-Interpolationen, die anläßlich der Wiederaufführung der alten Stücke in die Texte eingearbeitet wurden) verhindert werden sollten.

Auch für andere Teilgebiete der Philologie wurde in voralexandrinischer Zeit immerhin der Grund gelegt: Mehrere der sogenannten ‹Sophisten› befaßten sich mit grammatischen und sprachwissenschaftlichen Fragen: So beschrieb Protagoras erstmals grammatische Genera und Modi, Prodikos begründete die Synonymik, Hippias schrieb über die Wirkung von Klangelementen der Sprache. Solche Forschungen wurden im 4. Jh. durch Platon und Aristoteles weiter vorangetrieben. Letzterer und die von ihm begründete peripatetische Schule widmeten sich auch der systematischen Ermittlung von historischen Fakten und Gegebenheiten, die für das Verständnis der alten Dichtung wichtig waren: So erstellte Aristoteles selbst eine Sammlung der Didaskalien, also der Protokolle der athenischen Tragödien- und Komödienaufführungen. Schüler des Aristoteles, wie Theophrastos, Herakleides Pontikos, Chamaileon u. v. a. erweiterten und vertieften diese antiquarische Forschung. Es entstand die nach dem ersten Wort des Titels jeder der Schriften sogenannte *Peri-Literatur* (von περί ‹über›). Ein Vertreter dieser peripatetischen Gelehrsamkeit, Demetrios von Phaleron, siedelte 297 von Athen nach Alexandria über; seine Person steht wie ein vermittelndes Bindeglied zwischen dem zu Ende gehenden Zeitalter der athenischen und dem anbrechenden der alexandrinischen Philologie.

1.2. Die Alexandriner

Der erste Ptolemaierkönig (Ptolemaios Soter, 305–285 v. Chr.) versammelte um sich einen Kreis von Gelehrten und Dichtern, die das Bestreben verband, angesichts des intensiv in allen Lebensbereichen empfundenen Umbruches das immense Erbe der griechischen Literatur, vornehmlich der Poesie zu bewahren und durch intensives Studium gegebenenfalls für eigene dichterische Versuche fruchtbar zu machen. Prominentester Vertreter der ersten Generation dieses neuen Typus des ‹Dichterphilologen› war der schon in einer antiken Quelle als «zugleich Dichter und Philologe» bezeichnete Philitas von Kos (ca. 325–285 v. Chr.). Noch unter dem ersten Ptolemaierkönig wurde, vielleicht auf Anregung des Demetrios von Phaleron, das *Museion* gegründet. Den Mittelpunkt dieser aus königlichen Mitteln finanzierten Wohn-, Forschungs- und Lehrstätte bildete die Bibliothek, die bereits um 285 etwa 200 000 Bände (Rollen) umfaßte und damit sämtliche bis dahin vorhandenen Büchersammlungen der griechischen Welt (die größte war wohl die des Aristoteles) bei weitem übertraf. Ihren größten Bestand erreichte die Bibliothek (das sogenannte *Brucheion*) in der Mitte des 1. Jh.s v. Chr. mit ca. 700 000 Rollen; die zweite Bibliothek Alexandrias, das wahrscheinlich unter Ptolemaios III. Euergetes gegründete *Serapeion*, enthielt dagegen nie mehr als 43 000 Rollen.

In Alexandria wurde Philologie von Anfang an als eigenständige Disziplin betrieben, die ihren Zweck, die Bewahrung und Erklärung der alten Literatur, in sich selbst trägt. So ist von dem Philitas-Schüler Zenodotos von Ephesos, dem ersten Leiter der neugegründeten Bibliothek, nicht bekannt, daß er seine Studien für eigenes poetisches Schaffen nutzbar gemacht hätte. Zenodot erarbeitete als erster eine kritische Ausgabe der homerischen und der hesiodischen Epen mit dem Ziel der Wiedergewinnung des Urtextes, in der er bei divergierenden Versionen verschiedener Überlieferungsträger begründete Entscheidungen zu treffen versuchte; als erster gebrauchte er den sogenannten *Obelos*, einen waagerechten Strich am Rand zur Kennzeichnung von Versen, die er für unecht hielt; der Vers blieb aber im Text, so daß dem Leser eine eigene Entscheidung ermöglicht wird: Zenodot hat damit eines der Prinzipien moderner kritischer Textausgaben begründet – wogegen die Fragwürdigkeit mancher der für ihn überlieferten textkritischen Entscheidungen wenig ins Gewicht fällt. Ähnliche philologische Pionierarbeit wie Zenodot für das Epos leisteten seine Zeitgenossen Lykophron für die komische und Alexandros Aitolos für die tragische Dichtung.

Kallimachos von Kyrene (ca. 310–240 v. Chr.) war selbst zwar nie, wie früher fälschlich angenommen, Leiter der Bibliothek, leistete aber die grundlegende Arbeit für deren Benutzbarkeit als wissenschaftliches Arbeitsinstrument: In den 120 Bücher umfassenden *Pinakes* legte er ein Verzeichnis des damals in der Bibliothek vorhandenen Literaturbestandes vor; das Werk war nach literarischen Gattungen in sechs Gruppen eingeteilt, innerhalb derer in alphabetischer Reihenfolge die einzelnen Autoren aufgeführt wurden, jeweils mit Lebensdaten und Werkverzeichnis. Neben seiner gelehrten Tätigkeit fand Kallimachos auch Zeit für eigene Dichtung; er ist derjenige Autor, der dem neuen poetologischen Programm des Hellenismus die maßgebliche Formulierung gegeben hat.

Apollonios Rhodios (ca. 300 – nach 246 v. Chr.), der bedeutendste unter den zahlreichen Schülern des Kallimachos, übernahm zu einem nicht genau zu sichernden Zeitpunkt als Nachfolger Zenodots die Leitung der Bibliothek. Über seine philologische Tätigkeit ist wenig bekannt, doch ist er der letzte der großen alexandrinischen Gelehrten, der sich auch als Dichter einen Namen gemacht hat; sein Argonautenepos *(Argonautika)* in vier Büchern ist vollständig erhalten.

Für den Nachfolger des Apollonios, Eratosthenes von Kyrene (ca. 276–195 v. Chr.), war dagegen Poesie nichts weiter als eine Nebentätigkeit. Er erstrebte und beanspruchte für sich universale Gelehrsamkeit, die auch den gesamten Bereich der Naturwissenschaften einschloß. Um diesen neuen Anspruch zu manifestieren, bezeichnete er sich selbst als *philologos* (φιλόλογος) und distanzierte sich damit von seinen als *kritikoi* (κριτικοί) bzw. *grammatikoi* (γραμματικοί) bezeichneten Vorgängern. Sein Hauptwerk auf dem Gebiet der eigentlichen Philologie war eine mindestens 12 Bücher umfassende Abhandlung über die Alte Komödie. Scharf widersprach Eratosthenes denjenigen, die Dichtung als Quelle präziser Sachinformation benutzen zu können glaubten und so etwa die Stationen der Fahrt des Odysseus aufgrund der Angaben in der *Odyssee* geographisch zu lokalisieren versuchten; da müsse man zuvor, so sein sarkastischer Kommentar, den Schuster ausfindig machen, der den ledernen Windsack des Aiolos (des Hüters der Winde) zusammengenäht habe.

Ihren Höhepunkt erreicht die alexandrinische Philologie in Eratosthenes' Nachfolger, Aristophanes von Byzanz (ca. 255–180 v. Chr.), der sich – soweit wir wissen – weder als Dichter noch als Naturwissenschaftler betätigte. Um so imposanter in Umfang und Qualität sind die Ergebnisse seiner philologischen Arbeit: Seine kritischen Ausgaben der Epiker, Lyriker, Tragiker und Komiker wurden in den folgenden Jahrhunderten der Antike (vom Mittelalter zu schweigen) nicht mehr übertroffen und bildeten die Grundlage der gesamten weiteren Überlieferung dieser Texte. Gegenüber seinen Vorgängern entwickelte Aristophanes ein erweitertes und verfeinertes System textkritischer Zeichen, versah überall da, wo die bloße Buchstabenfolge uneindeutig war, die Wörter mit von ihm selbst erfundenen Akzentzeichen und erleichterte das syntaktische Verständnis durch eine konsequent durchgeführte Interpunktion. Lyrische Dichtung notierte er als erster nicht mehr fortlaufend, sondern setzte die metrischen Einheiten durch jeweils neue Zeilen voneinander ab und begründete damit das noch heute übliche Verfahren. Seine *Hypotheseis* (Inhaltsangaben, lateinisch *argumenta*) zu den Tragikern und zu dem Komödiendichter Aristophanes sind, zum Teil in abgekürzter Form, bis heute erhalten geblieben. Neben seiner editorischen Tätigkeit verfaßte Aristophanes auch ein umfangreiches lexikographisches Werk, in dem er unter anderem zwischen älterem und jüngerem Vokabular unterschied, auf regionale und dialektale Besonderheiten einging und so Pionierarbeit auf dem Gebiet der griechischen Sprachwissenschaft leistete. Auch durch seine Qualitätsentscheidungen als Literaturkritiker hat Aristophanes die weitere Textüberlieferung entscheidend geprägt: Auf ihn gehen wenn nicht alle, so doch einige der in der Neuzeit als *canones* bezeichneten Listen zurück, in denen die vorbildlichen Vertreter jeder Literaturgattung verzeichnet wurden (zum Beispiel die drei Tragiker: Aischylos, Sophokles, Euripides; die Griechen sprachen von οἱ ἐγκριθέντες bzw. οἱ πραττόμενοι, die Römer von *classici*); fast alles, was nicht in diesen Klassikerkanon aufgenommen wurde, hat die folgenden Jahrhunderte bis zum Ende der Antike nicht überstanden. Die Bedeutung des Aristophanes für die Überlieferungsgeschichte des größten Teiles der älteren griechischen Literatur kann also kaum überschätzt werden.

Die Reihe der bedeutenden Philologen Alexandrias endet mit Aristarchos von Samothrake (ca. 216–144 v. Chr.). Den Schwerpunkt seiner Tätigkeit bildete das von seinen Vorgängern vernachlässigte Gebiet der Kommentierung. Aristarchos verfaßte Kommentare (*hypomnemata*, ὑπομνήματα) zu beinahe allen bedeutenden Dichtern und zu einem Prosaiker, dem Geschichtsschreiber Herodot; insgesamt soll er nach Angabe eines byzantinischen Lexikons 800 Bücher geschrieben haben. Nach unserer Kenntnis enthielten diese Kommentare umfangreiche Wort- und Sacherklärungen sowie Stellenvergleiche; bei der Interpretation befolgte Aristarchos insgesamt den Grundsatz, einen Autor aus sich selbst heraus zu erklären.

Etwa im Jahr 145 v. Chr. endet mit politischen Wirren im Ptole-

maierreich die Glanzzeit der alexandrinischen Philologie; zahlreiche
Gelehrte verließen Ägypten, um anderswo die Tradition fortzuset-
zen. Das wissenschaftliche Niveau eines Aristophanes oder Aristarch
hat die griechische Philologie der Antike aber nicht wieder erreicht.
Von dem ausgebreiteten philologischen Schrifttum der Alexandriner
hat sich kein einziges Werk im Original erhalten; unsere Kenntnis beruht ausschließlich auf Angaben in Scholien (antiken und mittelalterlichen Kommentaren), Lexika, spätantiken Autoren wie Athenaios
sowie neuerdings vermehrt auf Papyrusfunden.

1.3. Pergamon

Eine rivalisierende und in vieler Hinsicht antagonistische philologische Tradition erwuchs den Alexandrinern seit dem Beginn des 2.Jh.s
v. Chr. in der Schule von Pergamon. Sie war von König Attalos I.
(241–197 v. Chr.) begründet worden und erreichte ihre Blüte unter
dessen Nachfolger Eumenes II. (197–158 v. Chr.), der nicht nur den
berühmten Stoiker Krates von Mallos und einige seiner Schüler für
Pergamon gewinnen konnte, sondern dort auch – in deutlicher Konkurrenz zu Alexandria – eine große Bibliothek gründete. Die Schule
von Pergamon verdient innerhalb eines kurzen Überblicks über die
Geschichte der Philologie aus folgenden Gründen Beachtung:

– Das von den Stoikern entwickelte System der Grammatik wurde in
  Pergamon vervollkommnet. Ein auch für uns noch greifbares Ergebnis dieser grammatischen Studien ist die vollständig erhaltene
  griechische Grammatik des auf Rhodos lebenden Dionysios Thrax
  (geb. um 166 v. Chr.), eines Aristarch-Schülers, der aber stark von
  der pergamenisch-stoischen Tradition beeinflußt ist; sein schmales
  Werk bietet im wesentlichen die noch heute gebräuchliche Terminologie: «Einen ähnlichen Einfluß dürfte kaum ein zweites Buch ähnlichen Umfanges aufzuweisen haben» (Gudeman, Grundriß S. 53).
– Die bis ins 6.Jh. zurückreichende allegorische Homerdeutung
  wurde von den Pergameniern in demonstrativem Gegensatz zur
  Interpretationsmethode des Aristarch wiederbelebt; das gesamte
  stoische Lehrgebäude versuchte man auf diese Weise aus der Dichtung Homers herauszulesen.
– Im Gegensatz zu der (von Eratosthenes abgesehen) auf Wortkritik
  und -erklärung konzentrierten alexandrinischen Philologie trieb
  man in Pergamon ausgedehntere und vielseitigere Studien. Diese
  verselbständigten sich allmählich und entwickelten sich zu der rein

antiquarischen Gelehrsamkeit eines Polemon von Ilion (etwa
1. Hälfte 2.Jh. v. Chr.) und anderer, denen die alten Dichtungen
hauptsächlich als Fundgruben für historische, mythologische, to-
pographische und andere Spezialkenntnisse galten – Tendenzen,
die Teilbereichen der positivistischen Altertumswissenschaft des
19.Jh.s (S. 38 ff.) seltsam verwandt wirken.

– Wichtig sind die Pergamenier nicht zuletzt wegen ihres starken Ein-
flusses auf Entstehung und Entwicklung der römischen Philologie:
Genannt und in seiner Bedeutung wohl überschätzt wird in diesem
Zusammenhang seit Sueton (*De grammaticis* 1f.) stets der durch einen Beinbruch nötig gewordene, mehrmonatige Aufenthalt des
Krates in Rom, wo er die Zeit zu aufsehenerregenden Vorträgen
nutzte. Die Beeinflussung des geistigen Lebens in Rom durch die
Pergamenier hielt aber während des 1.Jh.s v. Chr. kontinuierlich
an; genannt seien hier nur, stellvertretend für viele, der Lehrer des
Hyginus, Alexandros Polyhistor (ca. 100–46 v. Chr.) sowie Apollodoros von Pergamon, bei dem der junge Octavian lernte.

2. Römische Philologie

2.1. Republik und frühe Kaiserzeit

Zwar läßt Sueton die Geschichte der römischen Philologie mit dem
Aufenthalt des Krates in Rom beginnen. Wichtiger dürfte es aber gewesen sein, daß im Laufe der 1. Hälfte des 2.Jh.s v. Chr. in Rom allmählich ein geeignetes soziales und kulturelles Umfeld entstand:
«Reichtum war nötig ... Verfeinerung von Geschmack und Lebens-
weise mußte als Tugend gelten» (Kaster, Geschichte der Philologie,
S. 4); mit dem allmählichen Zustandekommen dieser Existenzbedin-
gungen für ein geistiges Leben konnte als die wohl späteste Frucht einer geistigen Kultur auch die Philologie, die reflektierte Arbeit mit
Literatur, in Rom heranreifen.

Gut ein Jahrhundert nachdem die Literatur selbst in Rom heimisch
geworden war, wirkten dort bereits zwei bedeutende Gelehrte. L. Accius (ca. 170–86 v. Chr.) verfaßte Schriften über griechische und lateinische Autoren wie Livius Andronicus, Naevius, Pacuvius, erörterte
Fragen der Chronologie, betrieb Echtheitskritik an den unter Plautus'
Namen überlieferten Stücken und erarbeitete Reformvorschläge für
die Orthographie. L. Aelius Stilo (geb. um 140 v. Chr.), der Lehrer

Varros und Ciceros, begleitete im Jahre 100 Q. Metellus ins Exil nach
Rhodos, wo er und Dionysios Thrax (S. 18) zusammengetroffen sein
dürften. In seinen zahlreichen Schriften verband er genaues Sprach-
studium und Sachbezug: Er arbeitete unter anderem über die ältesten
lateinischen Sprachdenkmäler (Salierlied, Zwölftafelgesetz) und über
Plautus (er hielt 25 Stücke für echt, vgl. Gellius 3, 3, 12).

M. Terentius Varro (116–27 v. Chr.) gilt als der größte Gelehrte
Roms und genoß bereits unter seinen Zeitgenossen so hohes Ansehen, daß er in der ersten öffentlichen Bibliothek Roms (gegründet ca.
38 v. Chr. durch Asinius Pollio) als einziger Lebender durch ein Bildnis geehrt wurde. Von seinem umfangreichen und thematisch höchst
vielfältigen Werk (Grammatik, Literaturgeschichte, antiquarisch-hi-
storische und geographische Studien) sind leider nur 5 Bücher aus *De
lingua Latina* sowie eine Spezialschrift über den Landbau *(De re rustica)* erhalten. Varro prägte entscheidend das Bild der römischen Literaturgeschichte (so sind zum Beispiel die 21 überlieferten Plautus-
komödien diejenigen, die er für echt hielt, vgl. Gellius 3, 3, 2–9), schuf
eine Methode der Etymologie und wurde zusammen mit seinem Zeitgenossen Nigidius Figulus (gest. 45 v. Chr., schrieb *Commentarii
grammatici* in mindestens 29 Büchern) zum Schöpfer der noch heute
gültigen grammatischen Terminologie des Lateinischen.

Im 1. Jh. n. Chr. ist die römische Philologie durch eine Vielzahl bedeutender Namen repräsentiert; an die Stelle selbständiger wissenschaftlicher Forschung tritt aber zunehmend die Erarbeitung systematischer, aus den Arbeiten der Vorgänger schöpfender Handbücher
sowie für den Schulbetrieb geeigneter Materialien. So legte M. Verrius
Flaccus (ca. 55 v. Chr.-20 n. Chr.) mit seinem lexikographischen Werk
De verborum significatu eine auf Varro basierende Fundgrube für Altlatein, archaische Riten und Gebräuche sowie das Schul- und Staats-
wesen des alten Rom vor. Das Werk wurde zweimal epitomiert, d. h.
zu einer Kurzfassung verkleinert: Anfang des 3. Jh.s durch Festus und
im 8. Jh. durch Paulus Diaconus; in diesen Kurzfassungen ist es teilweise erhalten. Remmius Palaemon, der Lehrer Quintilians, publizierte zwischen 67 und 77 seine auf Dionysius Thrax fußende *Ars
grammatica*, die Grundlage aller späteren lateinischen Grammatiken.
M. Valerius Probus aus Berytos (geboren um 40 n. Chr.), der größte
römische Textkritiker, erarbeitete nach alexandrinischem Vorbild
Ausgaben des Vergil, aber auch weniger ‹modischer› Autoren wie des
Lukrez und Terenz, womit er zu einem Vorläufer der Archaisten des 2.
Jh.s wurde (S. 21, 121). Asconius Pedianus (ca. 9–76 n. Chr.) kommen-

tierte die Reden Ciceros; zu fünf Reden, darunter zwei verlorenen, ist dieser Kommentar erhalten. Mit welch enorm gewachsenem Selbstbewußtsein die römische Philologie sich selbst und ihren Gegenstand, die lateinische Literatur, sah, zeigt sich schon darin, daß Asconius seinen Cicero-Kommentar ganz bewußt als lateinisches Gegenstück zu den Demosthenes-Kommentaren seines älteren Zeitgenossen Didymos verfaßt hat. Am Ende dieses Abschnittes sei noch C. Suetonius Tranquillus genannt, dessen Lebenszeit bereits weit ins 2. Jh. reicht. Sein in geringen Teilen erhaltenes enzyklopädisches Werk ist an Umfang und Breite nur mit dem Varros zu vergleichen, das er ausschöpfte und insbesondere stilistisch in eine dem Zeitgeschmack entsprechende Form brachte; damit hat er – ungewollt – wesentlich zum Verlust dieses Werkes beigetragen.

2.2. Mittlere Kaiserzeit und Spätantike

Von großer Belesenheit zeugende Kompilationen, wie sie uns in den *Noctes Atticae* des Gellius vorliegen, und *epitomai* (Kurzfassungen) bestimmen das Bild der römischen Philologie des 2. Jh.s. Der literarische Geschmack dieser Zeit war durch eine Vorliebe für die archaische Epoche geprägt. Man ging sogar so weit, die altlateinischen Autoren über die ‹Klassiker› (bei Gellius findet sich erstmals der Ausdruck *scriptor classicus* im modernen Sinn) zu stellen. So verfaßte L. Casellius Vindex in hadrianischer Zeit die *Antiquae lectiones*, ein alphabetisch geordnetes Glossar des Altlatein, das in Auszügen bei Cassiodor vorliegt. C. Sulpicius Apollinaris, der Lehrer des Gellius, befaßte sich mit Terenz; erhalten sind seine in Trimetern geschriebenen *periochae* (Inhaltsangaben) der sechs Komödien. Aber auch klassische Autoren wurden kommentiert, wie zum Beispiel Horaz durch Q. Terentius Scaurus (erhalten sind von dem angesehensten Philologen der hadrianischen Zeit aber nur zwei kleine Schriften *De orthographia*) und Pomponius Porphyrio (um 200, verkürzt erhalten).

Einen erst im frühen Mittelalter deutlich unterbotenen Tiefstand erreichen Bildung und Philologie in der mehrere Jahrzehnte währenden politischen und wirtschaftlichen Krise des 3. Jh.s (S. 121). Erwähnenswert sind lediglich C. Censorinus, dessen ganz von Sueton und damit von Varro abhängiges Buch *De die natali* (238) erhalten ist, sowie Plotius Sacerdos mit seinen (ebenfalls erhaltenen) *Artium grammaticarum libri* (Ende 3. Jh.).

Ihre größte Bedeutung erlangt die lateinische Philologie der Antike

in den letzten beiden Jahrhunderten ihrer Geschichte, was nicht mit
Originalität oder Qualität der in dieser Zeit entstandenen Schriften
zusammenhängt, sondern damit, daß sie in großem Umfang erhalten
blieben und so das Schulwesen in Mittelalter und Neuzeit entscheidend prägen konnten. Die Philologen des 4. und 5. Jh.s haben vornehmlich auf zwei Gebieten die für viele Jahrhunderte gültigen
Standardwerke geschrieben, dem der Klassiker-Kommentierung und
der systematischen (Schul-)Grammatik. Nonius Marcellus (wohl 1.
Hälfte 4. Jh.) verfaßte für seinen Sohn ein lexikalisch, grammatisch
und antiquarisch orientiertes Werk in 20 Büchern *(De compendiosa
doctrina)*. Die maßgebende lateinische Grammatik für Spätantike und
Mittelalter stammt aus der Feder des Aelius Donatus, des Lehrers des
Bibelübersetzers Hieronymus; sie zerfällt in zwei Teile, die sogenannte *ars minor* für den Elementarunterricht und die *ars maior* für
Fortgeschrittene. Erhalten ist auch Donats umfangreicher Kommentar zu fünf der sechs Terenzkomödien, verloren dagegen bis auf geringe Reste sein Kommentar zu Vergil: Zu diesem Autor haben wir einen aus reicher Tradition schöpfenden, hinsichtlich der Tiefe des literarischen Urteils jedoch eher enttäuschenden Kommentar des
Servius (ebenfalls 4. Jh.). Die umfangreichste lateinische Grammatik
schrieb um 500 Priscianus *(Institutio grammatica* in 18 Büchern),
nach modernem Urteil «ein ebenso elender Stilist als ein oberfläch-
licher und stumpfsinniger Abschreiber» (Gudeman, Grundriß S.
129f.), dessen Werk neben dem des Donatus weiteste Verbreitung
fand. Weniger wichtig sind daneben die lateinischen Grammatiken
des Charisius und des Diomedes (beide um 400), die vornehmlich für
das oströmische Publikum bestimmt waren. Ein lebendiges Bild von
Interessen und Diskussionsstil der Gebildeten um 400 vermitteln die
Saturnalia des Macrobius, von dem auch ein Kommentar zu Ciceros
somnium Scipionis überliefert ist.

Mit den letzten beiden Namen, die in diesem Überblick erwähnt
werden sollen, erreichen wir die Schwelle des Mittelalters. Boëthius
(ca. 480–524), der letzte römische Gelehrte mit umfassender Kenntnis
der griechischen Sprache und Literatur, hat durch seine Übersetzungen von Schriften des Aristoteles das philosophische Denken des Mittelalters wesentlich bestimmt. Cassiodorus (485–580), Gründer des
Monasterium Vivariense, sah in seinen für die Mönche dieses Klosters
verfaßten *Institutiones* das Lesen und Kopieren alter Literatur als eine
angemessene Betätigung vor. In seinem Traktat *De orthographia* gab
er den Kopisten einen Leitfaden zur Vermeidung verbreiteter, beson-

ders durch die sich verändernde Aussprache bedingter Fehler an die Hand. Cassiodor hat damit – ähnlich wie Benedikt im Kloster Monte Cassino – eine das ganze Mittelalter anhaltende Tradition mitbegründet, ohne die von der nichtchristlichen lateinischen Literatur der Antike wahrscheinlich kein einziges Werk erhalten geblieben wäre.

3. Das Mittelalter in Westeuropa

Ohne hier auf die grundsätzliche Zweifelhaftigkeit von starren Epochengrenzen eingehen zu können (S. 112 ff.), sei dennoch zur Orientierung eine Jahreszahl als möglicher Indikator für den Übergang von der Antike zum Mittelalter gegeben. So bietet sich für die Geistesgeschichte der symbolträchtige Synchronismus des Jahres 529 an, in dem die seit über 900 Jahren bestehende Schule Platons in Athen geschlossen wurde und Benedikt von Nursia sein Kloster auf dem Monte Cassino gründete. Auch für das Ende des Mittelalters lassen sich, je nach sachlicher und regionaler Perspektive, um etwa eineinhalb Jahrhunderte differierende Angaben finden; in der Geschichte der Klassischen Philologie endet das Mittelalter im Verlauf der ersten Hälfte des 14. Jh.s, zunächst in Italien, mit einiger Verzögerung auch im übrigen Westeuropa.

Innerhalb dieses etwa acht Jahrhunderte währenden Zeitraumes sind hinsichtlich des Schicksals antiker Bildung und Literatur drei Phasen zu unterscheiden: In einer Zeit des tiefen Verfalls, den auch vereinzelte Rettungsbemühungen wie die eines Gregor von Tours (540–594) oder Isidor von Sevilla (570–636) nicht aufzuhalten vermochten, ging ein großer Teil der antiken lateinischen Literatur unwiederbringlich verloren. Daß überhaupt manches erhalten blieb, ist den Klöstern, nicht zuletzt irischen Gründungen wie Bobbio und St. Gallen, zu verdanken.

Mit der kurzen, sogenannten ‹karolingischen Renaissance› (seit dem letzten Viertel des 8. Jh.s) lebt das Interesse am literarischen Erbe der lateinischen Antike wieder auf und besteht kontinuierlich fort im Verlauf des ‹benediktischen Zeitalters› (bis um 1100). Dies ist die Blütezeit der Klosterschulen und -bibliotheken. Zentren der Bildung sind in Italien Bobbio und Monte Cassino, in Frankreich Tours, Fleury, Ferrières, Corbie und Cluny, im deutschsprachigen Raum St. Gallen, Reichenau, Fulda, Lorsch, Hersfeld, Corvey und Hirsau. Die meisten der erhaltenen lateinischen Autoren sind durch zum Teil prachtvolle Handschriften aus dieser Zeit repräsentiert. Manche Gelehrte, wie etwa Servatus Lupus (805–862), Abt von Ferrières, erinnern durch die Leidenschaft, mit der sie Handschriften lateinischer Klassiker sammeln und abschreiben lassen, beinahe schon an die italienischen Humanisten. Die letzten Jahrhunderte des Mittelalters stehen im Zeichen der Scholastik, jenes Bemühens, die Lehren antiker Philosophie, vor allem des Aristoteles, mit der Lehre der Kirche zu einem widerspruchsfreien Ganzen zu vereinen. Zentren der Bildung werden jetzt die großen Kathedralschulen, wie die von Chartres; aus der Kathedralschule von Notre Dame entwickelt sich seit 1170 die Universität von Paris.

Ein Teil der lateinischen Literatur der Antike wurde also – trotz gelegentlich geäußerter Vorbehalte gegen das Studium heidnischer Autoren im allgemeinen – während des ganzen Mittelalters in Klöstern und Schulen tradiert und bis zu einem gewissen Grade auch rezipiert. Dies geschah aber stets im Interesse eines möglichst korrekten lateinischen Sprachgebrauches oder als Vorstudium für ein besseres Verständnis der Bibel; ein Bemühen um das Verständnis der Klassiker um ihrer selbst willen und eine auf dieses Ziel angelegte wissenschaftliche Bearbeitung ihrer Texte gab es im Mittelalter nicht. Darin liegt der Hauptunterschied zur Renaissance. So ist das abendländische Mittelalter für die Geschichte der klassischen Philologie «nur insofern von Bedeutung, als es durch mechanische Vervielfältigung lateinischer Schriftsteller diese der Nachwelt erhielt» (Gudeman, Grundriß S. 151). Was verlorenging, ist noch immer genug: Von nur 144 der 772 namentlich bekannten lateinischen Autoren der Antike sind Werke erhalten; unter diesen wiederum ist bei 64 der größere Teil des Werkes verloren, bei 43 der größere Teil erhalten und bei nur 37 praktisch alles vorhanden. Von der griechischen Literatur hätte, wäre es allein auf das Abendland angekommen, nichts überdauert: Die erste Sprache der antiken Kultur war im mittelalterlichen Westeuropa nahezu unbekannt, von der Literatur las man nur ganz Weniges (wie etwa den *Timaios* des Platon) in lateinischer Übersetzung.

4. Die Neuzeit

Die Geschichte der altertumswissenschaftlichen Studien seit ihrem Wiederaufleben im frühen 14. Jh. bis zur Wende vom 19. zum 20. Jh. läßt sich in vier Phasen einteilen. Diese unterscheiden sich voneinan-

der dadurch, daß sich inhaltlich wie methodisch jeweils unterschiedliche Schwerpunkte herausbildeten und daß jeweils ein anderes Gebiet des abendländischen Kulturkreises nach Quantität wie Qualität
zum Zentrum der philologischen Tätigkeit wurde. Dominanz einer
bestimmten Region und einer bestimmten Richtung heißt nicht, daß
nicht gleichzeitig anderswo und in anderer Weise auch Philologie getrieben worden wäre; die hier übernommene Periodisierung bedeutet
deshalb – wie immer – eine Vereinfachung, dient aber als solche nicht
nur der besseren Übersicht, sondern hat als Beschreibung der jeweils
vorherrschenden Strömung auch ihre sachliche Berechtigung.

4.1. Der italienische Humanismus

Nirgendwo sonst in Europa stand das auch in seinen Trümmern noch
grandiose Erbe des römischen Weltreiches so unmittelbar vor aller
Augen wie in den Städten Italiens, besonders natürlich in Rom. Nirgendwo sonst hatte sich das gesamte Mittelalter hindurch eine, wenn
auch nur vage Erinnerung an die versunkene Größe am Leben gehalten. Zudem konnten sich die Bewohner Italiens mit einigem Recht als
Nachfahren des antiken Herrschervolkes fühlen und taten dies auch
in unterschiedlichen Graden von Intensität und Bewußtheit: Für das
Wiederaufleben des Interesses an der Antike bot das einstige Kern-
land des *Imperium Romanum* – neben anderen Faktoren, wie etwa
dem Fehlen einer starken politischen Zentralgewalt, das dem Mäze-
natentum reicher Adelshäuser und prestigebewußter Stadtrepubliken
reichlichen Raum zur Entfaltung bot – also die besten Voraussetzungen.

Es war zunächst nicht wissenschaftliches Erkenntnisstreben, das
seit dem *trecento* (d. h. 14. Jh.) immer mehr Gebildete zum intensiven
Studium der antiken lateinischen Autoren trieb, sondern eine schwär-
merische Bewunderung für die Schönheit von deren Sprache und Stil.
Zum ersten Mal seit vielen Jahrhunderten wurden die lateinischen
Klassiker wieder vornehmlich ästhetisch rezipiert und als Vorbilder
anerkannt, denen es nachzueifern galt. Das Studium der antiken Texte
sollte also erstens der eigenen literarischen Produktion nutzbar gemacht werden – wie die ersten Philologen Alexandrias, so betätigten
sich auch die meisten Gelehrten dieser Epoche als Dichter. Zweitens
machte man die Klassiker zum Mittelpunkt einer neuen Bildungskonzeption, von der die seit langem an Schule und Universität herrschende Scholastik verdrängt werden sollte und wurde.

Mit diesem ästhetischen und pädagogischen Ansatz schufen die ‹Humanisten› (die Bezeichnung kam erst später auf; sie leitet sich ab von *humanitas* im Sinne von *eruditio institutioque in bonas artes*, vgl. Gellius 13, 17, 1) zugleich das Fundament für das Aufblühen einer philologischen Wissenschaft. Denn um im Sinne ihrer Ziele wirken zu können, benötigten sie vor allem Texte, und zwar möglichst vollständige und zuverlässige Texte möglichst vieler antiker Schriftsteller. So ging man regelrecht auf die Jagd nach Handschriften, durchstöberte die nicht selten arg heruntergekommenen Klosterbibliotheken, trug zusammen, was man nur finden konnte, und fertigte Abschriften an. Dadurch kamen viele Texte erstmals seit 800 Jahren wieder in größeren Stückzahlen in Umlauf, und für manchen Autor wurden die Humanisten zum Retter in letzter Stunde vor dem sicheren Untergang.

Die angedeuteten Wesenszüge des italienischen Humanismus prägen bereits die Persönlichkeit seines ersten Repräsentanten, des in Arezzo geborenen Francesco di Petracco (Franciscus Petrarca, 1304–1374). Der begeisterte Verehrer Vergils und Ciceros entdeckte 1333 in Lüttich Ciceros verschollene Rede *Pro Archia poeta*, 1345 in Verona die Briefe *Ad Atticum, Ad Quintum fratrem* und *Ad Brutum*. Im Bemühen, einen zuverlässigen Text zu erstellen, kollationierte er zwei Handschriften des Livius und übte somit – noch unmethodisch und weitgehend willkürlich, aber aufgrund glänzender Sprachkenntnis – bereits eine Vorform der Textkritik (S. 66 ff.). Am Ende seines Lebens hatte Petrarca Exemplare beinahe aller bekannten Autoren der lateinischen Antike in einer privaten Bibliothek gesammelt.

Der als Dichter besonders des *Decamerone* bekannte Zeitgenosse Petrarcas, Giovanni Boccaccio (1313–1375) rettete zahlreiche Handschriften aus der seiner Beschreibung nach völlig verwahrlosten Bibliothek von Monte Cassino und verfaßte detailreiche, aber unsystematische Schriften zur antiken Mythologie und Geographie. Der erfolgreichste aller Handschriftensammler war aber Francesco Poggio Bracciolini (1380–1459), der als päpstlicher Sekretär am Konzil von Konstanz teilnahm (1414–1418) und während dieser Zeit in mehreren Reisen Klöster in ganz Westeuropa besuchte. Zu seinen Funden zählen weitere Cicero-Reden (insgesamt die Hälfte aller heute vorhandenen Schriften Ciceros wurde von Petrarca und Poggio entdeckt), die vollständige *Institutio oratoria* Quintilians sowie das bis dahin völlig unbekannte Argonautenepos des Valerius Flaccus. Der nunmehr wieder empfundenen Schönheit des Textes sollte auch die äußere Form entsprechen: Poggio benutzte deshalb nicht mehr die zeitgenössische, als häßlich empfundene ‹gotische› Schrift (S. 64 ff.), sondern eine auf das Vorbild der karolingischen Minuskel zurückgehende, die man fälschlich für antik hielt.

Coluccio Salutati (1331–1406), Kanzler des Stadtstaates Florenz und ebenfalls erfolgreicher Handschriftensammler (er besaß als erster die kompletten 16 Bücher von Ciceros *Epistulae ad familiares*), ebnete den Weg für die zweite große Leistung des italienischen Humanismus, die Wiederaneignung der griechischen Literatur: Auf seine Einladung kam aus Konstantinopel der Gelehrte Manuel Chrysoloras (1350–1415) nach Florenz und erteilte dort Griechischunterricht (1397–1400). Seinem Beispiel folgten zahlreiche griechische Gelehrte bereits in der ersten Hälfte des 15. Jh.s, und die Eroberung Konstantinopels durch die Türken (1453) verstärkte diesen Zustrom noch. Aber nicht nur Menschen kamen, sondern auch große Mengen von griechischen Handschriften, entweder von den Auswanderern mitgebracht – allein 900 Bände wurden zum Beispiel von Bessarion (1395 oder 1403–1472) der Stadt Venedig geschenkt; sie bildeten den Grundstock der späteren Markus-Bibliothek – oder von italienischen Reisenden (wie Giovanni Aurispa (1370–1459), der im Jahre 1423 allein 238 Bände nach Italien brachte, oder Francesco Filelfo (1398–1481), der fünf Jahre in Konstantinopel gelebt hatte und mit einer Griechin verheiratet war. Die seit 800 Jahren im Westen unbekannten Werke der griechischen Antike wurden nun erstmals wieder rezipiert, und zwar zunächst, nachdem der griechische Sprachunterricht das notwendige Fundament gelegt hatte, durch eine wahre Flut von Übersetzungen ins Lateinische: Leonardo Bruni (ca. 1370–1444), der Wiederentdecker des lateinischen Prosarhythmus, übersetzte unter anderem die Biographien Plutarchs; sein Zeitgenosse Guarino von Verona (1370/4–1466), der hervorragendste Pädagoge der italienischen Renaissance, Verfasser einer lateinischen Schulgrammatik sowie Herausgeber und Kommentator lateinischer Klassiker, nahm sich unter anderem des Lukian, Isokrates und Strabon an. Ihren Höhepunkt erreicht diese Übersetzungstätigkeit mit den Späthumanisten Angelo Poliziano (1454–1494), der als erster Westeuropäer das Altgriechische ebenso perfekt beherrschte wie die griechischen Einwanderer und sogar selbst griechische Gedichte verfaßte, sowie Marsilio Ficino (1433–1499), dessen Ruhm auf der lateinischen Übersetzung sämtlicher Werke Platons und Plotins beruht. Der begeisterte Platoniker (vor der Platonbüste in seinem Studierzimmer soll ständig eine

brennende Kerze gestanden haben) war auch Oberhaupt der besonders von Lorenzo de' Medici geförderten Akademie von Florenz, in
der man die Platonverehrung soweit trieb, daß man den Geburtstag
des Philosophen mit einem seiner gleichnamigen Schrift nach-
empfundenen ‹Symposion› beging. ‹Akademien›, also Vereinigungen
von Gelehrten und Dichtern, existierten im 15. Jh. auch in Neapel
sowie in Rom, wo einige (besonders Pompeius Laetus, 1425–1498)
sogar den heidnisch-antiken Lebensstil in allen alltäglichen Einzelheiten zu kopieren trachteten.

Einige Humanisten richteten ihr Augenmerk nicht allein auf die literarische Hinterlassenschaft der Antike und wurden so zu Pionieren
der archäologischen Forschung: Flavio Biondo (1388–1463) verfaßte
Beschreibungen der antiken Ruinen in Rom und ganz Italien *(Roma
instaurata, Roma triumphans, Italia illustrata)* und verfolgte allen
Ernstes den Plan, das Rom der Kaiserzeit wiedererstehen zu lassen.
Ciriaco de' Pizzicolli (1391–1450), der ‹Schliemann der Renaissance›,
bereiste den östlichen Mittelmeerraum auf der Suche nach antiken
Kunstwerken und Inschriften, deren Quellenwert er als einer der ersten klar erkannt hatte.

Die Humanisten schrieben, wie es während des ganzen Mittelalters
Usus gewesen war, in lateinischer Sprache, bemühten sich aber um
Angleichung an den Sprachgebrauch der Klassiker. Unterschiedliche
Observanzen führten auf diesem Gebiet zu Auseinandersetzungen:
Poggio zum Beispiel (S. 26 f.) lehnte ausdrücklich die Orientierung an
Cicero ab und handhabte das Lateinische frei wie eine lebendige Spra-
che. Das brachte ihm die erbitterte Kritik des Lorenzo della Valle
(Laurentius Valla, 1407–1457) ein, der in seiner Schrift *Elegantiae La-
tini Sermonis* die Sprache Ciceros und Quintilians als absolut gültige
Norm der lateinischen Prosa postuliert. Die genaue Kenntnis des
klassischen Latein befähigte Valla zu glänzenden Emendationen des
Livius-Textes sowie – seine wohl größte Leistung – zu der Entdek-
kung, daß es sich bei der sogenannten ‹konstantinischen Schenkung›
und dem angeblichen Briefwechsel zwischen Seneca und dem Apostel Paulus um Fälschungen handelte. Andererseits erstarrte durch
Ciceronianer wie Valla das bislang lebendig sich entwickelnde Latein
in einem rigiden Klassizismus und wurde erst jetzt zu einer tatsächlich ‹toten› Sprache. Schon Niccolò Niccoli (1363–1437), ein Sammler
und kritischer Kopist von Handschriften, wagte es in seinem stilistischen Perfektionismus nicht mehr, selbst Latein zu schreiben; und je
exakter das ciceronianische Latein beherrscht wird, desto größerer

Realitätsverlust des sprachlichen Ausdruckes ist zu beklagen, wenn etwa der päpstliche Sekretär Pietro Bembo (1470–1574), der in diesem Sinne perfekteste Stilist seiner Zeit, mehrfach in seinen Briefen von den «di immortales» spricht und den Rat der Republik Venedig als «patres conscripti» anredet.

Im Jahre 1465 gründeten zwei Deutsche, Sweynheym und Panartz, in Subiaco bei Rom die erste Druckerei Italiens, zwei Jahre später eine in Rom selbst. Durch die Buchdruckerkunst war es zum erstenmal möglich, beliebig viele, völlig identische Exemplare eines Textes herzustellen, womit nicht nur der Prozeß der fortlaufenden Textveränderung gestoppt, sondern auch die Gefahr behoben war, daß ein Autor, war er erst einmal gedruckt, noch verloren gehen konnte. Die technische Neuerung verbreitete sich rasch über die Städte Italiens; 1489 wurde die für den Druck antiker Schriften wichtigste Werkstatt von Aldus Manutius in Venedig gegründet, die über Generationen hinweg von seiner Familie geführt wurde. Von den bis zur Wende zum 16. Jh. gedruckten ca. 5000 Büchern der antiken Literatur wurde über die Hälfte in Venedig produziert. Zum allererstenmal wurde ein Werk der römischen Antike, Ciceros *De officiis*, aber in Mainz gedruckt.

Die frühen Drucke stützten sich nicht auf die durch sorgfältigen Vergleich als die besten erkannten Handschriften, sondern auf die jeweils vorhandenen und am leichtesten erreichbaren. Entsprechend schlecht war zumeist die Qualität des Textes. Das Unbehagen der Gelehrten über diesen Zustand führte in den letzten Jahrzehnten des 15. Jh.s zur ansatzweisen Entwicklung einer textkritischen Methode (S. 66 ff.): Angelo Poliziano (1454–1494) erkannte die Abhängigkeitsverhältnisse von Handschriften und forderte, nur die unabhängigen Textzeugen zur Textherstellung heranzuziehen.

Auch außerhalb Italiens erwachte in der zweiten Hälfte des 15. Jh.s Interesse an der Antike; der wohl einflußreichste Vermittler humanistischen Denkens nördlich der Alpen war Enea Silvio Piccolomini (1405–1464), der als Papst Pius II. die Gründungsurkunde der Universität Basel unterzeichnete (1459), wo im Gegensatz zum damaligen Usus antike Literatur als fester Bestandteil des Lehrprogramms vorgesehen war. Johannes Reuchlin (1455–1522), der in Florenz auch Griechisch gelernt hatte, begründete in Deutschland die klassischen Studien, Philipp Schwarzerd (‹Melanchthon›, 1497–1560) erwarb sich durch sein vornehmlich pädagogisches Wirken den Titel eines *praeceptor Germaniae*.

Alle Gelehrten seiner Zeit überragt Erasmus von Rotterdam (1466/7–1536), in dessen Person sich der Übergang der in Italien wiederbelebten Bildung auf den Westen und Norden Europas manifestiert. Seine vielfältigen Leistungen können hier nur gestreift werden: Er betätigte sich ebenso als scharfsinniger und auf der Grundlage umfassender Sach- und Sprachkenntnis arbeitender Editor lateinischer und griechischer Texte (unter anderem Terenz, Livius, Seneca, Aristoteles, Neues Testament: die Grundlage für Luthers Übersetzung) wie auch als Verfasser von Lehrbüchern für Syntax und Stil. Weite Verbreitung fand sein Werk *Adagia*, eine Sammlung von ca. 4000 Spruchweisheiten der Antike. Erasmus verbrachte die letzten Jahre seines Wanderlebens, das ihn durch das gesamte Abendland geführt hatte, im Oberrheingebiet, wo er einige Schüler um sich sammelte; der bedeutendste war Beatus Rhenanus (1485–1547), der auch das bis dahin unbekannte Werk des Velleius Paterculus entdeckt und ediert hat.

Das Ende des italienischen Humanismus läßt sich ebensowenig durch eine Jahreszahl fixieren wie sein Beginn; es zeichnet sich aber deutlich ab, daß er im Laufe der ersten Hälfte des 16. Jh.s seinen Elan verliert und sich als nun nicht mehr sonderlich herausragendes Segment in den Kreis einer wiederhergestellten gesamtabendländischen Bildung einfügt. Für den Sonderfall Rom läßt sich als konkreter Wendepunkt die Eroberung und barbarische Verwüstung der Stadt durch Truppen Karls V. (*sacco di Roma*, 1527) angeben, die das besonders unter Papst Leo X. (1513–1521) blühende Kulturleben mit einem Schlag beendeten. Aber auch nach dem Verlust seiner Sonderstellung brachte Italien noch bedeutende Philologen hervor, wie Piero Vettori (Victorius, 1499–1589) und Francesco Robortelli (1516–1567), dessen *Disputatio de arte critica corrigendi antiquorum libros* die textkritische Methodik wesentlich gefördert hat.

4.2. Die französisch-niederländische Periode (ca. 1530–1700)

Der wohl bedeutendste der in Italien wirkenden Gelehrten des 16. Jh.s, Marc Antoine Muret (Muretus, 1526–1585) war Franzose, hatte aber um die Jahrhundertmitte seine Heimat wegen einer Häresieklage verlassen müssen. Seine Überlegenheit als methodischer Kritiker und scharfsinniger Interpret besonders lateinischer Texte, aber auch als lateinischer Stilist macht symbolhaft deutlich, daß inzwischen Frankreich die Führung übernommen hatte: Das 16. Jahrhundert ist in den klassischen Studien ein französisches.

Begründet wurde die Blüte durch Guillaume Budé (Budaeus, 1468–1540); er verfaßte grundlegende Werke über das römische Maß- und Münzwesen, über die juristische Terminologie der Griechen und Römer und warb in *De Philologia* für ein höheres Prestige der klassischen Studien, insbesondere auch des damals nicht selten als «Sprache der Ketzer» attackierten Griechischen. Seine wohl größte Leistung war es, den französischen König François I. zur Gründung des Collège Royal zu bewegen (1530), einer als ein neues *Mouseion* konzipierten Institution, in der vor allem das an der Sorbonne traditionell vernachlässigte Griechische (nebst Hebräisch) gepflegt werden sollte. Drei der bedeutendsten Philologen Frankreichs im 16. Jh. wirkten an dieser Lehrstätte: Jean Dorat (Auratus, 1508–1588), Adrien Turnebe (Turnebus, 1512–1565) und Denys Lambin (Lambinus, 1520–1572); die beiden ersten widmeten sich vornehmlich der griechischen Poesie, Lambinus schuf für seine Zeit mustergültige Editionen lateinischer Dichter, allen voran des Lukrez und des Horaz.

Gelehrsamkeit und Buchdruckerkunst vereinigten sich in der Familie der Estienne (Stephani), besonders in deren herausragenden Vertretern Robert (1503–1559) und seinem Sohn Henri (1531–1598). Die beiden haben viele Dutzende lateinischer und griechischer Autoren, nicht wenige davon zum ersten Mal, gedruckt; besondere Erwähnung verdient wohl Roberts *Thesaurus Linguae Latinae* ([2]1543), der erst im 18. Jh. ersetzt wurde, so wie seine Ausgabe des *Neuen Testaments*. Henri druckte vornehmlich griechische Texte, darunter erstmals die *Anakreonteen*, eine erste Fragmentsammlung der griechischen Lyriker, eine Platon-Ausgabe, nach deren Seitenzahlen noch heute zitiert wird, sowie einen fünfbändigen *Thesaurus Linguae Graecae*. Mit seiner Schrift *De criticis veteribus Graecis et Latinis* (1587) ist er zum ersten neuzeitlichen Chronisten der Philologie geworden. So hatte – bei allen aus heutiger Sicht zu äußernden Vorbehalten an der Textgestaltung der frühen Drucke – die Wiederentdeckung und Sicherung der antiken Literatur in den letzten Dekaden des 16. Jh.s doch ein beachtliches Niveau erreicht: Fast alles, was das Mittelalter überstanden hatte, lag in gedruckter Form vor, die ärgsten Entstellungen der Texte waren korrigiert und sachliche Schwierigkeiten in Kommentaren erklärt.

Wenigstens zwei Namen müssen hier noch erwähnt werden: Isaac Casaubon (1559–1614), der Prototyp des arbeitsbesessenen, asketischen Gelehrten, verfaßte neben zahlreichen Ausgaben und Kommentaren die erste Monographie über ein Einzelproblem der Literaturgeschichte (*De satyra Graecorum poesi et Romanorum satura*, 1605). Joseph Justus Scaliger (1540–1609) gilt als einer der größten Philologen aller Zeiten: Bereits sein von Italien nach Frankreich übersiedelter Vater, Julius Caesar Scaliger (1484–1558), hatte mit seiner *Poetice* ein dichtungstheoretisches und literaturkritisches Werk verfaßt. Sein Sohn aber hat «die wissenschaftlichen und stilistischen Errungenschaften seiner französischen und italienischen Vorgänger zusammengefaßt und weit übertroffen» (Pfeiffer, Geschichte, S. 143): Genannt seien nur seine Zusammenführung der gesamten chronologischen Überlieferung der Alten Welt (einschließlich des alten Orients), mit der er die Basis für die moderne Geschichtswissenschaft geschaffen hat, seine maßgebliche Beteiligung bei der Begründung einer wissenschaftlichen Epigraphik, seine bis dahin unerreichte Kenntnis des Altlatein und schließlich seine ingeniösen, wenn auch zuweilen etwas forschen Verbesserungen unzähliger Textstellen. Scaliger erstrebte ein allumfassendes Wissen über die Antike, die Bildungskonzeption tritt bei ihm hinter das seinen Sinn in sich selbst tragende Erkenntnisstreben zurück. Seit 1593 war er Angehöriger der Universität Leyden, wo er frei von jeglicher Lehrverpflichtung allein seinen Forschungen sich widmen konnte: Sowohl mit dem Wechsel von Frankreich nach Leyden als auch durch die inhaltliche Ausrichtung seiner Studien leitet Scaliger die vornehmlich niederländisch geprägte Philologie des 17. Jh.s ein.

Deren Aufstieg beginnt damit, daß nach der Vertreibung der Spanier die Universität Leyden gegründet wurde (1575); die bisher dominierende, katholische Bildungsstätte in Louvain (gegründet 1426, seit 1517 mit dem *collegium trilingue* ausgestattet) bekam damit eine reformierte Konkurrenz, von der sie rasch überflügelt wurde. An beiden Universitäten wirkte Justus Lipsius (1547–1606), der im Laufe seines Lebens mehrfach die Konfession wechselte. Die bei ihm unverkennbare Konzentration auf das Lateinische (in einem Brief äußerte er die Ansicht «Graecas litteras homini erudito decoras esse, necessarias non item») und hier wiederum die Bevorzugung nachklassischer Autoren (von epochaler Bedeutung war besonders Lipsius' Tacitus-Ausgabe) prägen die niederländische Philologie des 17. Jh.s insgesamt. Deren zweites Charakteristikum, die Vorliebe für ein «selbstzufriedenes Anhäufen von Wissen» (Pfeiffer, Geschichte, S. 179: «man sammelte in enormen Wälzern Altertümer und reproduzierte in Textausgaben die Anmerkungen, die sich während der letzten zwei Jahrhunderte angehäuft hatten.»), repräsentiert Gerhard Johannes Voss

(Vossius, 1577–1649), der wohl bedeutendste Polyhistor der Epoche. Genannt seien außerdem Hugo Groot (Grotius, 1583–1645), der bereits als Jugendlicher den Martianus Capella edierte und außerhalb der Philologie durch seinen Entwurf eines allgemein verbindlichen Völkerrechts *(De iure belli ac pacis)* berühmt geworden ist, Johannes Gronov (Gronovius, 1611–1671), dessen Textausgaben lateinischer Autoren zum Teil bis ins 19. Jh. maßgeblich blieben, und Nicolaus Heinsius (1620–1681). Die Namen Heinsius, Gronovius, Vossius erscheinen übrigens mehrfach in dieser Epoche, denn die Philologie wurde, wie bereits bei den Scaliger, in den Familien als Beruf vererbt.

Die anderen europäischen Länder konnten sich mit der – eher durch Quantität als durch Qualität dominierenden – Philologie Hollands kaum messen: In Italien befaßte man sich vornehmlich mit archäologischen Studien, in Deutschland gab es – nach einer gewissen Blüte des Humanismus im 16. Jh. – keine Philologie europäischen Formats mehr, die Beschäftigung mit der Antike beschränkte sich in dem durch den 30jährigen Krieg verarmten und weithin verwüsteten Land auf wenige Bibliotheken und Universitäten. Auch im Reich des ‹Sonnenkönigs› fristeten die klassischen Studien ein eher zurückgezogenes Dasein: «Das offizielle Frankreich, das mit seiner eigenen Größe prahlte, hatte keine hohe Meinung von den Alten» (Pfeiffer, Geschichte S. 168f.), sondern hielt seine eigene Literatur für allen anderen überlegen (allerdings nicht einheitlich, sondern die Frage wurde lange diskutiert in der sogenannten *querelle des anciens et des modernes*). Philologie betrieben vornehmlich Ordensgeistliche, die auf Spezialgebieten beachtliche Leistungen erzielten: Charles du Cange (1610–1688) schuf die ersten, teilweise bis heute unentbehrlichen Lexika des nachantiken Griechisch und Latein; Jean Mabillon (1632–1707) begründete mit seiner Schrift *De re diplomatica* die Wissenschaft von den Urkunden und der Schriftentwicklung; Richard Simon (1638–1712), der an einer Edition des *Neuen Testaments* arbeitete, erkannte erstmals klar, daß die Erforschung der Textgeschichte Voraussetzung jeglicher methodischer Textkritik ist; und Jean Le Clerc (1657–1736) entwickelte in seiner *Ars critica* systematisch Prinzipien der Editionstechnik; die Spezialdisziplin der Paläographie (zunächst für den Bereich des Griechischen) wurde durch die Arbeiten von Bernard de Montfaucon (1655–1741) mitbegründet.

Ausufernde Gelehrsamkeit, Spezialisierung, oftmals mangelnde kritische Schärfe sowie fehlende methodische Reflexion und abnehmende gesellschaftliche Relevanz prägen also die Philologie des

17. Jh. s.: «Eine Schachtel Zitate, das ist das Buch der Antiquare, eine Schachtel Konjekturen, das Buch der Philologen. Prunkreden und lateinische Verse, das sind die tauben Blüten dieser Philologie, dazu Gelehrtenbriefe und das üppige Unkraut giftiger Polemik. Das ist Epigonentum. Die Lebenskraft sinkt.» (Wilamowitz, Geschichte S. 34). Ein aufrüttelnder Neuansatz kam aus England.

4.3. Richard Bentley und seine Nachfolger

Dort war die Tradition der klassischen Studien seit dem Humanismus kontinuierlich gepflegt worden, ohne daß es zu herausragenden Leistungen gekommen wäre – außer auf dem Feld der neulateinischen Poesie (Buchanan, Milton u. a.). Um die Wende vom 17. zum 18. Jh. wurde die englische Philologie durch das Wirken eines einzigen Mannes führend in Europa. Richard Bentley (1662–1742), von vielen als der größte Textkritiker der Neuzeit bezeichnet, begründete seinen Ruhm mit zwei Schriften: In der *Epistula ad Millium* von 1691 wurden auf weniger als 100 Seiten zu mehr als 60 lateinischen und griechischen Autoren ebenso geniale wie evidente Anmerkungen und Korrekturen vorgelegt, zum Beispiel die Emendation der von dem byzantinischen Chronisten Johannes Malalas genannten Namen der drei frühesten tragischen Dichter (Thespis, Ion von Chios und Aischylos statt Themes, Minos, Auleas). Von breitestem Wissen und einem bislang innerhalb der Philologie unbekannten kritischen Scharfsinn zeugt auch die *Dissertation upon the Epistles of Phalaris*, die in erweiterter Form 1699 erschien. Ausgerechnet die unter dem Namen des Tyrannen Phalaris (6. Jh. v. Chr.) überlieferten Briefe waren in der leidenschaftlich ausgetragenen *querelle des anciens et des modernes* (S. 33) als Beispiel für die unerreichbare Überlegenheit der alten Literatur angeführt worden, bis Bentley diese mit einer Fülle unwiderlegbarer sprachlicher und sachlicher Argumente als Fälschungen entlarvte; seine auch heute noch lesenswerte *Dissertation* setzt hinsichtlich der Breite der Gelehrsamkeit und methodischer Reflexion neue Maßstäbe. Die zweite Hälfte seines langen Lebens widmete Bentley einer Vielzahl von Projekten, die er nicht alle zu Ende führen konnte (zum Beispiel Neuausgaben des Homer und des *Neuen Testaments*); genannt seien hier nur seine Editionen lateinischer Dichter wie des Plautus, Terenz, Horaz und Lucan. Bentleys eindringliche Textkritik beruhte auf dem Glauben «an die ursprüngliche Harmonie klassischer Dichtung, ihre Vernünftigkeit und ihre rechten Maße, die –

wenn sie durch das Abschreiben von einer Kopie zur anderen verderbt sind – durch vernünftige Kritik wiederhergestellt werden müssen» (Pfeiffer, Geschichte S. 184). In seiner Horaz-Ausgabe hat er
diese Überzeugung durch den oft zitierten Satz «nobis et ratio et res
ipsa centum codicibus potiores sunt» formuliert und würde damit einer methodisch bedenklichen Geringschätzung des Überlieferungs-
befundes das Wort reden, wenn er nicht fortführe: «... praesertim ac-
cedente Vaticani veteris suffragio.» Bentley war sich also – im Unterschied zu einigen seiner Nachfolger – vollkommen im klaren darüber,
daß auch der kenntnisreichsten und scharfsinnigsten Konjekturalkritik die genaue Befragung der handschriftlichen Überlieferung vorzu-
gehen hat.

In Bentleys Nachfolge blieb die Textkritik der hauptsächliche
Gegenstand der englischen Philologie des 18.Jh.s, sie wurde vornehmlich auf die Texte der attischen Dramatiker angewandt, am er-
folgreichsten in den zahlreichen Editionen von Richard Porson
(1759–1808); aber auch für die lateinische Literatur wurde die verbes-
serte Methodik der Textherstellung fruchtbar gemacht, etwa in der
Ausgabe von Statius' *Silvae* durch den ganz unter Bentleys Einfluß
stehenden Jeremiah Markland (1693–1776).

Auf dem europäischen Kontinent machte sich der Einfluß der er-
neuerten englischen Philologie besonders in den Niederlanden be-
merkbar. Pieter Burman (1668–1741) und sein gleichnamiger Neffe
(1714–1778) schufen neue Editionen lateinischer Autoren, bei denen
die Sorgfalt und Qualität allerdings nicht immer der beeindruckenden
Quantität der geleisteten Arbeit gleichzukommen vermag. Überwiegend, aber nicht ausschließlich mit griechischen Autoren befaßten
sich Tiberius Hemsterhuys (1685–1766) und seine Schüler Valckenaer
(1715–1785) und Ruhnken (1723–1798), das niederländische ‹Gräzi-
sten-Triumvirat› des 18.Jh.s. Daniel Wyttenbach (1746–1820), wie
Ruhnken ein gebürtiger Deutscher, entzog sich als erster bedeutender Philologe dem beherrschenden Einfluß Bentleys, indem er sich
von der Textkritik abwandte und statt dessen literaturästhetisch
orientierte Kommentare verfaßte; trotzdem hielt die Vorherrschaft
der Konjekturalkritik an (S. 72 f.) und erreichte einen bedenklichen
Höhepunkt in den Editionen des hier – zeitlich etwas vorgreifend – zu
nennenden Niederländers Peter Hofman-Peerlkamp (1786–1865): Er
war von der Objektivierbarkeit des letztlich doch subjektiven Kriteri-
ums der poetischen Vollkommenheit als Instrument der Textkritik so
überzeugt, daß zum Beispiel in seiner Edition der *Oden* des Horaz –

von zahlreichen Athetesen und Umstellungen im einzelnen abgesehen
– überhaupt nur ein Viertel der überlieferten Gedichte als authentisch
anerkannt wurde. Die Grenzen von Bentleys kritischer Methode und
die Gefahren ihrer Überstrapazierung wurden bei Hofman-Peerlkamp in paradigmatischer Weise vorgeführt (ähnlich Carolus Gabriel
Cobet, 1813–1889). Zusätzlich zu diesen eigenen Schwächen der Philologie wurde im Zeitalter der Aufklärung das antike Erbe immer
weniger als etwas Eigenes empfunden. Die Beschäftigung mit diesen
Gegenständen wurde zur «Pflege einer fremden Sache» (Latacz, Gräzistik S. 48) und geriet zunehmend unter Rechtfertigungsdruck und
ins gesellschaftliche Abseits. Die Wende kam mit dem sogenannten
‹Zweiten Humanismus›.

4.4. Die deutsche Periode

Die Beschäftigung mit der Antike war in Deutschland seit Reuchlin
und Melanchthon (S. 29) niemals abgerissen. Der Aufschwung zur
führenden Position kündigte sich aber erst im 18 Jh. an mit Gelehrten
wie Johann Albert Fabricius (1668–1736), der in seiner *Bibliotheca
Graeca* eine gewaltige Materialfülle zur griechischen Literaturgeschichte gesammelt hat, und besonders Christian Gottlob Heyne
(1729–1812), dessen «herausragende Rolle als wichtigster deutscher
Altertumswissenschaftler vor dem 19. Jh. immer noch weitgehend
verkannt bleibt» (Grafton/Most, Philologie S. 44).

Die für die klassischen Studien in Deutschland entscheidenden Namen lauten jedoch Johann Joachim Winckelmann und Friedrich August Wolf. Winckelmann (1717–1768) wurde mit seinem Werk über die
Geschichte der Kunst des Altertums (1764; ²1766) zum eigentlichen
Begründer der antiken Kunstgeschichte und der wissenschaftlichen
Archäologie. Er erkannte als erster den engen Bezug zwischen der
Entwicklung der Kunst und der allgemeinen kulturellen und politischen Entwicklung. Noch bedeutender ist Winckelmann aber als
Schöpfer einer neuen Sicht der Antike, die sich in Deutschland im
18. Jh. durchsetzte und die man als ‹Zweiten Humanismus› oder ‹Neo
Hellenismus› bezeichnen kann: Die Leistungen der griechischen Kultur auf allen Gebieten werden als unbedingt vorbildlich und unübertrefflich gesehen, während die römische Zivilisation nirgends Gleichwertiges zu bieten habe. So stellte man etwa die homerischen Epen als
‹naive Dichtung› und ‹Volkspoesie› über Vergil und übertrug diese
Wertung auf die Kunst und andere Gebiete. Gedanken dieser Art prä-

gen die Schriften der größten deutschen Gelehrten der Zeit, wie etwa Gottfried Herders (1744–1803) und Gotthold Ephraim Lessings (1729–1781), der eine neue, ästhetisch geprägte Rezeption antiker Dichtung initiiert hat, besonders des Homer und des Sophokles, aber auch lateinischer Dichter wie des Plautus, Terenz, Horaz und Martial.

Die neue Begeisterung für die griechische Antike herrschte also weit über den Kreis der eigentlichen Philologen hinaus. In keinem Geringeren als Goethe fand sie ihren theoretischen Vollender, durch Wilhelm von Humboldt (1767–1835) wurde sie zur Grundlage eines neuen Bildungskonzeptes in Preußen (Einrichtung des humanistischen Gymnasiums, Gründung der Universität Berlin, 1810). Ziel der Bildung war die Formung einer harmonischen Gesamtpersönlichkeit, wesentliches Mittel zur Erreichung dieses Zieles das gründliche Studium des Erbes der altgriechischen Kultur.

Der Name Wolfs (1759–1824), eines Schülers von Heyne, wird heute meist in Verbindung gebracht mit der in seinen berühmten *Prolegomena ad Homerum* (1795) aufgeworfenen sogenannten ‹homerischen Frage›; doch war er weder der erste, der das Problem der poetischen Einheit von *Ilias* und *Odyssee* gesehen hat (vgl. Sandys, History III S. 55–57), noch fand er damit zu seiner eigenen Zeit größere Beachtung. Viel bedeutender für die Zukunft ist Wolfs neues Konzept der Philologie (wie wichtig ihm diese Bezeichnung war, sieht man daran, daß er sich als erster gegen den Widerstand der Universitätsleitung als *studiosus philologiae* in Göttingen immatrikulierte) als einer umfassenden Altertumswissenschaft (*Darstellung der Alterthumswissenschaft*, 1806/7). Ihr Gegenstand und Ziel ist die möglichst lückenlose Erkenntnis der als zeitlos gültiges Ideal verstandenen griechischen Kultur in all ihren Äußerungen und die allseitige Ausbildung des Menschen durch Vermittlung dieses Ideals. Die so definierte Philologie erhebt den Anspruch, die führende Bildungsmacht zu sein. Konkrete Gestalt gewann dieses neue Konzept in Wolfs Hallenser philologischem Seminar zur Ausbildung von Lehrern, das freilich auch dem Vorbild Heynes verpflichtet war.

Die weitere Entwicklung der nunmehr umfassenden Altertumskunde seit der Wende zum 19. Jh. ist durch folgende Faktoren geprägt: Ihre einzelnen Disziplinen werden weiter vertieft und ausgestaltet; Bereiche wie die Vergleichende Sprachwissenschaft (seit 1816 durch Franz Bopp) und die Klassische Archäologie emanzipieren sich allmählich als eigenständige Fächer. Die Methodik der philologischen Fächer wird verfeinert, zum Beispiel in der Textkritik und der

Paläographie. Im folgenden kann nur noch eine sehr knappe Auswahl der wichtigsten Namen und Sachen gegeben werden:

August Wilhelm von Schlegel trat nicht zuletzt durch seine Übersetzungen griechischer Poesie und seine Vorlesungen über dramatische Kunst hervor, sein jüngerer Bruder Friedrich (1772–1829) gab durch seine Sanskrit-Studien einen wichtigen Impuls zur Entwicklung der Indogermanistik.

Friedrich Schleiermachers (1768–1834) Übersetzungen fast aller platonischen Dialoge finden noch heute ihre Leser, sein grundlegendes Werk zur Hermeneutik (Möglichkeiten und Methoden zum Verständnis eines Textes) dürfte aber noch bedeutsamer sein.

August Boeckh (1785–1867), ein Schüler von Wolf und Schleiermacher, sah die Philologie nicht mehr primär als ein Mittel zur Bildung des Menschen, sondern als eine ihren Zweck in sich selbst tragende wissenschaftlich-künstlerische Betätigung. Sein Bild der Antike ist aus einem historistischen Ansatz heraus entworfen. Sie repräsentiert nicht, wie noch für Wolf, ein statisches Ideal, sondern ist als historischer Prozeß zu sehen, den es möglichst in allen seinen Einzelheiten zu erkennen und zu verstehen gilt. Zeugnisse dieses Bemühens sind Boeckhs epigraphische Studien und seine Schrift *Über die Staatshaushaltung der Athener*. Philologie ist für Boeckh das Erkennen des vom menschlichen Geist Produzierten, also des Erkannten; der Schlüssel zum Verständnis eines Textes liegt für ihn in der Untersuchung seiner «Compositionsweise», also der Art, wie er zustandegekommen ist.

Diese antiquarische, auf die Erkenntnis von Sachverhalten ausgerichtete Sichtweise Boeckhs und anderer, die in seinem Hauptwerk *Enzyklopädie und Methodologie der philologischen Wissenschaften* ausgeführt wird, steht im Gegensatz zu einer Richtung der Philologie, für die der Wortlaut der Texte den Mittelpunkt bildet. Ein herausragender Vertreter dieser Richtung in der ersten Hälfte des 19. Jh.s war Gottfried Hermann (1772–1848), der sich besonders durch seine Editionen griechischer Poesie (zum Beispiel Aischylos) einen Namen gemacht und die Prinzipien seiner textkritischen Arbeit ausführlich dargelegt hat (*De emendanda ratione linguae Graecae*). «In ihm lebte die Überzeugung, daß die griechischen Klassiker von vollkommener Schönheit seien, daß er genau definieren könne, was Schönheit sei, und daß er deshalb imstande sei, den Text der Klassiker zu erklären und wiederherzustellen» (Pfeiffer, Geschichte S. 220).

Der Textkritik widmete sich auch August Immanuel Bekker

(1785–1871), der die Überlieferungsgeschichte vieler griechischer Autoren systematisch aufarbeitete. Karl Lachmann (1793–1851) entwickelte in seinen Arbeiten über Lukrez und das *Neue Testament* die bis ins 20. Jh. maßgebliche Methode zur Bestimmung der Handschriften-Genealogie (stemmatische Theorie) und unterschied als erster ausdrücklich zwischen *recensio* und *emendatio* (S. 67 ff.). Erwähnt seien noch Barthold Georg Niebuhr (1776–1831), der mit seiner *Römischen Geschichte* ein Meisterwerk der philologisch-kritischen Geschichtsschreibung schuf, wichtige Palimpseste (S. 57) entdeckte (zum Beispiel die *Institutiones* des Gaius) und die Zeitschrift *Rheinisches Museum* begründet hat; außerdem Karl Otfried Müller (1797–1840), der den griechischen Mythos als Reflex der Frühgeschichte der griechischen Stämme interpretierte und eine erste Geschichte der griechischen Literatur bis zum Zeitalter Alexanders verfaßt hat; schließlich Friedrich Gottlieb Welcker (1784–1868), dessen bedeutendstes Werk eine umfassende Darstellung der griechischen Religion ist.

Ihren Höhepunkt erreichte die historistisch-positivistische deutsche Altertumswissenschaft mit Theodor Mommsen (1817–1903) und Ulrich von Wilamowitz-Moellendorff (1848–1931). Mittel zur Erfassung der im Boeckhschen Sinne als historischer Prozeß verstandenen Antike ist die umfassende Sammlung und Auswertung aller erreichbaren Quellen. Doch nicht nur genaue Kenntnis soll erlangt werden, eigentliches Ziel ist die Vergegenwärtigung, die Verlebendigung der vergangenen Realität. Dieser wissenschaftliche Ansatz fußt auf der Überzeugung von der «totale(n) Erkennbarkeit und Verfügbarkeit des historischen Gegenstandes, sofern nur die Quellen reichlich fließen» (Hentschke/Muhlack, Einführung S. 103). Es ist unmöglich, das wissenschaftliche Œuvre von Wilamowitz hier auch nur in groben Umrissen vorzustellen; es gibt wohl keinen wesentlichen Gegenstand der griechischen und kaum einen der lateinischen Philologie, zu dem er nicht einen Beitrag von mehr oder weniger großer Bedeutung geliefert hätte; stellvertretend sei hier nur die *Griechische Verslehre* (1921) genannt, durch die das Verständnis der griechischen Metrik auf eine neue Grundlage gestellt wurde.

Die zweite Hälfte des 19. Jh.s und das frühe 20. Jh. sind also die Blütezeit des historischen Positivismus in der deutschen Altertumswissenschaft. Einzelforschung und der Versuch großer Gesamtschauen gehen Hand in Hand, sie manifestieren sich in der neuen wissenschaftlichen Darstellungsform der deutschsprachigen Monographie einerseits, andererseits durch die Organisation der wissenschaftlichen Arbeit in Großprojekten wie dem *Corpus Inscriptionum Latinarum* (CIL, seit 1863), den *Inscriptiones Graecae* (IG, seit 1868), dem *Thesaurus Linguae Latinae* (ThLL, seit 1897), der *Realencyclopädie der classischen Altertumswissenschaft* (RE, seit 1893), dem *Handbuch der Altertumswissenschaft* (HdA, seit 1886) und der großen Editionsreihe der *Bibliotheca Teubneriana* (BT, seit 1850). Die positivistische Wissenschaft erbrachte zwar ungeheuren Zuwachs und Fortschritt der Erkenntnis, ging aber einher mit wachsendem Defizit an Selbstreflexion und Sinngebung. Im Unterschied zum humanistischen Ansatz wurde die Philologie nicht mehr als Bildungsinstrument, ja, überhaupt nicht mehr als Mittel zu einem Zweck gesehen, sondern als eine beinahe religiös zu verehrende Instanz, die nicht den Menschen, sondern der die Menschen zu dienen haben. So weigerte sich Wilamowitz, von der Tatsache Kenntnis zu nehmen, daß in seiner akademischen Lehrtätigkeit – jedenfalls auch – die Ausbildung von Lehrern stattfand. Der von Wilamowitz – aber keineswegs von ihm allein – repräsentierte Wissenschaftsbegriff ist aus heutiger Sicht auch deshalb zu kritisieren, weil er sich der Reflexion über Möglichkeit, Methodik, Grenzen des Erkennens entzog und unbekümmert mit dem höchst problematischen Instrument der historischen Analogie arbeitete. Solche Kritik am dominierenden positivistischen Wissenschaftsbegriff wurde bereits zu dessen Blütezeit geäußert: Friedrich Nietzsche (1844–1900) entlarvte die vermeintliche ‹Objektivität› wissenschaftlicher Erkenntnis als Selbsttäuschung, da auch der Wissenschaftler bei aller Sorgfalt immer nur unter dem Einfluß der Erfahrung seines eigenen Lebens und seiner eigenen Zeit forschen und denken könne. Er forderte die Rückkehr zu einem humanistisch geprägten, also die Bildungsfunktion betonenden Verständnis der Altertumswissenschaft sowie eine schöpferische Auseinandersetzung mit der Antike.

Die praktische philologische Arbeit entfaltete sich unterdessen weithin unberührt von solcher Kritik und im sicheren Gefühl ihrer voraussetzungslosen Bedeutsamkeit. Gerade die während des gesamten 19. Jh.s eindeutig dominierende griechische Philologie erhielt zudem seit den letzten Jahrzehnten des Jahrhunderts ein weites neues Arbeitsfeld durch die vermehrt einsetzenden ägyptischen Papyrusfunde, durch die manches verloren Geglaubte plötzlich zum Vorschein kam (griechische Lyrik, der *Staat der Athener* des Aristoteles, Gedichte des Bakchylides, Komödien Menanders). Mit der Wende zum 20. Jh. konnte sich auch der lateinische Zweig innerhalb der

Altertumskunde als gleichrangige Disziplin wieder etablieren. Dieser Prozeß ist verbunden mit Namen wie Eduard Norden, Richard Heinze (ihre bedeutendsten Werke, nämlich Nordens Kommentar zum 6. Buch der *Aeneis* und Heinzes *Virgils epische Technik* erschienen im selben Jahr 1903) und Friedrich Leo.

4.5. Die Klassische Philologie im 20. Jahrhundert

Spätestens mit dem Ersten Weltkrieg endete das Goldene Zeitalter der deutschen Altertumswissenschaft. Ihre Führungsposition wurde abgelöst durch eine quantitativ wie qualitativ gleichmäßigere Verteilung der klassischen Studien auf die europäischen Länder und die Vereinigten Staaten von Amerika, wo Basil Lanneau Gildersleeve, der 1853 in Göttingen promoviert worden war, eine stark in deutscher Tradition stehende Klassische Philologie 1876 begründet hatte. Die Entwicklung der klassischen Studien im 20. Jh. entzieht sich wegen ihrer zunehmenden Differenziertheit und Spezialisierung (und auch wegen der zu geringen zeitlichen Distanz) einer knappen deskriptiven Darstellung und kann hier nur in wenigen Grundzügen charakterisiert werden.

Als Reaktion auf das Verblassen des Glanzes eines historistisch-positivistischen Wissenschaftsbegriffes kam es in Deutschland zu einer humanistisch orientierten Rückbesinnung «auf die ‹innere Form› der Einzelwerke und ihr Bildungspotential» (Latacz, Gräzistik S. 56). Werner Jaeger, einer der führenden Gräzisten der Zeit, sprach sogar ausdrücklich von einem ‹dritten Humanismus› (nach dem italienischen und dem der deutschen Klassik). Während der nationalsozialistischen Diktatur unterschied sich die Haltung der Klassischen Philologie weder im Guten noch im Bösen merklich von der anderer Wissenschaften: Manche ihrer führenden Vertreter gingen ins Exil, viele zogen sich in die innere Emigration zurück, einige gerierten sich als lautstarke Bannerträger der herrschenden Ideologie.

Die Nachkriegszeit brachte dem Fach zunächst nicht nur Jahrzehnte der ungestörten, seitens der Gesellschaft in ihrer Sinnhaftigkeit und Relevanz kaum je bezweifelten Tätigkeit, sondern auch die größte quantitative Expansion seiner Geschichte. Das Fach war und ist in vielen europäischen und überseeischen Ländern nicht nur an den meisten Universitäten bzw. universitätsähnlichen Einrichtungen fest etabliert, es behauptete sich auch an den Schulen in Gestalt des lateinischen und griechischen Sprachunterrichts unangefochten. Letzteres begann sich seit den 70er Jahren gründlich zu verändern: Heute ist zwar die an den Hochschulen gehaltene Position der Latinistik und Gräzistik trotz mancher Einbußen nicht ernsthaft bedroht (das bewies erst vor wenigen Jahren die Wiederetablierung an mehreren Universitäten auf dem Gebiet der ehemaligen DDR), die bisher feste Basis in der schulischen Sekundarstufe bricht jedoch weg. Im Griechischen ist dieser Prozeß schon sehr weit fortgeschritten, das Lateinische kann sich als Unterrichtsfach insgesamt besser behaupten, ist aber ebenfalls von sinkenden Stundenzahlen und Qualitätsstandards beeinträchtigt. Die Klassische Philologie steht heute vor der doppelten Aufgabe, einerseits durch die Gestaltung ihrer Studiengänge und das Entwerfen neuer Berufsperspektiven für ihre Absolventen dieser Entwicklung Rechnung zu tragen, andererseits ihr gegenzusteuern durch wissenschaftliche Arbeit, die auf der gesamtgesellschaftlichen Relevanz ihrer Gegenstände insistiert und sich den – trotz allem – immer noch zu konstatierenden «Fortbestand eines latenten Bedürfnisses nach Fundierung durch Einbeziehung des unvergangenen Vergangenen» (Latacz, Gräzistik S. 78) offensiver als bisher zunutze macht.

III. Sprachgeschichte

Die lateinische Sprache gehört zur indogermanischen Sprachfamilie, die auch die keltischen, germanischen und slavischen Sprachen sowie das Griechische umfaßt. Aus dem volkssprachlichen Latein sind viele ‹Tochtersprachen› hervorgegangen: Französisch, Italienisch, Portugiesisch, Rumänisch, Spanisch, ferner Katalanisch, Provenzalisch, Rätoromanisch bzw. Ladinisch, Sardisch.

Die Heimat der indogermanischen Völker liegt vermutlich im mitteleuropäischen Raum mit dem Rhein als der Grenze im Westen und dem Ural im Osten, der Ostsee im Norden und den Alpen, der Donau, dem Schwarzen Meer und dem Kaukasus als der südlichen Grenze. Der allen indoeuropäischen Sprachen gemeinsame Wortschatz deutet auf eine seßhafte, Ackerbau und Viehzucht betreibende Gesellschaft hin. Daraus lassen sich Rückschlüsse auf die zeitliche Eingrenzung der gemeinsamen Sprache ziehen; sie dürfte zwischen dem 6. und 5. vorchristlichen Jahrtausend liegen, bevor um 4000 v. Chr. erste Abwanderungen Sonderentwicklungen einleiteten.

Im Zuge dieser Völkerverschiebungen sind etwa in der zweiten Hälfte des 2. Jahrtausends v. Chr. indogermanische Stämme aus der pannonischen Tiefebene (die Gebiete des ehemaligen Jugoslawien und Ungarn) nach Italien eingedrungen. Die Zuwanderung erfolgte wahrscheinlich in drei Wellen: Die erste über Land entlang der nördlichen Adria brachte die venetische Sprache und den Vorläufer des Lateinischen nach Italien. Mit dem zweiten Zug über See von der dalmatinischen an die italische Küste zwischen Po-Mündung und Gargano kam das Oskisch-Umbrische, das sich geographisch zwischen das Venetische und das mit ihm verwandte Lateinische schob. Die dritte Welle führte das Messapische aus dem heutigen Albanien über die See in das antike Kalabrien ein.

Die *lingua Latina* (nach der Landschaft Latium) war ein Idiom, das zunächst auf ein sehr kleines Gebiet, nämlich die Stadt Rom, begrenzt war. Anders als das sich weithin erstreckende Griechisch hat es demzufolge auch keine separaten Dialekte ausgebildet. Allenfalls läßt sich eine dialektale Verwandtschaft mit dem *Faliskischen* konstatieren, einer Sprache, die von dem kleinen Volk der Falisker nördlich Roms ge-

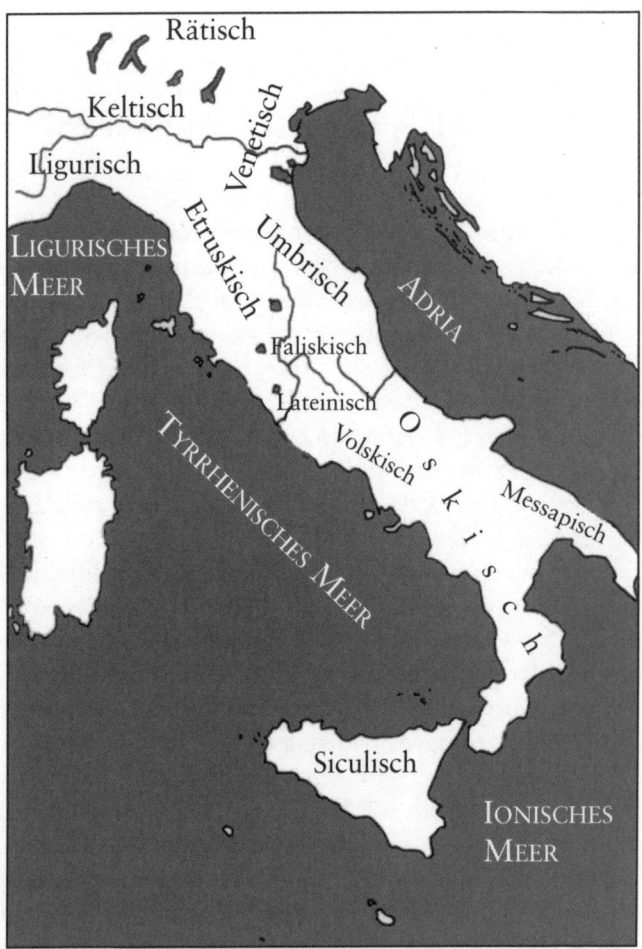

Sprachen im vorrömischen Italien

sprochen wurde. 241 v. Chr. zerstörten die Römer ihre Hauptstadt Falerii. Das Faliskische ist uns vor allem von Vasen und Grabinschriften bekannt.

Die Nähe zu den übrigen angrenzenden Sprachen hat einige Spuren hinterlassen. So nahm nachweislich Einfluß auf die lateinische Sprache etwa das *Etruskische*, wenngleich nur in einem geringen Umfang. Das gut lesbare etruskische Alphabet geht eindeutig auf das Griechische zurück, die Sprache selbst ist jedoch immer noch weitgehend unbekannt. Auch die Frage der Herkunft der Etrusker, ob sie –

wie von vielen antiken Autoren angegeben – aus Kleinasien stammten oder in Italien beheimatet waren, ist ungeklärt. In das Lateinische sind vor allem Termini aus dem Staats-, Militär- und Bauwesen (zum Beispiel *populus*: Volk < etrusk. *pupli*) sowie aus Kleinhandel und Handwerk und nach Livius 7, 2 auch aus dem Bühnenwesen (vgl. die Entlehnungen *histrio*: Schauspieler < etrusk. *ister* und *persona*: ‹Maske› < evtl. etrusk. *fersu*) eingedrungen. Daneben gelangten über das Etruskische auch zahlreiche Gräzismen in das Lateinische (*lanterna*: Lampe < λαμπτήρ).

Die Etrusker traten wohl auch als Vermittler der Schrift auf. Die ursprünglich 21 Buchstaben des lateinischen Alphabets sind dem griechischen entnommen und wurden in der Antike als Majuskeln (Großbuchstaben) geschrieben. In der Zeit des Augustus wurden für die Wiedergabe griechischer Wörter zusätzlich die Buchstaben Y und Z eingeführt. Vorher schrieb man *s* für *z* (sona für ζώνη, etwa Plautus, *Mercator* 925) und *u* für *y* (mit Wirkung auf die Aussprache, vgl. das Wortspiel Plautus, *Bacchides* 362: *facietque extemplo Crucisalum me ex Chrysalo*).

Das *Oskisch-Umbrische* umfaßt die Idiome, die, im Gebiet entlang des Apennins etwa vom Metaurus bis Lukanien beheimatet, die wichtigste Sprachgruppe des vorrömischen Italiens darstellten. Zu ihm gehören im Norden das Umbrische und das wenig bekannte Picenische, in der Mitte die sabellischen Dialekte (zum Beispiel Paelignisch, Marsisch, Sabinisch) und das Volskische und im Süden das Oskische (Samnitische). Das Oskisch-Umbrische war, wie Inschriften aus Pompeji und Herkulaneum bezeugen, im 1. Jh. n. Chr. noch lebendig. Im Bundesgenossenkrieg (91–89 v. Chr.) gab es sogar unter den latinischen Aufrührern die Absicht, es anstelle des Lateinischen als Bundessprache einzuführen. Der Einfluß auf das Lateinische läßt sich nur lautlich fassen, so beispielsweise in Wörtern mit -f- im Inlaut (*bufo*: Kröte) oder -p- (*popina*: Garküche [= coquina]; *lupus*: Wolf, vgl. griech. λύκος).

Andere Sprachen haben in vergleichbar geringem Maße auf das Lateinische gewirkt, so das *Messapische*, eine dem Illyrischen verwandte Sprache im Südosten Italiens, und das *Venetische* an der Küste und dem Hinterland der nördlichen Adria. Von weiteren Sprachen im nördlichen Italien haben wir kaum Kenntnis, dies betrifft die *Ligurer*, ein vor-indogermanisches Volk, und die mit den Etruskern verwandten *Räter*. Aus Sizilien sind uns im Westen das vorindogermanische *Sikanisch* und in der Mitte und im Osten der Insel eine jüngere eigenständig indogermanische Sprache bekannt, das *Si-kulische*.

Von weitaus größerer Bedeutung waren zwei Sprachgruppen, die erst in späterer Zeit in Kontakt mit dem Lateinischen kamen, das *Griechische* und das *Keltische*. Die griechische Besiedlung Süditaliens und Siziliens setzte im 8. Jh. v. Chr. ein. Die älteste Stadtgründung ist wohl Kyme in Kampanien (Strabon 5, 4, 4); etwas früher, zwischen 775 und 760, wurde Pithekusa (Ischia, Strabon 5, 4, 9) besetzt. Noch im 8. Jh. wurde auch mit der Errichtung von Stützpunkten auf Sizilien (734/3 Syrakus) begonnen. Aus dem 5. Jh. stammen die jüngsten Gründungen (um 470 Neapolis, 444/3 Thurioi). Zusammen mit den Aussiedlern gelangte der jeweilige Dialekt in die neue Heimat: das Io-nische nach Kampanien und dem nördlichen Sizilien, das Dorische nach Kalabrien und Südsizilien, das Achaiische nach Lukanien und ins südliche Kampanien (Poseidonia, lateinisch: Paestum). Die frühe-ste Vermittlung des Griechischen geschah über das Etruskische. Hinzu kamen Übernahmen aus dem Ionischen von Kyme (*sceptrum*: Szepter < σκῆπτρον, *sc(a)ena*: Bühne < σκηνή), und schließlich, wie schon angedeutet, fanden Wörter mit lautlichen Charakteristika des Dorischen (langes α statt ionisch η: *malum*: Apfel < μᾶλον, *Aescula-pius*: Asklepios < Ἀσκλαπιός; Bewahrung des Ϝ [Digamma]: *oliva*: Olive< ἐλαίϜα, *vinum*: Wein < Ϝοῖνος) Eingang in die lateinische Sprache.

Die Kelten, in der ersten Hälfte des 1. Jahrtausends v. Chr. im Ge-biet des Oberrheins und der jungen Donau ansässig, wanderten um 500 v. Chr. nach Westen und Südwesten und gelangten bis nach Spa-nien (Keltiberer) und Britannien. Eine weitere Gruppe zog nach Süd-osten auf den Balkan, und nach 278/77 v. Chr. besetzten diese soge-nannten Galater einen Teil Kleinasiens. In Richtung Süden scheiterte die keltische Expansion letztlich an den Römern: 390/386 standen sie, nachdem wohl schon im 5. Jh. Kelten in die Poebene eingedrungen waren, vor Rom. Im Zuge der römischen Eroberung Norditaliens nach den Feldzügen Hannibals wurde das Keltische ins jenseits der Alpen gelegene Gallien und in einige schwer zugängliche Rückzugs-gebiete verdrängt. Aus dem Keltischen stammen Worte wie *ambactus* (Sklave) oder *braca* (Hose).

Die frühesten uns erhaltenen Zeugnisse lateinischer Sprache datie-ren aus dem 5. Jh., frühestens aus dem 6. Jh. v. Chr. (fragmentarischer Cippus vom Forum Romanum, der sogenannte «Lapis niger», CIL I² 2, 1 (S. 40); Inschrift auf der 1880 zwischen Quirinal und Viminal gefundenen Duenos-Schale, CIL I² 2, 4), sie sind für uns teilweise noch immer unverständlich (vgl. auch Quintilian 1, 6, 40 über das *carmen Saliare* und das *carmen Arvale*, CIL VI 2104 = I² 2, 2). Daß die bei späteren römischen Juristen und Antiquaren erhaltenen Fragmente des *Zwölftafelgesetzes* (um 450 v. Chr.) vertrauter wirken, hängt damit zusammen, daß diese Autoren sie wahrscheinlich in etwas modernisierter (d. h. dem zeitgemäßen Sprachgebrauch angepaßter) Form zitierten. Die Inschriften des 3. und 2. Jh.s dagegen weisen schon ein, wenn auch archaisches, so doch gut verständliches Latein auf (Bronzetafel mit dem *senatus consultum de Bacchanalibus* 186 v. Chr., CIL I² 2, 581, 15–18; Grabelegien auf Angehörige der Scipionen-Familie, so etwa der Saturnier auf L. Cornelius Scipio 230 v. Chr., CIL I² 2, 9).

Die wichtigsten Unterschiede zwischen dem Lateinischen des 4. und 3. Jh.s v. Chr. und dem klassischen Latein betreffen die Vokale: Anstelle des kurzen *i* in unbetonten Silben vor Labialen stand ein kurzes *u* (*maxumus, decumus*), vor einem Nasal oft *u* statt *o* (*Semunis = Semones; funtes = fontes*), nach konsonantischem *u* war nur *o* möglich, nicht *u* (*uolnus, uolt, auonculus*). In unbetonten Schlußsilben findet sich noch *o* statt des späteren *u* (*praifectos, uirom*). In vorliterarischer Zeit muß das Lateinische zudem einen stark exspiratorischen Akzent gehabt haben, der regelmäßig auf die erste Silbe des Wortes fiel. Vermutlich im Laufe des 4. Jh.s v. Chr. trat an die Stelle dieses Anfangsakzentes das ‹Dreisilbengesetz› (Betonung der vorletzten Silbe, wenn sie einen Langvokal hat oder eine silbenlängende Doppel- bzw. Dreifachkonsonanz folgt; ansonsten wird die drittletzte Silbe betont). Ein weiteres Phänomen des Altlateinischen ist die Schwäche der Auslautkonsonanten -*s* und -*m* (*tribunos militare*), die im Laufe des 2. Jh.s wohl in Anlehnung an das Griechische bewußt gestärkt wurden (*tribunus militaris*), während das ebenfalls schwache auslautende -*d* nach langen Vokalen schließlich ganz wegfiel, was besonders die Ablativformen betraf (*Troiad > Troia; sententiad > sententia; med, ted, sed > me, te, se*). Ebenfalls ins 4. Jh. v. Chr. ist der Rhotazismus beim intervokalischen -*s*- zu datieren (*Papisius > Papirius*).

So wie sich die lateinische Literatur an den griechischen Vorbildern orientierte, stand auch die in der Zeit der frühen Republik im 3. und 2. Jh. v. Chr. einsetzende lateinische Literatursprache in einem starken Abhängigkeitsverhältnis zum Griechischen. Dieses Verhältnis war durchaus zwiespältig: Einerseits wurden bestimmte Formen (Genitive auf -*es* oder Akkusative wie *aëra*) oder Konstruktionen (*accu-*

sativus Graecus) übernommen, andererseits entstanden in dem Versuch, Gräzismen bewußt zu vermeiden, lateinische Neuprägungen. In den ersten lateinischen Epen wurde sprachlich der Versuch gemacht, analog der griechischen Kunstepik γλῶσσαι, also von der Normalsprache abweichende Ausdrücke, zu verwenden. Die ersten lateinischen Dichter griffen mangels Dialektvarianten und eigenen epischen Werken auf das Vokabular einer durch den Saturnier geprägten Dichtungtradition, auf die Rechts- und Kultsprache und auf Entlehnungen aus dem italischen Umland Roms zurück. Für die Komödie hingegen bietet sich ein anderes Bild. Zwar ist in ihr der Anteil an umgangssprachlichen Elementen höher als in anderen literarischen Formen, aber es wäre grundlegend falsch, ihre Sprache generell als die altlateinische Alltagssprache zu klassifizieren, bleibt sie doch der künstlerischen Stilisierung und dem Versmaß verpflichtet. Insgesamt ist der Anteil an Gräzismen sehr hoch, wobei es sich nicht nur um Fachtermini, wie nautische Begriffe, handelt, sondern auch um Interjektionen wie *euge* oder *papae*. Aus der Prosa des 3. und 2. Jh.s v. Chr. haben wir leider neben Catos Fachschrift *De agri cultura* (Über den Ackerbau) nur Fragmente, die zu wenige Belege für eine sichere sprachliche Analyse liefern. Catos einfacher, schlichter Stil und seine insgesamt eher wortkarge Art ist sicherlich auch auf eine persönliche Vorliebe zurückzuführen und darf nur mit äußerster Vorsicht als Kennzeichen der Literatur seiner Zeit bewertet werden.

Das klassische Latein ist im engeren Sinne die Sprache Ciceros, umfaßt also die Zeit zwischen 81 (Ciceros Rede *pro Quinctio*) bis 43 v. Chr. (Ciceros Tod), im weiteren Sinne schließt sie auch noch Cäsar und Livius mit ein, beginnt daher etwa mit dem Tod Sullas 78 v. Chr. und endet 14 n. Chr. mit dem Tod des Augustus.

Zur Aussprache: Die Diphthonge stellten ursprünglich wirklich Doppellaute dar, im 1. Jh. v. Chr. setzte sich langsam die Aussprache als Monophthong durch: *reda / raeda*; *Clodius / Claudius*. Der erste Vokal klang aber noch bei Cicero vor: *Caesar* (Kaisar), *Boeotia* (Boiotia), *neuter* war ursprünglich dreisilbig! Das *r* war stets ein Zungen-r (wie im Italienischen heute noch). Ein intervokalisches *-i-* wurde ursprünglich als Doppellaut gesprochen: *maior* (majior), dasselbe gilt für die Komposita von *iacio* (*abicio*: abjicio). *v* klang im alten Latein wie englisch w (water), seit dem 1. Jh. n. Chr. wie deutsch w (Wasser). *c* wurde wie k ausgesprochen, *ti* wie ti (nicht zi). Das *s* war ein stimmloses s (dt. reißen), auch im Anlaut *sp*, *st* und *sch* (s-pektakulum, s-ta-

tio, s-khola). Ein z in griechischen Fremdwörtern war stimmhaft (ds).
n wurde vor c und g nasal gesprochen, ebenso g vor n (ma^{n}gnus). *n* vor
f und s (sowie c+Konsonant [*sanctus*]) führte zu einer Längung und
Nasalierung des vorangehenden Vokals und war somit abgeschwächt
(daher die Abk. *cos.* für *consul*). Das *h* wurde schwächer als heute üblich ausgesprochen und fiel in der Volkssprache wohl ganz weg. Die
Aspiranten *ch*, *ph* und *th* sind ein Einfluß aus dem Griechischen und
wurden als k+h, p+h und t+h gesprochen: *charta* (k^{h}arta), *triumphus*
(triump^{h}us), *kithara* (kit^{h}ara).

Die Aussprache des Lateinischen (im ersten Jh. v. Chr.) (nach: Jäger,
Einführung S. 67 f.).

Schrift-zeichen	Aussprache	Bemerkungen
a	ă, ā	
b	b	
c	k (ohne Hauch)	nicht: ts vor e, i, ae, oe, was einer im 6. Jh. in einem Teil des Sprachgebiets aufgekommenen Gewohnheit entspräche
d	d	
e	ĕ, ē	
f	f	
g	g	
h	h	
i	ĭ, ī; j (vor Vokalen)	
(k)	k (ohne Hauch)	nur in Ausnahmefällen hat sich das altlateinische Schriftzeichen k erhalten
l	l	
m	m	
n	n	
o	ŏ, ō	
p	p (ohne Hauch)	
q	wie qu in engl. quiet	nicht: kw
r	r (Zungenspitzen-r)	
s	s (stimmlos)	

t	t (ohne Hauch)	
(u)	ŭ, ū (als Vokal)	Das Schriftzeichen u̯ kam in der
v	u̯ als Halbvokal bzw.	antiken Kursivschrift auf. Erst
	Konsonant, vor Vokalen	nachantik ist die Differenzie-rung zwischen u und v; u̯ nicht wie dt. w, eher wie engl. water
x	ks	
(y)	ü	Die Schriftzeichen nur in grie-chischem Lehngut verwendet seit augusteischer Zeit
(z)	ds	
ae	ae (getrennt)	ä seit der früheren Kaiserzeit
au	au	
ei	ei	nicht: ai
eu	eu (getrennt)	nicht: oi
oe	oe (getrennt)	ö seit der Kaiserzeit
ui	ui	
gn	ngn	
ch	kh	nicht: «ch»
ph	ph	f seit der Kaiserzeit
ti	ti	nicht: tsi

In der nachaugusteischen Kaiserzeit trat in der Literatur das spannungsvolle Verhältnis zwischen bewundernder Nachahmung einerseits und künstlicher Neuschöpfung andererseits noch stärker hervor. Für die Autoren dieser Zeit ergab sich zwingend die Entscheidung, entweder der Stilnorm zu entsprechen oder sich deutlich von ihr abzusetzen. Als Vorbilder galten in der Prosa Cicero und in der Dichtung Vergil. Die Werke des großen Redners, Philosophen und Staatsmannes wurden zur Grundlage der Rhetorenschulen, in denen ihre Nachahmung eingeübt wurde. In der Dichtung mußten große Passagen auswendig gelernt und vorgetragen werden. Stilistische Virtuosität maß sich an dieser Sprachnorm. Wer davon abwich, konnte oder wollte nicht anders. Petron, Tacitus und Apuleius setzten gezielt sprachliche Mittel jenseits der Norm ein (Petron: Vulgaritäten und Obszönitäten aus dem Milieu der Sklaven und Freigelassenen) und bewiesen damit ihre literarische Unabhängigkeit. Für die kaiserzeitliche Sprache ergab sich damit eine Vertiefung der ohnehin schon gegebenen Kluft zwischen dem Latein des Alltags und dem der Literatur: Entweder man imitierte das Latein der großen Vorbilder und behielt damit künstlich eine gewisse Sprachstufe bei, oder man bemühte sich,

durch neue Wortbildungen, gesuchte Archaismen, Häufung von Syn-
onymen und vor allem Rhythmisierung der Prosa einen ganz neuen
und ganz anderen, ebenso künstlichen Sprachstil zu schaffen. Hinzu
kam die Zweisprachigkeit: Bis weit ins 3. Jh. n. Chr. hinein war es im
Westen unter den Gebildeten selbstverständlich, die Söhne zur Ausbildung nach Griechenland zu schicken; im Ostteil des Reiches war
das Griechische nach wie vor Verkehrs- und Umgangssprache. Dabei
wirkte es auf das Lateinische weniger durch direkte Übernahme von
griechischen Wörtern als vielmehr durch den Einfluß fremder Syntax,
Morphologie und lautlicher Phänomene.

Dieses galt in besonderem Maße für das Latein des jungen Christentums. Die frühen Bibelübersetzungen (*Vetus Latina*) ebenso wie
die Schriften der Apologeten und Kirchenväter sind in erheblich
höherem Maße griechisch gefärbt als das Hochlatein der Kaiserzeit.
Dies dürfte darauf zurückzuführen sein, daß es sich bei den ersten
Christen und christlichen Missionaren (Paulus!) um hellenisierte Ju-
den handelte und sich der christliche Glaube zunächst vor allem im
griechischsprachigen Osten des Reiches etablierte. Das christliche
Latein unterschied sich von der Literatursprache aber auch durch
seine Schlichtheit (*Sacrae Scripturae sermo humilis*). Gemäß der einfachen sozialen Herkunft von Missionaren und Missionierten gleichermaßen mußte die Alltagssprache verwendet werden, hinzu kam, daß
auch das neutestamentliche Griechisch von seinem klassischen Vorbild weit entfernt war. Das Latein der Christen formte dabei nicht nur
religiöse Fachbegriffe wie *angelus*, *apostolus* und *episcopus*, sondern
prägte auch bestimmte Worte in ihrer Bedeutung neu – *orare:* beten
(statt fragen, bitten), *paganus:* Heide (statt Landbewohner), *saecu-
lum:* Welt (statt Jahrhundert, Generation, Zeitalter). In dem Maße wie
das Christentum sich in gebildeten Kreisen ausbreitete, schwanden
die stilistischen Unterschiede; Augustinus ist das klassische Beispiel.
In seinen rhetorisch-philosophischen Schriften schrieb er ein cicero-
nianisches Latein, wenn auch mit christlichem Sondergut, während
seine Predigten, die für das Volk bestimmt waren, ein einfaches Latein
aufweisen. Hieronymus erreichte in seinen Schriften einen gewissen
Ausgleich zwischen dem anspruchsvollen literarischen Latein, das
auch das gebildete Publikum zufriedenstellen sollte, und dem schlichten Latein der Frühzeit, das mitunter kokettierend eingesetzt wurde,
um dem christlichen Demutsideal zu entsprechen.

Der Übergang vom spätantiken zum mittelalterlichen Latein gestaltete sich fließend, dennoch wird die Grenze heute um 600 gezo-

gen. Die Sprache der Römer wurde zunehmend zur Gelehrten- und Bildungssprache, so daß zumindest in literarischen Kreisen die Zweisprachigkeit selbstverständlich wurde. Anstelle des Griechischen trat das Latein als Ausweis einer gewissen Bildung und sozialen Stellung, während die jeweilige Muttersprache den Alltag beherrschte. Der Verfall des antiken Schulwesens zwischen 600 und 800 n. Chr. führte zu einem Schwinden der Lese- und Schreibfähigkeit innerhalb der Bevölkerung, bis sie rein auf den Klerus beschränkt blieb. Bis zur Mitte des 8. Jh.s wurde aber ein einfaches, korrektes Latein wohl noch in breiten Schichten verstanden, wenn auch nicht mehr durchgängig aktiv beherrscht. Nach und nach drängte die Alltagssprache in den Vordergrund. In den romanischen Gebieten war dieser Prozeß ohnehin kaum aufzuhalten, in anderen Gegenden lassen sich neben massiven Übersetzungsfehlern auch latinisierte Formen beispielsweise des Germanischen feststellen. Typisch für das Mittellatein ist das Nebeneinander von groben Verstößen gegen Grammatik und Syntax einerseits und gedrechselten Wendungen und gesuchten Formulierungen andererseits.

Die karolingische Renaissance und ihr profilierter Vertreter Alkuin (735–804) versuchten noch einmal, in einem verstärkten Ausbau des Schulwesens das klassische Latein der antiken Autoren zur Norm zu erklären. Dies hatte das völlige Auseinanderbrechen der sprachlichen Verständigung zwischen *litterati* und *illitterati* zur Folge. Bis zum 10. Jh. war auch im Bewußtsein der romanischen Bevölkerung das Latein als die eigentliche ‹Mutter›-Sprache entschwunden. Die jeweiligen Volkssprachen hatten sich im Alltag ihm gegenüber durchgesetzt, das Latein blieb auf die Wissenschaft beschränkt. Den Literaten erlaubte das Mittellatein größere sprachliche Freiheiten – man konnte sich an die antiken Regeln halten, mußte es aber nicht. Die Sprache drängte zur Vereinfachung (*quod*-Sätze statt AcI, großzügigerer Umgang mit der Zeitenfolge). Daneben bot das Mittellatein auch neue Möglichkeiten, so in der Dichtung den Reim und die Bildung von Strophen, sowie den *Cursus*, den akzentuierenden Satzschluß.

Die Bemühungen der Renaissance und des Humanismus um eine Neubelebung des klassischen Lateins leiteten den Untergang der noch gesprochenen bzw. geschriebenen lateinischen Sprache ein. Die Versuche, für jeden Ausdruck einen antiken Beleg zu finden, verhinderten eine Weiterentwicklung der Sprache. Seit dem 16. Jh. verdrängten die Nationalsprachen das Latein auch aus den letzten Bastionen der Wissenschaft, aus der Literatur (16. Jh.), der Politik

(17.Jh.), den Naturwissenschaften (18.Jh.) und schließlich den Geisteswissenschaften (19.Jh.). Zuletzt beschloß auch die römisch-katholische Kirche auf dem Zweiten Vatikanischen Konzil (1962–1965) die Einführung der Landessprache im Gottesdienst. Heute ist das Lateinische noch die Sprache des Vatikans und einiger weniger Kongresse und Zeitschriften. Der Sprachschatz wird eigens hierfür der modernen Lebenswelt und ihrer Begrifflichkeit angepaßt. Jüngstes Beispiel ist das in 17 Jahren erarbeitete *Lexicon recentis Latinitatis* (Bd. 1, A-L, Vatican 1992; Bd. 2, M-Z, Vatican 1997) mit über 15 000 Neuschöpfungen (zum Beispiel *allergia* [< griech. ἄλλο und ἔργον] für ‹Allergie› oder *cafaeum* für ‹Kaffee› [< arab. qahvé]) bzw. Umschreibungen (wie *res inexplicata volans* für ‹UFO› oder *intercalatum laudativum nuntium* für ‹Werbespot›). Seit einigen Jahren werden an verschiedenen Instituten für Klassische Philologie in Deutschland ‹Colloquia Latina› unterhalten und (vorwiegend internationale) lateinischsprachige Tagungen ausgerichtet (zu den Bestrebungen, die lateinische Sprache über die Kommunikation wiederzubeleben, vgl. W. Stroh (Hrsg.), Latein sprechen, Altsprachlicher Unterricht 26, 5, Velber 1994).

IV. Vom Autograph zur modernen Edition

Jede seriöse Beschäftigung mit einem Text setzt die Kenntnis von dessen exaktem Wortlaut voraus, d. h. im Idealfall die Kenntnis genau desjenigen Wortlautes, den der Autor selbst hergestellt hat. Im Falle zeitgenössischer Literatur und noch lebender Autoren, aber auch allgemein auf dem Gebiet der neusprachlichen Philologien bereitet dieser Anspruch keinerlei oder höchstens marginale Probleme. Für die Klassische Philologie dagegen war die Ermittlung eines dem originalen möglichst nahekommenden Wortlautes ihrer Texte stets ein zentrales Problem, bisweilen vermittelte sie gar den Eindruck, es sei ihr einziges. Die Ursache hierfür ist in der Besonderheit der Überlieferungsgeschichte aller antiken Texte zu finden.

1. Überlieferungsgeschichte

1.1. Definition

Unter der Überlieferungsgeschichte eines Textes versteht man allgemein den Weg, den er vom Ort und Zeitpunkt seiner Entstehung bis zum jeweiligen Rezipienten zurückgelegt hat. Anfang und Ende dieses Weges lassen sich im Falle antiker Literatur aber genauer beschreiben. Am Anfang steht das vom Autor einem Schreiber diktierte, anschließend durchgesehene und autorisierte erste Exemplar. Dieses ‹Original› besitzen wir von keinem einzigen Werk der antiken lateinischen Literatur. Das Ende der in unserem Zusammenhang relevanten, d. h. in den Wortlaut der Texte eingreifenden Überlieferungsgeschichte ist etwa ein Jahrtausend nach dem Ausklingen der antiken römischen Literatur erreicht, nämlich mit der Erfindung und dem massenhaften Einsatz des Buchdruckes seit der Mitte des 15. Jh.s (S. 29). Jetzt war es zum erstenmal in der europäischen Kulturgeschichte möglich, von einem Text bis ins kleinste Detail völlig identische Exemplare in bislang unvorstellbaren Stückzahlen herzustellen. Damit war erstens die mit der bisherigen Überlieferungsweise zwangsläufig einhergehende, fortlaufende Entstellung der Texte definitiv unterbunden, zweitens die Gefahr praktisch beseitigt, daß sämtliche existierende Exemplare eines Textes verloren gehen könnten. Diese beiden Faktoren, fortgesetzte Textentstellung und Gefahr des vollständigen Verlustes, prägten aber die vielen Jahrhunderte, die alle Werke der antiken lateinischen Literatur bis zum Zeitalter des Buchdruckes überstehen mußten. Der Weg durch diese Jahrhunderte soll im folgenden kurz beschrieben werden.

1.2. Beschreibstoffe in der Antike

In der Antike benutzte man eine Vielzahl anorganischer (Steine, verschiedene Metalle, Tonscherben) und organischer (zum Beispiel Holztafeln, Leinen, Bast) Materialien zur Fixierung kürzerer, ausnahmsweise auch längerer Texte; für die Aufzeichnung literarischer Texte kamen aber – von seltenen Ausnahmen abgesehen – nur zwei Beschreibstoffe in Frage:

Papyrus (lat. meist *charta* genannt) wurde aus dem Stengelmark der gleichnamigen Staude hergestellt, die einst in großen geschlossenen Beständen vor allem in der Gegend des Nildeltas wuchs (heute nur noch am Oberlauf des Nils); ägyptischer Papyrus beherrschte den Markt, andere Vorkommen (etwa in Mesopotamien) waren demgegenüber ohne Bedeutung. Zum Beschreiben geeignete Blätter wurden hergestellt, indem man die unteren Teile der bis zu armdicken Stengel in dünne, möglichst breite Streifen zerschnitt und diese auf ange-

Papyruspflanze

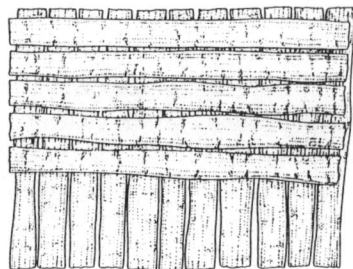

Schema der Herstellung eines Papyrusblattes

feuchtete Holzbretter so nebeneinander legte, daß die Pflanzenfasern parallel verliefen und die Ränder einander ein wenig überlappten. Diese Lage bedeckte man mit einer zweiten Streifenschicht in der Weise, daß die Fasern der oberen Lage mit denen der unteren einen Winkel von 90 Grad bildeten. Das Ganze wurde vorsichtig mit flachen, glatten Steinen geklopft, so daß die austretende Stärke die einzelnen Streifen zu einem fest zusammenhaltenden Blatt verklebte, das man dann an der Sonne trocknen ließ und mit Bimsstein glättete. Für die Vermarktung wurden diese Blätter jeweils an den Rändern zu Bahnen von meist sechs bis acht Metern Länge (manchmal auch mehr) zusammengeklebt, und zwar so, daß auf der einen Seite die Fasern durchgehend horizontal (recto-Seite), auf der anderen durchgehen vertikal (verso-Seite) verliefen. Beim Aufrollen achtete man darauf, daß die im allgemeinen allein für die Beschriftung vorgesehene Innenseite der Rolle diejenige war, an der die Fasern der Blätter horizontal verliefen. Solche Papyrusrollen wurden in mehreren, normierten Formaten und Qualitätsabstufungen hergestellt. Sie waren ein für die Beschriftung mit Rohrfeder und Tinte sehr gut geeignetes, relativ preiswertes und auch einigermaßen haltbares Schreibmaterial.

Leder, also gegerbte Tierhaut, wurde schon im alten Orient als Beschreibstoff verwendet. *Pergament* (*membrana*) unterscheidet sich von Leder nur durch die Art der Zubereitung: Die Häute wurden nicht gegerbt, sondern mit einer Kalklösung behandelt, dann gespannt und durch mehrmaliges Schaben geglättet. Die Bezeichnung, die erstmals im Jahre 301 n. Chr. belegt ist, leitet sich von der in Kleinasien gelegenen Stadt Pergamon ab; Plinius (*Naturalis historia* 13,70) überliefert, daß dort zu Beginn des 2. Jh.s v. Chr. das Pergament erfunden worden sei (*membranas Pergami repertas*), als der über Ägypten herrschende Ptolemaierkönig den Papyrusexport nach

Pergamon untersagte, um den weiteren Ausbau der dortigen Bibliothek – einer Konkurrenz zur alexandrinischen – zu verhindern. Wir
wissen heute, daß dies nicht richtig sein kann, da Pergamentfunde aus
älterer Zeit vorliegen; es könnte jedoch stimmen, daß in Pergamon im
2. Jh. v. Chr. während kriegsbedingter Stockungen der Papyruszu-
fuhr verstärkt auf diesen Beschreibstoff zurückgegriffen worden ist.
Im Vergleich zu Papyrus war Pergament immer ein kostspieliges Material, jedoch bedeutend haltbarer und strapazierfähiger als Papyrus.
Es war sogar mehrfach verwendbar, da man einen Text ausschaben
und dann das Pergament neu beschreiben konnte (sogenannter
Palimpsest). Die Verbreitung von Pergament nahm während der Kaiserzeit (aus im einzelnen ungeklärten Gründen) allmählich zu; in der
Spätantike wurde schließlich die Mehrzahl der Bücher auf Pergament
geschrieben.

1.3. Buchformen in der Antike

Die während des größten Teiles der Antike verbreitetste und über
Jahrhunderte hinweg die einzige Buchform war die oben schon erwähnte Papyrusrolle. Sie wurde auf der recto-Seite in gleichmäßigen,
nebeneinander gesetzten Blöcken (Kolumnen) beschrieben, wobei
man am oberen und unteren Rand sowie am Anfang und Ende der
Rolle etwas freien Platz ließ. Zum Lesen mußte die Rolle fortlaufend
abgewickelt (*evolvere, explicare*) und – mit der linken Hand – wieder
aufgerollt werden, wozu man sich der Bequemlichkeit halber meist
eines oder zweier Stäbe (*umbilicus*) bediente. Zur schonenden Aufbe-
wahrung der Rollen benutzte man speziell gefertigte Kästen aus Holz
(*capsa*).

Schema einer beschriebenen Papyrusrolle

Papyrusrolle, zum Lesen geöffnet. Berlin, Ägyptisches Museum

Die heute allein übliche Buchform (lat. *codex*) kam vereinzelt schon in der frühen Kaiserzeit vor, hat sich aber erst in der Spätantike (4. und 5. Jh.) gegenüber der Buchrolle endgültig durchgesetzt. Der Kodex besteht aus mehreren, aneinander gehefteten Lagen einfach gefalteter Blätter, meist Lagen zu je vier Blättern (sogenannte Quaternionen: ein Quaternio ergibt acht Blätter und damit sechzehn Buchseiten – übrigens die noch heute übliche Seitenzahl in einem Druckbogen), manchmal auch Fünferlagen (Quinionen). Der Kodex hat gegenüber der Rolle den Vorteil, daß das Material auf beiden Seiten beschrieben und damit ökonomischer genutzt werden kann, aber auch, daß ein Hin- und Herblättern und Aufsuchen bestimmter Stellen ohne Mühe möglich ist. Das geschmeidigere und damit weniger leicht brüchige sowie beidseitig gleich gut beschreibbare Pergament eignete sich für diese Buchform wesentlich besser als Papyrus; so gab es zwar auch Papyrus-Kodices (umfangreiche Reste haben sich sogar erhalten), aber in der Regel bestand ein Kodex aus Pergament. Die Umstellung von der Papyrusrolle zum Pergamentkodex ist am Ende

Schema eines Kodex

der Antike weitgehend abgeschlossen; diejenigen Werke der antiken Literatur, die diese Umstellung nicht mitgemacht hatten, die also nicht in einen Pergamentkodex kopiert worden waren, erreichten in der Regel die mittelalterliche Überlieferung nicht mehr und gingen verloren.

1.4. Verbreitung von Büchern in der Antike

Als in der zweiten Hälfte des 3. Jh.s v. Chr. die Literatur allmählich ihren Einzug in Rom hielt, hatte der griechische Osten längst die Stufe einer voll entwickelten Schrift- und Buchkultur erreicht, in der Bücher seit mindestens 100 Jahren, in geistigen Zentren des Mutterlandes wie Athen seit mehr als 200 Jahren für einen großen Teil der Bevölkerung zum täglichen Leben gehörten. Wer es sich leisten konnte und diesbezügliches Interesse hatte, legte private Büchersammlungen an, allen voran die hellenistischen Könige mit ihren oft umfangreichen Hofbibliotheken. Die größten, aber keineswegs die einzigen öffentlichen bzw. halböffentlichen Bibliotheken standen in Alexandria und Pergamon. Neben diesen Zentren sorgte ein profitorientiertes, privates Verlagswesen dafür, daß jeweils neue wie auch ältere Literatur ständig in ausreichenden Stückzahlen kopiert und auf den Markt gebracht wurde. In Rom dauerte es bis in die zweite Hälfte des 1. Jh.s v. Chr., bis das Buch sich eine vergleichbare Position in der Gesellschaft erobert hatte.

Es ist anzunehmen, daß bereits die Pioniere der lateinischen Literatur wie Livius Andronicus, Naevius und Ennius über wahrscheinlich vergleichsweise bescheidene private Büchersammlungen verfügten. Während der gesamten republikanischen Periode blieb das Sammeln und Kopieren von Büchern die Sache interessierter Privatleute. Das änderte sich auch nicht, als mit den kriegerischen Erfolgen im Osten ansehnliche Bibliotheken nach Rom überführt wurden, wie im 2. Jh. die des Makedonenkönigs Perseus durch Aemilius Paullus, im 1. Jh. die des Apellikon (mit den Resten der lange verschollenen Bibliothek des Aristoteles) durch Sulla und die des Mithridates durch Lucullus. Zumindest in der zweiten Hälfte des 1. Jh.s scheint immerhin der Besitz einer Privatbibliothek für die Angehörigen der Oberschicht zum guten Ton gehört zu haben. Vitruv jedenfalls sieht einen Bibliotheksraum als selbstverständlichen Bestandteil einer herrschaftlichen Villa vor (6, 4, 1; vgl. auch 1, 2, 7).

Aus dieser Zeit liegen uns durch Cicero auch die ersten Zeugnisse für ein entwickeltes Verlags- und Buchhandelswesen in Rom vor. Danach wurden literarische Texte in einer den heutigen Verhältnissen teilweise ähnlichen Weise verbreitet. Der Verfasser übergab ein von ihm eigenhändig niedergeschriebenes oder diktiertes, auf jeden Fall aber autorisiertes Exemplar seines Werkes einem professionell arbeitenden Verleger. Dieser ließ, wenn er Interesse hatte und sich Gewinn versprach, eine ihm angemessen erscheinende Zahl von Abschriften anfertigen. Professionelle ‹Schnellschreiber› (*tachygraphoi*, ταχυγρά-φοι), zumeist Sklaven, erledigten diese Arbeit durch visuelles Kopieren oder auch durch Nachschrift auf Diktat. Geübte Spezialisten erreichten dabei erstaunliche Schreibgeschwindigkeit. So behauptet Martial (2, 1, 5), sein 2. Buch der *Epigramme* (540 Verse) könne von einem schnellen Schreiber in einer Stunde kopiert werden. Solche Eile beeinträchtigte natürlich die Genauigkeit der Abschrift. In der Regel ließ man deshalb die Kopien, bevor sie in den Buchhandel gingen, von einem Korrekturleser durchsehen; aber auch völlig unkorrigierte und entsprechend fehlerhafte Exemplare kamen auf den Markt, wie Strabon erwähnt (13, 609). So konnte unter den antiken Produktionsbedingungen nicht nur die Qualität des Materials und die sonstige Ausstattung eines Buches, sondern auch die Korrektheit des dargebotenen Textes mit dem Preis eines Buches zusammenhängen.

Für die Vermarktung der literarischen Produkte sorgte der Buchhandel. In Rom gehörten Buchläden seit der späten Republik zum Straßenbild; die von vielen Autoren geäußerte Erwartung, überall auf der Welt bekannt zu werden (zum Beispiel Horaz, *Oden* 2, 20, 19 ff.; Martial 7, 88; 11, 3), deutet aber (selbst wenn man Topik und Hyper-

bolik in Rechnung stellt) darauf hin, daß man überall in den Städten
des Imperiums (im hellenistischen Osten ohnehin; aber hier domi-
nierte die griechische Literatur) mehr oder weniger gut sortierte
Buchläden vorfinden konnte. Was verlegt und angeboten wurde, bestimmte weitgehend der Markt. Neben jeweils neuen und modernen
Autoren gab es auch immer wieder Neuausgaben von ‹Klassikern›
(besonders, wenn sie zu Schulautoren geworden waren), sofern sie
sich gut verkauften. Junge und noch unbekannte Autoren hingegen,
für die sich ohne weiteres kein Verleger interessiert hätte, nutzten die
Möglichkeit, durch öffentliche Rezitation ihrer Werke auf sich aufmerksam zu machen.

Neben Verlagswesen und Buchhandel wurde die antike Buchkultur wesentlich getragen durch die großen öffentlichen Bibliotheken.
Hier bestand die Möglichkeit, unabhängig von Marktlage und priva-
tem Gewinnstreben möglichst umfangreiche und qualitativ hochste-
hende Büchersammlungen anzulegen sowie durch beständiges Kopieren zu erhalten. In Rom wurde die erste öffentliche Bibliothek erst
kurz nach 39 v. Chr. eröffnet, nachdem ein entsprechendes von Caesar geplantes Projekt nicht verwirklicht worden war. Asinius Pollio
leitete diese Bibliothek, die – wie alle ihre Nachfolgerinnen in Rom –
in eine griechische und eine lateinische Abteilung aufgeteilt war. Bereits unter Augustus folgten zwei weitere Bibliotheken (beim Tempel
des *Apollo Palatinus* und in der *porticus Octaviae*), und in der frühen
Kaiserzeit wuchs ihre Zahl rasch (die bedeutendste war wohl die unter Trajan am neuen Forum errichtete). Die in der Regierungszeit des
Konstantin (frühes 4. Jh.) angefertigte *descriptio urbis* verzeichnet
nicht weniger als 28 öffentliche Bibliotheken. Auch in vielen anderen
Städten des Imperiums gab es solche, oft durch Stiftungen reicher Privatleute begründete Institutionen; den besten Eindruck von der repräsentativen Pracht derartiger Bauten vermitteln die Reste der Cel-
sus-Bibliothek in Ephesos.

1.5. Verbreitung von Büchern in Spätantike und Mittelalter

In der lateinischen Hälfte des römischen Imperiums erreichen die
Verbreitung von Büchern, der Grad der Alphabetisierung, also generell die gesamtgesellschaftliche Relevanz von Literatur ihren Höhepunkt im 1. und 2. Jh. n. Chr. Nach dem empfindlichen Einbruch
während der Zeit der sogenannten Soldatenkaiser (231–284) läßt sich
in der Spätantike ein neues Aufblühen sowohl der Produktion von als

auch des Interesses an Literatur beobachten, und zwar zunächst
ebenso paganer wie christlicher (S. 121 f.). Zugleich verliert das Buch
aber allmählich seine Bedeutung als alltäglicher Gegenstand im Leben
der meisten Menschen; Büchersammlungen konzentrieren sich an
stetig seltener werdenden Zentren, wie den übriggebliebenen öffentlichen Bibliotheken (allein für die am Forum des Trajan ist bezeugt,
daß sie im 5. Jh. noch in Betrieb war), privaten Sammlungen sowie
neuerdings in der Umgebung größerer Kirchen angelegten Büche-
reien (zum Beispiel bei der Felix-Basilika von Nola). Bücher wurden
– nicht zuletzt durch die jetzt durchgreifende Umschrift in Pergamentkodices – mehr und mehr zu kostbaren, in den meisten Fällen
nur noch in sehr geringen Stückzahlen vorhandenen Textzeugen. Die
Situation des westeuropäischen Mittelalters ist damit am Ende der
Antike in den Grundzügen bereits gegeben; doch ging spätestens seit
dem Ende des 6. Jh.s die Funktion der Konservierung und Tradierung
antiker Literatur allein auf die Klöster über.

1.6. Geschichte der Schrift: lateinische Paläographie

Der Wandel der lateinischen Schrift von den ältesten erhaltenen Inschriften bis zu spätmittelalterlichen Buchschriften ist Gegenstand
einer eigenen Disziplin, der lateinischen Paläographie. Sie leistet die
systematische Erfassung und Beschreibung der entwicklungsge-
schichtlich, regional, individuell bedingt unterschiedlichen Erschei-
nungsformen der lateinischen Schrift, wie sie uns in den Textzeugen
vorliegen. Der Fachmann, der für eine Textedition wichtige Überlieferungsträger eigenständig prüfen will, benötigt dafür je nach Einzelfall mehr oder weniger umfassende paläographische Kenntnisse. Für
Studierende der Latinistik ist die Schriftgeschichte dagegen normalerweise (von manchmal angebotenen speziellen Übungen abgesehen) ohne praktische Bedeutung. Dennoch kann die Kenntnis der
wesentlichen Entwicklungsphasen zu einem besseren Verständnis
grundsätzlicher Probleme der Überlieferung antiker lateinischer
Texte verhelfen (zum Beispiel regelmäßig wiederkehrende Verlesun-
gen aufgrund der Gestaltänderung bestimmter Buchstaben; Mißver-
ständnisse von Abkürzungen).

Der Begründer der lateinischen Paläographie Jean Mabillon (S. 33)
unterscheidet in seinem grundlegenden Werk *De re diplomatica*
(1681) fünf Epochen:

1. Unsere Kenntnis des Schriftwesens der römischen Antike grün-

det sich auf einen insgesamt dünnen und inhomogenen Überlieferungsbefund: Während zum Beispiel Inschriften, besonders aus der Kaiserzeit, in sehr großen Mengen erhalten sind, finden sich Reste lateinisch geschriebener Bücher, die vor dem 4. Jh. n. Chr. entstanden sind, nur in Ägypten und in Herculaneum. Dabei handelt es sich meist um stark zerstörte Buchrollen oder nur kleine Fragmente. Die ältesten ganz erhaltenen Bücher (Pergamentkodices) stammen aus dem 4. Jh.

Das lateinische Alphabet geht auf eine lokale Sonderform des westgriechischen Alphabets zurück, sehr wahrscheinlich das der Griechenstadt Kyme (Cumae). Einige seiner Eigenheiten sind aber nur dadurch zu erklären, daß die Römer es nicht direkt von den Griechen übernahmen, sondern über die Etrusker, die das griechische Alphabet in manchen Punkten den Erfordernissen ihrer Sprache angepaßt hatten. Nach etruskischem Vorbild schrieb man in Rom bis ins 2. Jh. n. Chr. meist mit deutlicher Bezeichnung der Worttrennung (durch Zwischenräume oder Punkte), gebrauchte teilweise auch Interpunktionszeichen und Aussprachehilfen, dies aber nie nach starren Regeln. Seit dem 2. Jh. n. Chr. hat sich nach griechischem Vorbild auch in lateinischen Büchern die Schreibung ohne Trennung der Wörter (*scriptio continua*) durchgesetzt. An die Stelle der Interpunktion trat nun oft die *scriptio per cola et commata*, d. h. die Sinneinheiten wurden nicht durch Zeichen voneinander abgesetzt, sondern durch das Beginnen einer neuen Zeile.

In den mehr als sieben Jahrhunderten der römischen Antike waren viele verschiedene Schriftformen in Gebrauch; manche wurden überwiegend für gehobene, feierliche Anlässe verwendet (so die *capitalis quadrata* für Inschriften und offizielle Dokumente), andere dienten meist als anspruchslose Schriften für den täglichen Gebrauch (so die verschiedenen Formen der römischen Kursive). Für die Überlieferung literarischer Texte haben – angesichts der oben geschilderten Überlieferungslage – nur drei antike Formen der lateinischen Schrift Bedeutung: Die *capitalis rustica* steht der Inschriften-Kapitale am nächsten und wird bis ins 4. Jh. hinein für Bücher ebenso gern verwendet wie für amtliche Dokumente. Sie ist ebenso eine Majuskelschrift (die Buchstaben werden zwischen zwei gedachten Linien geschrieben, es gibt so gut wie keine Ober- und Unterlängen) wie die *Uncialis*, deren Buchstaben sich durch breitere und zu Rundungen neigende Formen auszeichnen. In der Spätantike war sie die am weitesten verbreitete Buchschrift. Die sogenannte *Halbunziale* dagegen

ABCDEFGHILMNOPQRSTVXY

capitalis quadrata

ᴀ ʙ ᴄ ᴅ ᴇ ꜰ ꜰ ɢ ꜱ ʜ ɪ ʟ ᴍ ɴ ᴏ ᴘ ᴏ ʀ ꜱ ᴛ ᴜ x ʀ ᴢ

capitalis rustica

ᴀ ʙ ᴄ ᴅ ᴇ ꜰ ɢ ʜ ɪ ʟ ᴍ ɴ ᴏ ᴘ ꞯ ʀꜱ ᴛ ᴜ x ʀᴢ

Unziale

a b c d e f g h i l m n o p q r ſ ſ u x

karolingische Minuskel

aab c d e f g h i l m n o p q r z ſs t u z y z

gotische Schrift

a b c d e f g h i l m n o p q r ſ s t u v x

Schrift der Aldinen

ist die erste Minuskelschrift, die in großem Umfang als Buchschrift verwendet wurde; sie dürfte aus der jüngeren römischen Kursive entstanden sein.

Der Wunsch der Arbeitsersparnis hat zu allen Zeiten dazu geführt, daß mehr oder weniger häufig bestimmte abgekürzte Schreibungsarten eingesetzt wurden. Man unterscheidet drei Formen von Abkürzungen: Durch die *Ligatur* werden zwei aufeinander folgende Buchstaben verbunden, indem ein ihnen gemeinsames Element statt zweimal nur einmal geschrieben wird. Die *Suspension* verkürzt häufige Wörter dadurch, daß sie nur den oder die ersten Buchstaben (manchmal auch die Anfangsbuchstaben der Silben) ausschreibt. Sie läßt sich in römischen Inschriften bis ins 5. Jh. v. Chr. zurückverfolgen. Bei der *Kontraktion* werden bestimmte Buchstaben von Anfang und Ende eines Wortes (manchmal auch aus der Mitte) zusammengezogen; sie bietet gegenüber der Suspension den Vorteil, daß Kasusendungen kenntlich bleiben. Die Kontraktion kommt in der Spätantike, ausgehend wohl von den christlichen *nomina sacra* wie zum Beispiel *deus* oder *Christus*, in Gebrauch und wird im Laufe des Mittelalters ungemein häufig.

2. Die Auflösung der politischen Einheit des ehemaligen weströmischen Reiches im 5. Jh. manifestiert sich im Schriftwesen in der Ausbildung einer Reihe regionaler, untereinander teilweise sehr verschiedener Schrifttypen, die alle auf die Halbunziale und die römische Kursive zurückgehen. Zu nennen sind die insulare (im irisch-angelsächsischen Bereich), die westgotische (in Spanien), die beneventanische und die merowingische Schrift (im ehemaligen Gallien). Alle diese Schriften machen überreichen Gebrauch von Ligaturen und anderen Kürzungen.

3. Im Rahmen der sogenannten karolingischen Renaissance, also der unter der Regierung Karls des Großen (768–814) unternommenen Anstrengungen zu einer Erneuerung der antiken Bildungstradition, entstand ein neuer Schrifttyp – die karolingische Minuskel. Sie ließ nur wenige Ligaturen und Kürzungen zu und setzte sich im Lauf des 9. Jh.s allgemein im Abendland als einheitliche Buchschrift durch.

4. Die im Laufe des 12. Jh.s entstehende gotische Schrift ist eine Abwandlung der karolingischen Minuskel, deren charakteristische Gestalt in mancher Hinsicht an die Stileigentümlichkeiten der zur gleichen Zeit aufblühenden gotischen Architektur erinnern. Sie beherrscht in den beiden Grundformen der *Textura* (Buchschrift) und der *Notula* (Kursive) sowie in vielen regionalen Varianten die Schrift-

geschichte des Spätmittelalters; der Reichtum an Abkürzungen erschwert oft erheblich die Lesbarkeit.

5. Den nach Wiederbelebung der Antike strebenden Humanisten erschien die gotische Schriftform als Inbegriff von Barbarisierung und ‹finsterem Mittelalter›. Sie griffen deshalb auf die karolingische Minuskel zurück, die man fälschlich für die antike Schrift hielt (S. 27). Nach ihrem Vorbild wurden die Typen der Erstdrucke antiker Autoren gestaltet; so beeinflußt die karolingische Minuskel auch noch die Gestalt der modernen Druckschrift.

2. Textkritik

2.1. Ausgangslage

Aus der dargelegten Eigenart der Überlieferungsgeschichte ergibt sich: Das Werk eines lateinischen Autors der Antike ist normalerweise durch mehrere Textzeugen repräsentiert, die zu verschiedenen Zeiten an verschiedenen Orten entstanden sind. Die wichtigsten Überlieferungsträger sind in der Regel mittelalterliche Handschriften. Allen Textzeugen gemeinsam ist ihre mehr oder weniger starke Fehlerhaftigkeit. Die meisten ‹Fehler›, d. h. Veränderungen des ursprünglichen Textes, entstehen beim Abschreiben unabsichtlich durch Flüchtigkeit, Versehen, Irrtum des Kopisten; andere sind Folge der bewußten Entscheidung eines Schreibers, den ihm vorliegenden Text zu ändern, meist in der Absicht, das Vorgefundene – vermeintlich – zu ‹korrigieren›. Auch mechanische Beschädigungen können Textveränderungen verursachen, in der Regel den Verlust von Teilen des Textes. Die Zahl der einen Text entstellenden Fehler nimmt tendenziell zu, je häufiger dieser durch Abschreiben tradiert worden ist.

2.2. Zielsetzung und Bedeutung der Textkritik

Die unter der Bezeichnung ‹Textkritik› zusammengefaßten wissenschaftlichen Verfahrensweisen haben das Ziel, die überlieferungsbedingten Veränderungen eines Textes möglichst vollständig zu erkennen und rückgängig zu machen. Im nie erreichbaren Idealfall würde diese Arbeit also zu dem Ergebnis führen, daß ein Text in exakt dem Wortlaut, den ihm sein antiker Autor gegeben hat, wiederhergestellt wird.

Die Textkritik schafft also durch Ausmerzen bzw. drastisches Vermindern der überlieferungsbedingten Fehler die Grundlage für jede weitere Auseinandersetzung mit einem antiken Text. Sie zwingt außerdem zu einer möglichst genauen Untersuchung verschiedener Konstituenten eines Textes – wie zum Beispiel Metrum, Besonderheiten in Semantik, Morphologie, Syntax, charakteristische Stileigentümlichkeiten – und ermöglicht so Erkenntnisse, zu denen man auf anderem Weg nicht gelangen könnte. Die Textkritik ist deshalb ein grundlegendes und unentbehrliches Teilgebiet der Klassischen Philologie, nicht aber der Inbegriff dieser Disziplin und auch nicht ihr Endzweck. Studierende werden meist nur mit den fertigen Produkten textkritischer Arbeit konfrontiert, den sogenannten kritischen Ausgaben. Um diese sachgemäß und mit eigenständigem Urteil benutzen zu können, muß man aber über die wesentlichen Arbeitsschritte des Editors informiert sein; Grundkenntnisse über die Vorgehensweise der Textkritik benötigen deshalb auch jene Studierende der Latinistik, die (voraussichtlich) selbst niemals einen Text kritisch edieren werden.

2.3. Methode der Textkritik

Innerhalb des Verfahrens der Textherstellung (*constitutio textus*) unterscheidet man drei Arbeitsschritte:

Im ersten Schritt werden die vorhandenen Textzeugen möglichst vollständig gesammelt und einer sorgfältigen vergleichenden Lektüre unterzogen, um festzustellen, was überliefert ist. Man nennt diese Arbeitsphase *recensio*. Bei den Textzeugen unterscheidet man zwischen Haupt- und Nebenüberlieferung. Zur Hauptüberlieferung gehören alle Überlieferungsträger, die den fraglichen Text vollständig oder teilweise direkt darbieten. Normalerweise handelt es sich dabei um einige, viele oder manchmal auch nur eine einzige mittelalterliche Handschrift, die meist nach ihrem jetzigen oder früheren Aufbewahrungsort (in der Regel eine der großen westeuropäischen Bibliotheken) mit lateinischen (latinisierten) Namen benannt sind. Zur Hauptüberlieferung können auch frühe gedruckte Ausgaben (*Wiegendrucke, Inkunabeln*) zählen, dann nämlich, wenn sie den Text von Handschriften wiedergeben, die heute verloren sind. Selten besitzen wir ältere, noch spätantike Pergamenthandschriften (wie von Vergils Werken), und eine noch geringere Rolle spielen für die Überlieferung lateinischer Autoren die Papyri. Als Nebenüberlieferung bezeichnet

man alle Quellen, die sich in irgendeiner Form auf den zu edierenden
Text beziehen oder ihn auszugsweise zitieren oder in irgendwie mo-
difizierter Form wiedergeben. Dazu gehören Übersetzungen (etwa
ins Arabische oder Syrische), Zitate, antike Kommentare, Lexikonar-
tikel, Paraphrasen, Parodien.

Nach Sammlung der Überlieferungsträger (im folgenden als
‹Handschriften› [Hss.] bezeichnet) wird der von diesen gebotene Text
genauestens geprüft und verglichen. Erstes Ergebnis dieses Verfahrens ist die Ausscheidung derjenigen Hss., die für die Textherstellung
nicht in Frage kommen, da sie keine selbständigen Überlieferungsträger sind. Das trifft auf alle diejenigen zu, bei denen sich erweisen läßt,
daß sie von einer einzigen, vorhandenen Vorlage abgeschrieben wurden (*eliminatio codicum descriptorum*). Am Ende führt die Prüfung
des Wortlautes im Idealfall zur vollkommenen Klärung des Abhän-
gigkeitsverhältnisses aller vorhandenen Hss. Man stellt dieses Abhängigkeitsverhältnis nach Art eines Stammbaumes graphisch dar durch
das sogenannte *stemma codicum* (griech. *stemma* heißt eigentlich
‹Bekränzung›; weil die Römer ihre Ahnenbilder mit *stemmata* zu
schmücken pflegten, wurde das Wort metonymisch als Bezeichnung
für ‹Stammbaum› üblich).

Zur Feststellung der gegenseitigen Abhängigkeit von Hss. können
manchmal auch äußere Faktoren hilfreich sein. So ist es beispielsweise
natürlich unmöglich, daß eine aufgrund ihrer Schrift, ihres Materials
oder anderer Hinweise eindeutig als jünger zu datierende Hs. Vorlage
einer sicher älteren gewesen sein könnte. Das entscheidende Kriterium sind aber immer die sogenannten ‹Leitfehler› (*errores significa-
tivi*), d. h. offensichtliche und auffällige Textschäden, die unmöglich
von einem mittelalterlichen Schreiber, der sie in seiner Vorlage vor-
fand, korrigiert werden konnten. Als zuverlässigste Leitfehler gelten
Auslassungen oder Umstellungen von einzelnen Wörtern, Zeilen,
Abschnitten oder gar Büchern. Es gilt der Grundsatz: Jede Abschrift
wird sämtliche so definierten Fehler ihrer Vorlage enthalten und darüber hinaus noch einige weitere, die dem Schreiber unterlaufen sind.
Wie ein Stemma erstellt wird, soll durch ein fiktives Beispiel (nach
West, Textual Criticism S. 32ff.) demonstriert werden:

Ein Text sei durch sechs Hss. überliefert, die mit den Abkürzungen
(Siglen) A, B, C, D, E, F bezeichnet werden. Die *recensio* führt zu folgenden Ergebnissen:

(1) Die sechs Hss. enthalten einige allen gemeinsame Fehler; diese
Fehler verbinden die Hss. zu einer Gruppe (‹Bindefehler›) und lassen

nur zwei Schlußfolgerungen zu – entweder (a): Sie hängen alle von *einer* Vorlage ab, die ebenfalls diese Fehler hatte und die nicht erhalten ist; oder (b): Eine der sechs ist die Vorlage, von der alle anderen abgeschrieben sind.

(2) Jede der sechs Hss. enthält nur ihr eigene Fehler, die in keiner der anderen stehen und die so beschaffen sind, daß sie von einem Kopisten nicht hätten beseitigt werden können. Damit scheidet Möglichkeit (b) aus, da diejenige Hs. unter den sechs, die Vorlage aller anderen wäre, solche Sonderfehler nicht haben dürfte. Die in jeder einzelnen enthaltenen Sonderfehler trennen die sechs Hss. also voneinander (‹Trennfehler›) und beweisen, daß Schlußfolgerung (a) zutrifft:

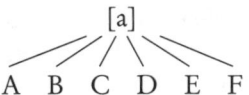

Die nicht erhaltene, aber sicher zu erschließende Hs. [a] nennt man den ‹Archetypus› (oft werden solche erschlossenen Vorlage-Hss. auch mit griechischen Minuskeln bezeichnet).

(3) Die fünf Hss. B, C, D, E, F haben einige Fehler gemeinsam (Bindefehler), von denen A frei ist. Da durch Feststellung (2) [Existenz von Trennfehlern] sichergestellt ist, daß keine der fünf Vorlage der vier übrigen sein kann, muß man folgern, daß B, C, D, E, F über eine gemeinsame Zwischenstufe vom Archetypus [a] abhängen, die ebenfalls die ihnen gemeinsamen Fehler hatte, während A nicht von dieser Zwischenstufe abhängt:

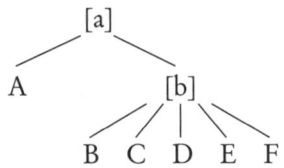

Die theoretische Möglichkeit, daß [b] von A abgeschrieben sein könnte, wird ebenfalls durch Feststellung (2) [A hat eigene, in B, C, D, E F nicht enthaltene Fehler] ausgeschlossen. Die erschlossene Zwischenstufe [b] bezeichnet man als ‹Hyparchetypus›.

(4) Die Hss. B und F haben einige Bindefehler, die in C, D, E nicht vorkommen. Sämtliche Fehler von B stehen auch in F und darüber

hinaus noch einige weitere eigene. Daraus folgt: F ist eine Abschrift
von B:

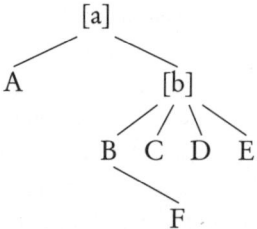

(5) Schließlich zeigt sich, daß D und E einige gemeinsame Fehler haben, von denen B, C (und auch F) frei sind. Die Existenz von Trennfehlern in D und E [vgl. (2)] garantiert, daß die eine nicht Vorlage der anderen sein kann; also müssen sie von einem weiteren Hyparchetypus abhängen, der seinerseits auf [b] zurückgeht, nicht aber auch für B und C Vorlage gewesen ist:

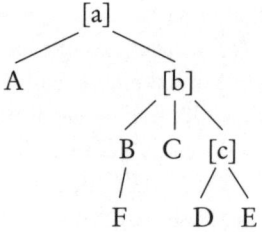

Das auf diese Weise erschlossene Stemma ermöglicht es, den Textzeugen das Gewicht einzuräumen, das ihnen gemäß ihrem Platz in dem Abhängigkeitsgeflecht gebührt, und so die Frage nach dem überlieferten Wortlaut zu beantworten; Ziel ist die Gewinnung des Wortlautes, der in dem ältesten erschließbaren Textzeugen, also dem Archetypus [a] stand. Man geht folgendermaßen vor:

(1) F wird eliminiert (d. h.: bei der Textherstellung nicht weiter berücksichtigt), da seine Vorlage vorhanden ist. Nur zur Gewinnung des Textes von B an Stellen, wo diese Hs. eventuell durch Beschädigung oder Verwischung unleserlich ist, kann F dienlich sein oder gegebenenfalls als Quelle von Konjekturen ihres Schreibers.

(2) Wo D und E übereinstimmen, liegt der Text von [c] vor. Wo sie nicht übereinstimmen, entscheidet die Übereinstimmung mit B und C oder nur mit B oder nur mit C darüber, welches der Wortlaut von [c] gewesen ist.

(3) Aus der Übereinstimmung von B, C und [c] läßt sich nunmehr der Wortlaut von [b] rekonstruieren. Wo sie nicht übereinstimmen, entscheidet nicht etwa die Mehrheit (zum Beispiel B und [c] gegen C), sondern die Übereinstimmung mit A darüber, welcher Wortlaut für [b] zu rekonstruieren ist.

(4) Im letzten Schritt wird aus der Übereinstimmung von A und [b] der Archetypus [a] rekonstruiert. Wo keine Übereinstimmung besteht, müssen beide Versionen als überliefert gelten und die Entscheidung kann erst im nächsten Schritt fallen.

Aus dem beschriebenen Verfahren wird klar, daß für die Feststellung des Überlieferten Hss. nicht gezählt, sondern ‹gewogen› werden. So hat in unserem Beispiel jeweils B und C das gleiche Gewicht wie D und E zusammen und A das gleiche Gewicht wie alle vier (bzw. fünf) anderen zusammen.

Das beschriebene, im wesentlichen von Karl Lachmann und Paul Maas entwickelte Verfahren führt zu einem verläßlichen Resultat aber nur unter der Voraussetzung, daß bei jedem Abschreibevorgang von jedem Schreiber nur jeweils *eine* Vorlage benutzt worden ist. Unter den Bedingungen des Mittelalters, da die meisten Texte nur in jeweils einem und insgesamt wenigen Exemplaren an weit voneinander entfernten Orten (Klosterbibliotheken) vorhanden waren, dürfte dies häufig oder meistens der Fall gewesen sein. Aus der Antike wissen wir aber, daß man, wenn möglich, sich mehrere Abschriften eines Textes beschaffte, diese verglich *(kollationierte)* und für die anzufertigende Kopie bei Abweichungen jeweils das ‹Beste› (oder was man dafür hielt) übernahm. Es scheint, daß auch im Mittelalter häufiger als man früher meinte diese Praxis angewandt wurde. Wenn also eine Abschrift in der Weise entstanden ist, daß ein Schreiber zwei oder mehr Vorlagen hatte und bei Abweichungen nach eigenem Gutdünken sich entschied (der Fachausdruck ist *Kontamination*), dann sind die Leitfehler kein beweiskräftiges Kriterium mehr für Abhängigkeit (weil ja die Korrektur eines solchen Fehlers in der Vorlage durch Heranziehung eines anderen Textes prinzipiell ermöglicht wurde). Kontamination erschwert also die Erstellung eines Stemma und macht sie sogar unmöglich, wenn sie im Laufe der Überlieferungsgeschichte mehrfach aufgetreten ist. Die *recensio* kann dann mit ihrer Methode keine eindeutige Unterscheidung zwischen alter Überlieferung und sekundärer Textänderung treffen und endet offen. Man spricht in diesem Fall von einer ‹offenen Recensio› im Gegensatz zu einer ‹geschlossenen Recensio›. Der Editor muß im Prinzip sämtliche in den

Textzeugen vorzufindenden Varianten im zweiten und dritten Schritt seiner Arbeit berücksichtigen.

Die beiden auf die *recensio* folgenden Stadien der *constitutio textus* heißen *examinatio* (‹Überprüfung›) und *emendatio* (‹Fehlerbeseitigung›). Sie gehören insofern zusammen, als sie auf dasselbe Ziel ausgerichtet sind, nämlich auf die Wiederherstellung des ursprünglichen Wortlautes, und mit denselben Kriterien arbeiten. Sie unterscheiden sich dadurch voneinander, daß die *examinatio* der *emendatio* vorausgeht und letztere nur dort zur Anwendung kommt, wo erstere zu einem bestimmten Ergebnis geführt hat.

Der in der *recensio* festgestellte Überlieferungsbefund wird einer genauen Prüfung unterzogen, wobei man darauf achtet, ob das Überlieferte dem vom Autor intendierten Sinn, soweit sich dieser aus dem Kontext erschließen läßt, entspricht, und in Sprache, Stil und sonstigen Merkmalen (Dialekt, Hiatmeidung, Prosarhythmus, Metrum) zu den für den Autor als typisch erkannten Ausdrucksgewohnheiten paßt. Wo die Überlieferung nur *eine* Version bietet, kann dieses Verfahren prinzipiell nur zu dem Ergebnis führen, daß man den Wortlaut als akzeptabel übernimmt oder als nicht akzeptabel verwirft. An all denjenigen Stellen, an denen zwei oder mehrere Versionen überliefert sind, muß eine Entscheidung getroffen werden. Diese fällt leicht, wenn sich alle Versionen außer einer als offenkundig fehlerhaft erweisen. Gibt es aber zwei oder mehr Varianten, die die Anforderungen der *examinatio* erfüllen, kann die Entscheidung schwierig werden. Hilfreich ist hier oft die Überlegung *utrum in alterum abiturum erat?* – also: Von welcher der beiden Versionen ist eher zu erwarten und einleuchtender zu erklären, daß sie zu der anderen verändert wurde? In diesem Zusammenhang gilt das Prinzip vom Vorrang der *lectio difficilior*, da die Änderung einer in irgendeiner Hinsicht ‹schwierigen› (semantisch, syntaktisch, logisch usw.) Version zu einer ‹leichteren› wahrscheinlicher ist als das umgekehrte. Weiterhin darf man sich bei der Entscheidung zwischen verschiedenen Lesarten nicht von der Mehrheit der Textzeugen leiten lassen und nicht von vornherein ältere Hss. jüngeren vorziehen (*recentiores non deteriores*, d. h. jüngere Hss. müssen nicht per se eine schlechtere Qualität aufweisen). All diese Prinzipien können aber nur Hilfen geben und müssen nicht in jedem Fall zu einem überzeugenden Resultat führen.

Wenn die *examinatio* zu dem Ergebnis führt, daß das Überlieferte (sei es einheitlich, sei es in zwei oder mehr Lesarten) eindeutig nicht richtig sein kann, muß der Versuch der *emendatio* unternommen werden. Jeder derartige Korrekturversuch hat selbstverständlich denselben Anforderungen zu genügen, die man an den überlieferten Text stellt (Vereinbarkeit mit Kontext, Sprache, Stil, Denk- und Ausdrucksart des Autors). Darüberhinaus soll jede Emendation mit der Überlieferungslage möglichst gut harmonieren, d. h., es soll nachvollziehbar erklärt werden können, wie es zur Entstehung des (der) überlieferten falschen Version(en) aus dem vermuteten richtigen Wortlaut gekommen ist. Am leichtesten geht dies, wenn sich der durch Vermutung (*divinatio*) hergestellte Text (Fachausdruck: ‹Konjektur›) aus dem überlieferten durch Annahme eines der gängigen Abschreibefehler zwanglos ergibt, etwa durch Haplographie (‹**ge**benenfalls› statt ‹**gege**benenfalls›), Dittographie (‹gegeben**en**enfalls›), häufige durch den Schriftwandel bedingte oder phonetische Verschreibungen, Auslassungen aufgrund des Sprunges vom Gleichen zum Gleichen (‹es liegt in der Sache› statt ‹es liegt in **der** Natur **der** Sache›), Eindringen einer interlinear oder am Rand geschriebenen Erklärung (‹Glosse›) in den Text und anderes mehr. Allerdings kann eine Konjektur auch dann ihre Berechtigung haben, wenn keine überzeugende Erklärung der Genese des Fehlers gelingt. Diejenigen Textstellen, die nach Meinung des Herausgebers ‹korrupt› (also ‹verderbt›, d. h. in entstellter Form überliefert) sind und bislang durch keine überzeugende Konjektur geheilt werden konnten, werden üblicherweise zwischen *cruces* gesetzt († … †). Abschließend sei erwähnt, daß konjekturale Textveränderungen nicht nur an offensichtlich korrupten Textstellen angebracht sein können, sondern auch an solchen, die nicht nur dem oberflächlichen Leser richtig überliefert zu sein scheinen; manche Stellen, an denen jahrhundertelang niemand Anstoß genommen hatte, sind schon durch plötzlich ans Licht gekommene neue Textzeugen (vor allem durch Papyri) schlagend verbessert worden. Allerdings werden auf dem Gebiet der Konjekturalkritik anscheinend oder auch nur scheinbar heiler Textstellen Scharfsinn, Augenmaß und Verantwortungsbewußtsein des Textkritikers auf die wohl härteste Probe gestellt.

2.4. Die ‹kritische Ausgabe›

Das Ergebnis der beschriebenen methodischen Vorgehensweise des Herausgebers eines Textes ist die sogenannte kritische Ausgabe. Sie unterscheidet sich von anderen Editionsformen (beispielsweise Schulausgaben) prinzipiell dadurch, daß sie den Benutzer nicht ein-

fach mit einem vorgegebenen Text konfrontiert, sondern die Überlieferungslage so umfassend wie möglich und so detailliert wie nötig dokumentiert und so dem Leser die Möglichkeit gibt, die Entscheidungen des Herausgebers im allgemeinen (zum Beispiel Gewichtung
von Textzeugen) wie im einzelnen (Wortlaut einer bestimmten Stelle)
kritisch zu prüfen. In dieser ‹Mündigkeit› des Benutzers, die durch
die kritische Ausgabe garantiert wird, liegt der Grund dafür, daß in
universitären Lehrveranstaltungen ausschließlich solche Editionen
verwendet werden sollten.

Zu jeder kritischen Ausgabe gehört eine *praefatio* (Vorrede) und
ein kritischer Apparat, der den Text durchgängig begleitet; hier wird
üblicherweise (von seltenen Ausnahmen abgesehen) auch heute noch
die lateinische Sprache benutzt.

Die *praefatio* informiert über alle im Rahmen der *recensio* wesentlichen Fakten: Die wichtigen Textzeugen werden genannt, beschrieben und gruppiert. Der Editor gibt an, auf welche Weise er die Überlieferungsträger durchmustert hat (Einsicht in das Original, Mikro-
film, Mitteilungen aus zweiter Hand). Wenn möglich, wird ein
Stemma erstellt und ein möglichst umfassendes Bild der Überlieferungsgeschichte des jeweiligen Textes entworfen. In manchen *praefationes* nimmt der Editor auch zu früheren Ausgaben desselben Textes
Stellung, informiert gegebenenfalls über besondere Orthographie-
oder Interpunktions-Gepflogenheiten seiner Ausgabe und gibt eine
Bibliographie (ältere Editionen, Sekundärliteratur). Ein Verzeichnis
von Abkürzungen (besonders Siglen der Textzeugen) und manchmal
der verwendeten textkritischen Zeichen beschließt in der Regel die
praefatio.

Kritische Apparate kommen in unterschiedlichen Formen und un-
terschiedlicher Ausführlichkeit vor. Obligatorisch ist der eigentliche
textkritische Apparat, der am unteren Rand jeder Seite dem Text bei-
gegeben ist. Sein Umfang wird von der Überlieferungslage und dem
Ermessen des Herausgebers bestimmt, der irgendeinen Kompromiß
zwischen lückenloser Dokumentation des Überlieferten und Benutzbarkeit seiner Ausgabe finden muß. Für alle diejenigen Stellen, wo
dies dem Herausgeber nötig erscheint, wird informiert über: Herkunft des in den Text gesetzten Wortlautes; Wortlaut und Herkunft
überlieferter Varianten in Haupt- und Nebenüberlieferung; Konjekturen; für den Wortlaut relevante Parallelstellen und ähnliches; für
den Wortlaut relevante Besonderheiten des/der Textzeugen wie Un-
leserlichkeit, Beschädigungen (Lücken), Radierungen, Korrekturen

über der Zeile (*supra lineam*) oder am Rand (*in margine*) und anderes mehr. Man unterscheidet in der Textkritik zwischen einem ‹negativen› und ‹positiven› kritischen Apparat. Die möglichst knappe Form des kritischen Apparates bezeichnet man als ‹negativ›, d. h., die Herkunft der im Text stehenden Version wird nicht eigens angegeben, da sie sich im Zusammenhang von selbst versteht. Im ‹positiven› Apparat dagegen führt der Herausgeber zunächst die Lesart an, die in seinem Text steht (mit Herkunftsangabe), bevor, jeweils durch Doppelpunkt abgetrennt, andere Lesarten und am Ende Konjekturen folgen. Für die im kritischen Apparat verwendeten lateinischen Abkürzungen gibt es kein einheitliches System. Ein Verzeichnis der gebräuchlichsten Abkürzungen findet sich am Ende des Bandes (S. 214 f.). Der eigentliche textkritische Apparat kann durch weitere Apparate bereichert sein: Ein ‹Testimonien-Apparat› kann textbegleitend über jeweils feststellbare Quellen und Vorbilder informieren, ein weiterer kann die bekannten Imitationen und Zitate zusammenstellen. Häufiger findet man solche Angaben aber nicht in den Editionen, sondern in den wissenschaftlichen Kommentaren.

Der Text selbst erscheint in der kritischen Ausgabe in dem Wortlaut, den der Herausgeber aufgrund seiner beschriebenen Arbeit für den ‹besten› hält, d. h. dem originalen Wortlaut so nahe kommend, wie dies auf der Basis der Überlieferung möglich ist. Bei der Interpunktion gibt es unterschiedliche Gepflogenheiten, meist verfahren die Herausgeber nach dem Vorbild der in ihrer jeweiligen Landessprache gültigen Interpunktionsregeln. An den Rändern steht in der Regel eine der Überlieferung entnommene Zählung nach Kapiteln, Paragraphen, bei manchen Autoren auch nach Seitenzahlen einer älteren Edition, die sich für die Angabe von Stellen eingebürgert hat. Zeilenzählung findet man immer bei poetischen Texten, meist auch bei prosaischen, Sprecherangaben ordnen dialogische Partien. Die Gliederung in Sinnabschnitte kann unabhängig von diesen Vorgaben vom Herausgeber nach seinem eigenen Ermessen vorgenommen werden.

2.5. Praktischer Teil: Benutzung einer kritischen Ausgabe

Als Beispiel für den Umgang mit Text und Apparat einer kritischen Ausgabe wird im folgenden der Schluß eines der größeren Gedichte (*carmina maiora*) des Dichters Catull (ca. 87–52 oder 47 v. Chr.) in der erstmals 1958 erschienenen Edition von R. A. B. Mynors behandelt. Die Catull-Überlieferung bietet, was die Hauptquellen angeht, nach

Überzeugung der Mehrzahl der Experten ein klassisches Beispiel für eine geschlossene Rezension: Drei Kodizes, die alle gegen Ende des 14. Jh.s geschrieben wurden, sind die wesentlichen Textzeugen: ein in der Oxforder *bibliotheca Bodleiana* aufbewahrter (O), einer in der Bibliothèque Nationale (Paris), der ursprünglich aus der Klosterbibliothek von Saint-Germain stammt (G), und einer aus Ottobeuren, der heute in der *bibliotheca Vaticana* liegt (R). Diese drei Hss. gehen auf einen gemeinsamen Archetypus zurück, eine Hs., deren Vorhandensein in Catulls Heimatstadt Verona für das 9. Jh. bezeugt ist, die aber später verloren ging (V). G und R scheinen ihrerseits von einer gemeinsamen, vom Archetypus abhängigen Vorlage abgeschrieben zu sein (X), die aber nicht auch Vorlage für O war. Alle übrigen vorhandenen Catull-Hss. (mehr als 100) stammen aus dem 15. und 16. Jh. und hängen von einer der genannten ab; sie kommen als *codices descripti* also nur als Quellen für von ihren Schreibern gemachte Konjekturen und als Hilfe bei eventuell schwer oder nicht lesbaren Textstellen in Frage. Es ergibt sich das folgende einfache Stemma:

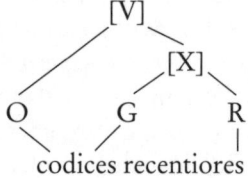

Der folgende Textausschnitt umfaßt die letzten neun Strophen von *carmen* 61, einem Hochzeitslied. Das Metrum ist die glykoneische Strophe, ein Gebilde, das jeweils aus vier glykoneischen Versen (x x — ∪∪ — ∪ x) besteht und von einem Pherecrateus (x x — ∪∪ — x) abgeschlossen wird (S. 94).

Zum Verständnis der in dem Textausschnitt vorausgesetzten Situation muß vorausgeschickt werden, daß die Braut bereits in das Haus ihres zukünftigen Ehemannes geleitet worden ist und ihn dort im Schlafzimmer erwartet. Der Chor, der das Lied vorträgt, wendet sich jetzt an den Bräutigam:

> iam licet venias, marite;
> uxor in thalamo tibi est,   185
> ore floridulo nitens,
> alba parthenice uelut
> luteumue papauer.

at, marite, ita me iuuent
caelites, nihilo minus   190
pulcer es, neque te Venus
neglegit. sed abit dies:
perge, ne remorare.

non diu remoratus es:
iam uenis. bona te Venus   195
iuuerit, quoniam palam
quod cupis cupis, et bonum
non abscondis amorem.

ille pulueris Africi
siderumque micantium   200
subducat numerum prius,
qui uestri numerare uolt
multa milia ludi.

ludite ut lubet, et breui
liberos date. non decet   205
tam uetus sine liberis
nomen esse, sed indidem
semper ingenerari.

Torquatus uolo paruulus
matris e gremio suae   210
porrigens teneras manus
dulce rideat ad patrem
semihiante labello.

sit suo similis patri
Manlio et facile insciis   215
noscitetur ab omnibus,
et pudicitiam suae
matris indicet ore.

talis illius a bona
matre laus genus approbet,   220
qualis unica ab optima
matre Telemacho manet
fama Penelopeo.

claudite ostia, uirgines:
lusimus satis. at boni   225
coniuges, bene uiuite et
munere assiduo ualentem
exercete iuuentam.

185 tibi est *Bentley*: est tibi *V*   187 uelut *β*: uult *O*, uultu *X* (al. uult *g*)
189–93 *post u.* 198 *V*: *huc reuocauit Scaliger*   189 ad maritum tamen
iuuenem: *corr. Scaliger*   191 pulcher es ‹*alii*› *apud Robortellum*:
pulcre res *V*   neque *θ*: nec *V*   192 abiit *V*   193 rememorare *X*
194 remoratus *Calph.*: remota *O*, remorata *X* 196 iuuerit *θ*: inuenerit *V*
197 cupis cupis *OR*(*V?*), cupis capis *Gr* 198 abscondas *V*: *corr. ζη*
199 africi *Heinsius* (-cei *Lachmann*): ericei *V*   202 uestri *β* (uostri
Itali): nostri *V*   uult *Calph.*: uolunt *V*   203 ludi *ed. Rom.* (ludei
Scaliger): ludere *V*   204 ludite ut *Parth.* (ut *iam Calph.*): et ludite et *V*
(et *2° del. r*)   208 ingenerati *O*   209 torcutus *O*   210 e] et *O*
213 semihiante *Scaliger*: sed mihi ante *V*   215 maulio *O*, manlio *X*:
mallio *δ* insciis *r* (-ieis *Lachmann*): insciens *V*   215/16 omnibus /
nosc. ab insciis *Dawes*   217 suae *Calph.*: suo *r*: suam *V*   219/20
bona matre / laus *V*   221 ab *om. O*   222 thelemacho *O*, thelea-
maco *X*   223 penolopeo *X*   224 hostia *V*   225 at boni *ζη*: ad
bonlei *O*, ad bolnei *X* (al. bonei *Rmg*)   226 bene uiuite *r*: bone uite *V*
227 assiduo *ζη*: assidue *V*   228 exercere *O*

Anmerkung zum kritischen Apparat: Mit lateinischen kleinen Buchstaben *(r, m, g)* bezeichnet der Herausgeber Korrekturen in älteren
Hss., mit griechischen Buchstaben Korrekturen in jüngeren Hss. – In
englischen Ausgaben wird häufig nicht zwischen v und u unterschieden, sondern v als u geschrieben.

184–188: «*Jetzt darfst du kommen, Bräutigam: Die Gattin ist im
Hochzeitszimmer für dich da, strahlend mit ihrem blühenden Mund
wie weißes Jungfernkraut und dunkelroter Mohn.*»
   185: Die Wortfolge *tibi est* beruht auf einer Konjektur des englischen Textkritikers Bentley (S. 34 f.), überliefert ist einheitlich *est tibi*.
Bentleys Umstellung beseitigt den mit dem überlieferten Text entstehenden Hiat.
   187: *uelut* findet sich nur in einer (oder mehreren: das geht aus den
Angaben des Herausgebers nicht hervor) jüngeren Hs., während O
uult überliefert, die von X abhängigen *uultu* bzw. ebenfalls *uult* (so

auch ein oder mehrere Korrektoren). Die Überlieferung ist sinnlos, der Fehler muß schon im Archetypus V gestanden haben. *uelut* ist Konjektur eines unbekannten Schreibers des 15. Jh.s.

189–193: «*Doch, Bräutigam, so wahr die Himmlischen mir beistehen, um nichts weniger schön bist du, und Venus vernachlässigt dich nicht. Doch der Tag schwindet: Auf denn, versäume nicht die Zeit!*»

Sämtliche Textzeugen haben diese Strophe erst nach der in unserem Text folgenden Strophe, also nach unserer Zählung die Verse 189–193 nach 194–198. Scaliger (S. 32) hat die Umstellung vorgenommen; ob zu Recht, muß man prüfen.

194–198: «*Nicht lange hast du gesäumt: Jetzt kommst du schon. Gütig mag Venus dir beistehen, weil du ja ganz offen begehrst, was du begehrst, und deine ehrliche Liebe nicht verbirgst.*»

Die von Scaliger hergestellte Strophenfolge entspricht dem tatsächlichen Ablauf des Geschehens: In 189–193 wird der Bräutigam aufgefordert zu kommen, in 194–198 wird festgestellt, daß er dieser Aufforderung gefolgt ist. Besonderes Gewicht hat die wörtliche Bezugnahme von 194 auf 193: *ne remorare – non diu remoratus es*. Scaligers Umstellung ist also höchstwahrscheinlich richtig. Die falsche Strophenfolge haben alle Textzeugen, sie geht also sicher auf den Archetypus zurück.

Jetzt zu den Einzelheiten:

189: Das einheitlich überlieferte *ad maritum tamen iuuenem* ist sinnlos und unmetrisch. Scaligers Emendation geht davon aus, daß auch hier, wie in der vorausgehenden Strophe, der Bräutigam angesprochen wird: *marite*; *at* und *ad* werden sehr häufig verwechselt; hinter *tamen iuuenem* verbirgt sich die geläufige Beschwörungsformel *ita me iuuent*, wodurch das folgende *caelites* in die Konstruktion eingefügt werden kann. Auch diese schwere Korruptel muß auf den Archetypus zurückgehen.

191: *pulcher es* ist eine alte Konjektur unbekannter Herkunft (in der Edition von Robortello findet sich nur die Angabe *alii*); die sinnlose Überlieferung *pulcre res* erklärt sich leicht durch mehrere Verschreibungen. *pulcher* mit h schrieb man normalerweise zu Catulls Zeit (vgl. Cicero, *Orator* 160); Catull selbst bevorzugte aber anscheinend die Schreibweise ohne h (vgl. *carm.* 84), weshalb der Herausgeber *pulcer* in den Text gesetzt hat. – *neque* ist konjekturale Verbesserung des unmetrischen überlieferten *nec*, vorgenommen von einem unbekannten Schreiber des 15. Jh.s.

192: *abiit* paßt nicht ins Metrum, die Herkunft der Konjektur *abit* gibt Mynors nicht an (sie geht, wie aus anderen Editionen ersichtlich, ebenfalls auf einen unbekannten Schreiber des 15.Jh.s zurück). Derselbe Fehler *abiit* statt *abit* findet sich an zwei anderen Stellen unseres Gedichtes (90; 112); Ursache ist wohl der Versuch, eine vermeintliche Kurzform aufzulösen. – Die falsche Strophenfolge, *at maritum tamen iuuenem, pulcre res* und *abiit* sind eindeutige Bindefehler, die beweisen, daß die Hss. O, G und R auf eine gemeinsame Vorlage zurückgehen.

193: Mit der Angabe «rememorare X» sagt der Herausgeber explizit, daß sich diese Lesart in den Hss. G und R findet; implizit bedeutet dies, daß die im Text stehende Lesart *remorare* aus dem Kodex O stammt (zum negativen Apparat S. 74). – Der Fehler selbst geht auf Dittographie (S. 72) zurück; für G und R liegt ein Bindefehler vor, im Verhältnis zu O ein Trennfehler: X hatte das falsche *rememorare*, V das richtige *remorare*.

194: Ein weiterer Trennfehler zwischen O und X: V hatte *remorata*, woraus in O durch eine Quasi-Haplographie *remota* wurde. Das einheitlich falsch überlieferte Genus, korrigiert erstmals in einer gedruckten Ausgabe von 1481 (Calphurnius), entstand vielleicht aus der falschen Strophenfolge: *non diu...* folgt in den Hss. ja unmittelbar auf die die Braut beschreibenden Verse 185–188.

196: Die metrisch unmögliche Überlieferung *inuenerit* wird in Hss. des 15.Jh.s korrigiert. Die Genese des Fehlers erklärt sich aus der häufigen Verlesung von *u* zu *n*, also *inuerit*, das wohl sekundär zu einer Form von *inuenire* erweitert worden ist.

197: *cupis cupis* haben O und R, vielleicht war dies also auch der Wortlaut von V; G bietet dagegen als Korrektur *cupis capis*, was möglicherweise auf eine in X notierte alternative Lesart zurückgeht. Metrisch ist beides gleichwertig, vom Sinn her beides möglich, wenn auch vielleicht nicht von gleicher Qualität und Prägnanz.

198: Die Syntax (quoniam + Indikativ) erfordert den Indikativ *abscondis*.

199–203: *«Die Anzahl der Staubkörner Afrikas und der funkelnden Sterne wird derjenige wohl eher errechnen können, der die vielen tausend Einzelheiten eures Liebesspiels nachzählen will.»*

199: Die von Heinsius und Lachmann emendierte Korruptel *ericei* erklärt sich aus der zu Catulls Zeit noch verbreiteten Schreibweise EI für langes *i*, der häufigen Verlesung von *F* zu *E (AERICEI)* und der im Mittelalter üblichen, phonetisch bedingten Ersetzung von *ae* durch *e*.

202: Das überlieferte *nostri* ist vom Sinn her unmöglich (wieder die in der Minuskelschrift häufige Verwechslung von *u* und *n*), man hat die Wahl zwischen der älteren, dem Überlieferten näheren Form *uostri* und dem klassischen *uestri*. Hier entscheidet der sonstige Sprachgebrauch Catulls, falls sich dieser mit genügender Sicherheit feststellen läßt.– *uolunt* paßt nicht ins Metrum; die einheitlich überlieferte Korruptel könnte darauf zurückzuführen sein, daß ein Schreiber den Querstrich des *t* von *uult* als Zeichen einer Abkürzung (Kontraktion) interpretiert und dann fälschlich zu *uolunt* aufgelöst hat.

203: Der Überlieferungsfehler *ludere* läßt sich vielleicht als Assimilation an den vorangehenden Infinitiv *numerare* erklären. Wie an anderen Stellen zeigt sich, daß mancher mittelalterliche Kopist dieses Textes keine Vorstellung vom Sinn dessen hatte, was er abschrieb.

204–208: «*Treibt euer Spiel nach Belieben und bringt bald Kinder zur Welt. Es gehört sich nicht, daß ein so alter (Familien-) Name ohne Kinder bleibt, sondern daß er aus sich selbst heraus sich stets erneuert.*»

204: Überliefert ist einheitlich das metrisch und vom Sinn her unmögliche *et ludite et lubet*, ein Korrektor der Hs. R hat offenbar bemerkt, daß eine Silbe zuviel steht, und deshalb das zweite *et* gestrichen (del. = delevit). Die in einem Druck von 1485 (Parthenius) hergestellte richtige Form wurde wohl zunächst durch die häufige Verlesung von *ut* zu *et* entstellt, sekundär dann aus einem Bedürfnis nach Symmetrie zum Überlieferten erweitert.

208: Die sicher richtige Lesart *ingenerari* steht in G und R, während O den Fehler *ingenerati* hat: ein weiterer Trennfehler zwischen X und O.

209–213: «*Ich möchte, daß ein winzigkleiner Torquatus vom Schoß seiner Mutter aus seine zarten Händchen ausstreckt und dabei lieb seinen Vater anlacht mit halb geöffneten Lippen.*»

209: Wieder ein Trennfehler zwischen O und X; *Torcutus* ist als römischer Name nicht bekannt.

210: O hat statt *e* das sinngemäß unmögliche *et*, eine wegen des für *et* gebräuchlichen Kürzels häufige Verwechslung.

213: Die einheitlich überlieferte Korruptel *sed mihi ante* geht zurück auf falsche Worttrennung bei der Umschrift aus *scriptio continua*: Das ungewöhnlich lange und dazu noch entlegene Wort wurde in drei geläufige aufgeteilt (*sed* könnte sekundäre Erweiterung aus *se* sein). Erst Scaliger hat den Fehler beseitigt.

214–218: «*Er möge seinem Vater Manlius ähnlich sein und leicht von allen Unwissenden erkannt werden, und die Anständigkeit seiner Mutter möge er durch sein Gesicht anzeigen.*»

215: Das in O überlieferte *maulio* ist kein römischer Name (Verlesung *n*/*u*); *mallio* in Hss. der ersten Hälfte des 15. Jh.s könnte ein Korrekturversuch sein. X hat das Richtige: Die *Manlii Torquati* (vgl. 209) sind eine auch sonst bezeugte römische Familie.

Das einheitlich überlieferte *insciens* ist sinnlos, denn ein Nichtwissen des kleinen Kindes hat für den Kontext keine Relevanz. Der Korrektor der Hs. R hat das Richtige hergestellt, die von Lachmann bevorzugte alte Schreibweise *inscieis* erklärt die Genese des Fehlers (Verlesung von *ei* zu *en*).

215/16: Dawes Umstellung von *omnibus* und *insciis* soll die Anomalie beseitigen, daß Vers 216 mit einer kurzen Silbe endet (wenn *omnibus* an die Stelle von *insciis* tritt, ergibt sich zusammen mit dem konsonantischen Anlaut von *noscitetur* Positionslänge). Nötig ist dieser Eingriff nicht, da die kurze Endsilbe von *omnibus* zusammen mit der vom Sinn her anzusetzenden Sprechpause durchaus als Länge gewertet werden kann.

217: Das einheitlich überlieferte *suam* gibt keinen Sinn, der Fehler erklärt sich durch Assimilation der Endung an das vorangehende *pudicitiam*. Die Version des Korrektors von R *suo* ist ebenso möglich wie die Konjektur bei Calphurnius *suae*, für letzteres spricht die Parallelität zu 214 *suo … patri*.

219–223: «*Seine Abstammung möge ein ebensolcher von einer ehrbaren Mutter kommender Lobpreis bestätigen, wie einzigartiger Ruhm von der besten Mutter her dem Penelope-Sohn Telemachos bleibt.*«

219/20: Alle Kodizes haben die falsche Zeileneinteilung *talis illius a bona*/*matre laus genus approbet* – vielleicht weil ein metrisch unkundiger Schreiber Attribut und Bezugswort zusammenbringen wollte.

221: Die Hs. O hat *ab* ausgelassen (om. = omisit); die Metrik und die Parallelität zu 219f. *a bona matre* zeigen, daß die Präposition hier notwendig ist.

222: Die Hss. bieten zwei leicht unterschiedliche falsche Versionen von *Telemacho*; griechische Eigennamen werden in mittelalterlichen Hss. beinahe regelmäßig und nicht selten in abenteuerlicher Weise verschrieben (vgl. auch 223: *penolopeo*); die Korrektur hier ist einfach und sicher.

224–228: «*Schließt die Tür, Mädchen: Genug haben wir unser Spiel getrieben. Ihr aber, ihr guten Eheleute, lebt gut und betätigt in ständiger Pflichterfüllung eure blühende Jugendkraft!*»

224: Alle Hss. haben *hostia*, was weder semantisch (‹Opfertier›) noch syntaktisch paßt. Der Fehler ist darauf zurückzuführen, daß das anlautende *h* im Laufe der Kaiserzeit in der Aussprache völlig verstummte. Die daraus resultierende Unsicherheit in der Orthographie führte oft dazu, daß man *h* fälschlich vor vokalischen Wortanlaut setzte.

225: *at boni* wird in Hss. des 15. Jh.s konjiziert; die überlieferten Verschreibungen (*ad bonlei* O; *ad bolnei* X) dürften darauf zurückgehen, daß in einer Vorlage die Endung in der altertümlichen Schreibweise *-ei* stand und ein *i* als Alternative darübergeschrieben war; dieses wurde als *l* mißverstanden und gedankenlos in das Wort eingefügt.

226: Die in allen Hss. überlieferte, in R aber durch den Korrektor emendierte Korruptel *bone uite* ist wohl dadurch entstanden, daß *uiuite* haplographisch zu *uite* verkürzt wurde; dies mißverstand man als Kasusform zu *uita* und versuchte entsprechend, aus dem Adverb *bene* ein kongruentes Attribut herzustellen.

227: Das überlieferte *assidue* ist unmöglich, weil *munere* ohne Attribut im Kontext nicht zu verstehen wäre: ein weiterer Fehler durch Assimilation der Endungen aufeinander folgender Wörter.

228: Ähnlich wie in 208 hat O einen Fehler, der auf Verwechslung von *t* und *r* beruht. Die Hss. G und R bieten den hier allein möglichen Imperativ.

V. Hilfswissenschaften

Die Interpretation literarischer lateinischer Texte wird durch nicht-literarische Quellen häufig untermauert, erweitert oder gar erst ermöglicht. Die lateinische Philologie benötigt deshalb die Forschungs-ergebnisse von Nachbardisziplinen wie der Alten Geschichte, der Klassischen Archäologie, der Vergleichenden Sprachwissenschaft und anderer. Da sie auf ihrem ureigenen Tätigkeitsfeld von diesen Nachbardisziplinen unterstützt wird, spricht man aus Sicht der latei-nischen Philologie von ‹Hilfswissenschaften›. Diese Benennung er-gibt sich aber allein aus der Perspektive und trifft keine wertende Aussage; auch die lateinische Philologie kann den Platz einer Hilfs-wissenschaft einnehmen, etwa aus Sicht der Alten Geschichte. Zwei Teildisziplinen der einst umfassenden Altertumskunde haben eine besonders enge Affinität zur Latinistik, da auch sie sich ausschließlich mit schriftlich fixierten Monumenten, also mit Texten befassen; sie sollen im folgenden kurz beschrieben werden.

1. Epigraphik

Die lateinische Epigraphik (von griech. ἐπιγράφειν ‹darauf-schrei-ben›) befaßt sich mit allen schriftlichen Äußerungen in lateinischer Sprache, soweit sie nicht durch mittelalterliche Handschriften, Pa-pyri (Gebiet der Philologie bzw. Papyrologie) oder Münzen (Gebiet der Numismatik) überliefert sind. Das Material, auf dem eine In-schrift angebracht ist, hat also theoretisch für die Abgrenzung des Gebietes der Epigraphik keine Bedeutung; in der Praxis ist aber Stein der Träger von mehr als 95% der erhaltenen Inschriften; auf anderen Materialien angebrachte Inschriften haben sich entweder zersetzt (Holz) oder wurden bei der anderweitigen Verwertung des In-schriftenträgers in späterer Zeit zerstört (Metalle wie Bronze, Silber). So hat die Überlieferung eine Vorauswahl getroffen, durch welche die Repräsentativität des Erhaltenen stark eingeschränkt wird. Wir haben in der Regel nur das, was einer Verewigung auf Stein für wert befun-den wurde; alles andere, also alles eher Alltägliche, weniger zur dauerhaften Fixierung Bestimmte, ist bis auf wenige Ausnahmen verloren. Trotzdem sind die Inschriften eine unersetzliche Ergänzung der literarischen Überlieferung. Für die Erforschung mancher Gebiete des antiken Lebens, so für die Wirtschafts- und Sozialgeschichte, sind sie die wichtigsten, manchmal einzigen Quellen.

Die lateinischen Inschriften, deren wissenschaftliche Bearbeitung Gegenstand der lateinischen Epigraphik ist, entstammen einem mehr als tausend Jahre umfassenden Zeitraum, nämlich vom Ende des 6. Jh.s v. Chr. bis ins 7. Jh. n. Chr. Sie finden sich in denjenigen Gebieten, die einst zum römischen Reich gehörten oder unter dessen Einfluß standen, ganz überwiegend natürlich in der lateinischsprachigen Westhälfte. Zeitliche und räumliche Verteilung des Materials sind äußerst ungleichmäßig. Von den derzeit etwa 300 000 bekannten inschriftlichen Texten in lateinischer Sprache (ihre Zahl vermehrt sich ständig durch Neufunde) stammen nur ca. 3 700 aus der Zeit vor dem Tod Caesars; die Hauptmasse entstand im 1. und 2. Jh. n. Chr., als die durch Augustus etablierte Monarchie sich zur Selbstdarstellung und Propaganda verstärkt auch des Mediums der Inschrift bediente. Geographisch ist Italien mit ca. 170 000 bis heute bekannten Inschriften die ergiebigste Region, Rom allein hat zwischen 90 000 und 100 000 zu bieten.

Die Masse der erhaltenen Inschriften läßt sich nach deren Funktion in folgende Gruppen gliedern:

– Inschriften, welche die Weihung eines Gegenstandes oder Gebäudes an eine Gottheit dokumentieren;

– Bauinschriften, die oft über Einzelheiten der Entstehung eines Bauwerkes, seine Zweckbestimmung, die Person des Geldgebers und anderes informieren;

– Grabinschriften und Inschriften unter Ehrenstatuen, die beide den Zweck haben, Einzelheiten über die Person des Verstorbenen bzw. Geehrten, seine soziale Stellung, Verdienste, Ämter usw. der Mit- und Nachwelt mitzuteilen;

– Kleininschriften, also beispielsweise Angaben von Hersteller und Herstellungsort auf Ziegeln, Bleirohren für die Wasserleitung oder Grafitti auf Häuserwänden (Pompeji). Durch ihre Zugehörigkeit zum Alltagsleben verraten gerade solche Inschriften manches über die Entwicklung der Umgangssprache.

– Urkunden des öffentlichen und privaten Lebens, zum Beispiel Senatsbeschlüsse, Gesetze und Erlasse von Amtsträgern; ältestes erhaltenes Beispiel für diese Klasse ist das *senatus consultum de bacchanalibus* aus dem Jahr 186 v. Chr.

Bei der Auswertung von Inschriften steht an erster Stelle deren Datierung. Oft wird diese im Text selbst gegeben (Nennung der eponymen Konsuln des Jahres oder Angabe, im wievielten Jahr der regierende Kaiser die *tribunicia potestas* innehat). Bei undatierten Inschriften muß man versuchen, aus unsicheren Kriterien wie Form der Buchstaben, sprachlichen Eigenheiten oder etwa Namensformen Schlüsse auf die zeitliche Einordnung zu ziehen. Viele Inschriften sind nur fragmentarisch erhalten; die Ergänzung des Fehlenden fällt leicht bei Formeln und stereotypen Wendungen, anderswo bleibt sie unsicher oder ist ganz unmöglich. Immer muß man berücksichtigen, daß Inschriften uns zwar eine Fülle von Informationen über die antike Lebenswirklichkeit übermitteln, aber tendenziell nur deren eine Seite zeigen. Negatives, Unrühmliches, Erfolgloses wurde nicht durch eine Inschrift verewigt.

Bereits in der Antike gab es Philologen, die ihre Tätigkeit dem Sammeln und Kopieren von Inschriften widmeten. Die moderne Epigraphik wurde in der Renaissance begründet (S. 28). Der entscheidende Schritt blieb jedoch dem 19. Jh. vorbehalten. 1863 erschien unter Federführung von Theodor Mommsen der erste Band des *Corpus Inscriptionum Latinarum (CIL)*. Diese noch heute maßgebliche und ständig fortgesetzte Sammlung erstrebt eine lückenlos vollständige Publikation des Materials, basiert auf Autopsie (d. h. der jeweilige Herausgeber hat die Originale der Inschriften nach Möglichkeit selbst in Augenschein genommen) und ist nach antiken geographischen Einheiten gegliedert. In zwei neueren Bänden des CIL (II² fasc. 7 und 14) findet man die diakritischen Zeichen (d. h. die in epigraphischen Publikationen üblichen Signale für Lücken, Ergänzungen, unleserliche Stellen usw.) in ihrer heute üblichen Form.

2. Papyrologie

Die jüngste altertumswissenschaftliche Teildisziplin steht der Epigraphik sehr nahe. Auf bestimmten Materialien, wie Tonscherben (Ostraka) oder Bleiplättchen überlieferte Texte werden sogar von beiden Fachgebieten bearbeitet. Eigentliches Tätigkeitsfeld der Papyrologie sind aber, wie der Name sagt, alle auf Papyri, d. h. auf Resten antiker Bücher oder auch auf Einzelblättern, erhaltenen antiken Texte (S. 55 f.). Papyrus vermag nur unter besonderen Bedingungen mehrere Jahrhunderte oder sogar Jahrtausende zu überdauern. Besonders wichtig ist der Schutz vor Feuchtigkeit. Deshalb haben sich Papyri fast nur im dauerhaft trockenen Wüstenklima des mittleren und südlichen Ägypten erhalten. Fundstätten außerhalb Ägyptens (wie in dem durch den Vesuvausbruch des Jahres 79 n. Chr. verschütteten Herculaneum) bilden durch seltene Sonderumstände bedingte Ausnahmen.

In Ägypten lebte seit etwa 300 v. Chr. neben der einheimischen Bevölkerung eine vornehmlich in den Städten konzentrierte griechische Bevölkerungsgruppe. Das Griechische war somit nicht nur die Verwaltungssprache des Ptolemaierreiches, des letzten der Diadochenstaaten, sondern auch weit verbreitete Umgangssprache. Dies blieb so bis zur Eroberung des Landes durch die muslimischen Araber im 7. Jh. Während der römischen Herrschaft kam das Lateinische als Sprache der Provinzialverwaltung ins Land; es konnte aber nie weitere Verbreitung erlangen. So kommt es, daß der weitaus größte Teil der Papyrusfunde Texte in griechischer Sprache zu Tage gefördert hat. Immerhin gibt es auch lateinische Papyri; das im folgenden über die Bedeutung dieser Texte für die Philologie insgesamt Gesagte trifft deshalb, wenn auch in weit geringerem Ausmaß als für das Griechische, prinzipiell auch für die Lateinische Philologie zu.

Die Papyri bieten Texte aller Art vom Notizzettel bis zur Klassikeredition; es handelt sich um Stücke ganz verschiedenen Umfanges, vom nur wenige Buchstaben bietenden Schnipsel bis zur ganze Bücher enthaltenden Rolle. Die Texte lassen sich immerhin grob in zwei Kategorien unterteilen; erstens die nicht-literarischen, auch ‹dokumentarisch› genannten Papyri: Sie machen rund 90 bis 95 % des gesamten bisher gefundenen Materials aus. Es handelt sich um Urkunden und sonstige Schriftstücke aus der Verwaltung oder der Rechtspflege, um private und offizielle Briefe, Abrechnungen, Notizen, von Schülern angefertigte Hausaufgaben, Verträge und vieles andere mehr. Ihr Quellenwert für unsere Kenntnis des realen Lebens in all seinen Facetten im ptolemaiischen, römischen, byzantinischen Ägypten ist unschätzbar. Zweitens die literarischen Papyri: Es handelt sich dabei um mehr oder weniger umfangreiche Reste von antiken Exemplaren meist griechischer, zuweilen auch lateinischer Werke. Im Bereich des Griechischen sind durch Papyri ganze Autoren und Gattungen, die das Mittelalter nicht überdauert hatten, wieder bekannt geworden; Paradebeispiel ist Menander (S. 129), von dem wir heute wieder mehrere Stücke nahezu vollständig besitzen, während noch das 19. Jh. nichts als wenige, aus dem Zusammenhang gerissene und von späteren Autoren zitierte Verse kannte. Für das Lateinische haben jüngere Papyrusfunde so Wichtiges wie einige Verse aus einer Elegie des Gallus erbracht; vorher kannte man nur einen einzigen Vers (S. 141). Auch ein Fragment aus dem sonst nicht erhaltenen 11. Buch des livianischen Geschichtswerkes wurde vor kurzem gefunden. Oft enthalten literarische Papyri aber auch Stücke von Texten, die anderweitig tradiert und also bereits bekannt sind. In diesen Fällen erhalten wir die Möglichkeit, zu einem besseren Verständnis und einer genaueren Beurteilung der mittelalterlichen Überlieferung zu gelangen durch Vergleich mit den um 1000 oder noch mehr Jahre dem Autor näherstehenden Papyri; diese bieten übrigens durchaus nicht immer einen besseren Text.

Die Papyrologie ist, wie gesagt, eine vergleichsweise junge Teildisziplin. Die ersten, vereinzelten Papyri gelangten zwar schon Ende des 18. Jh.s nach Europa, die systematische Suche vor Ort hat aber erst Ende des 19. Jh.s begonnen. Die Ausbildung der spezifischen Arbeitsweise der Papyrologie fand ganz im 20. Jh. statt. Ihr vornehmstes Ziel ist die Edition der Papyri, d. h. ihre Entzifferung (oft sehr problematisch, wegen äußerst nachlässig geschriebener Kursive in alltäglichen Texten), ihre Rekonstruktion (die Papyri sind meist irgendwie beschädigt oder haben unleserliche Stellen) sowie ihre Einordnung in den richtigen Zusammenhang und ihre Kommentierung. Diese Arbeit wird kontinuierlich geleistet und manifestiert sich in stetig wachsenden Editionsreihen (wie etwa die Papyri aus der etwa 300 km südlich von Alexandria gelegenen Stadt Oxyrhynchos, die vom Britischen Museum herausgegeben werden). Immer noch wartet aber eine riesige, bereits in europäischen Forschungsstätten aufbewahrte Menge an Papyri auf ihre Publikation. Aufsehenerregendes auch für den Bereich der Literatur (sicher eher der griechischen als der lateinischen) ist nicht ausgeschlossen; und auch neue Funde im Wüstensand Ägyptens können jederzeit glücken.

VI. Metrik

1. Definition, Grundbegriffe

Poesie und Prosa unterschieden sich für einen römischen Autor und Leser vor allem dadurch, daß in der Dichtung die Abfolge der einzelnen Silben nach bestimmten Regeln angeordnet war. Die Lehre, die diese Gesetzmäßigkeiten erforscht, bezeichnet man als *Metrik* (von griechisch ἡ μετρικὴ τέχνη, eigentlich die ‹Kunst des Messens›). Bis in das 2. Jh. n. Chr. hinein konstituierte sich ein poetischer Text nicht durch die Abfolge von betonten und unbetonten, sondern von langen und kurzen Silben. Man bezeichnet demnach die Metrik der Griechen und Römer als quantitierend, da sie auf die Quantitäten der Vokale Rücksicht nimmt, im Unterschied zu dem bereits im 2. Jh. n. Chr. einsetzenden exspiratorischen Akzent, dem Lesen nach betonten und unbetonten Silben. In der Metrik bezeichnet man eine lange Silbe als *longum* (—), eine kurze als *breve* (∪). Diphthonge sind immer lang, Vokale können kurz oder lang sein.

Die Untersuchung der Quantitäten der einzelnen Vokale und die Ableitung der daraus sich ergebenden Regeln sind Aufgabe der *Prosodie*. Es ist zu beachten, daß die Prosodie sich in den einzelnen Epochen der lateinischen Literatur im Zusammenhang mit der Sprachentwicklung verändern kann. Als wichtigste prosodische Erscheinungen in poetischen Texten kann man folgendes festhalten:

1. Wenn auf einen an und für sich kurzen Vokal mehr als ein Konsonant folgt, wird der kurze Vokal lang gemessen *(Positionslänge)*. Dies bedeutet nicht, daß sich die Quantität des Vokals tatsächlich ändert; vielmehr benötigt man – wie im Italienischen – für die Aussprache der Doppelkonsonanten mehr Zeit, die eine Länge entstehen läßt. Dies gilt auch, wenn die Konsonantengruppe verschiedenen Wörtern angehört (*divum pater: -um* wird als longum gemessen). Die Konsonantengruppe *muta cum liquida* (b, p, d, t, g, c und l, m, n, r) kann, muß aber nicht Positionslänge bilden (so kann in *patris pa-* kurz oder lang gemessen werden). Zu beachten ist vor allem für die vorklassische Literatur, daß auslautendes -s in der Aussprache unterdrückt und somit als Positionslänge bildender Konsonant ausfallen kann.

2. Vokal vor Vokal kann gekürzt werden *(vocalis ante vocalem corripitur)* (Vergil, *Aeneis* 7, 524 *praeustis: prae-* wird kurz gemessen).

3. *Synizese* (Kontraktion, ‹Zusammenziehen›) kann eintreten, wenn im Wortinnern zwei Vokale aufeinandertreffen (zum Beispiel e͡arum, de͡orum, me͡o).

4. Die römischen Autoren vermeiden einen den Wohlklang eines Verses störenden Zusammenstoß von zwei Vokalen am Wortende und Wortanfang bzw. einer auf -m endenden Silbe mit einem Vokal am Wortanfang (sogenannter *Hiat*, von *hiatus* ‹Kluft›, die sich in der flüssigen Diktion durch den Vokalzusammenstoß auftut). Um einen Hiat zu vermeiden, wird der Endvokal bzw. die auf -m endende Silbe mit dem Anfangsvokal verschliffen (*Synaloephe* von griech. συναλείφειν ‹verschleifen›) bzw. unterdrückt (*Elision* von *elidere* ‹ausstoßen›) (zum Beispiel *atqu(e) animos*). h- am Wortanfang kann den Hiat nicht beseitigen. Wenn auf einen Vokal bzw. eine auf -m endende Silbe *est* oder *es* folgt, tritt statt Elision die sogenannte *Aphaerese* (von griech. ἀφαιρεῖν ‹wegnehmen›) ein, d.h. e- wird ausgestoßen und -st oder -s verschmilzt mit dem vorangehenden Vokal (zum Beispiel wird *missum est* zu *missumst*).

5. Als *Iambenkürzung (correptio iambica)* bezeichnet man das in der vorklassischen Literatur (Plautus, Terenz) nachweisbare Phänomen, daß eine iambische Silbenfolge (∪ —) unter bestimmten Voraussetzungen als Doppelkürze (*pyrrhichisch* ∪ ∪) gemessen werden kann. Hauptvoraussetzung ist, daß die Silbe, die gekürzt werden soll *(brevianda)*, nicht tontragend ist, sondern der Wortakzent auf die vorausgehende kurze oder nachfolgende kurze oder lange Silbe fällt (Beispiel: bene ∪́ — wird ∪́ ∪).

6. Als *Synkope* bezeichnet man das Phänomen, daß im Wortinnern ein Vokal unterdrückt wird (*peric[u]lum*).

Die verschiedenen Kombinationsmöglichkeiten von kurzen (∪) und langen (—)Vokalen, wobei sich – den Erfordernissen der Sprache entsprechend – auch die Möglichkeit bietet, an gewissen Stellen im Vers Länge, Kürze oder Doppelkürze (sogenanntes *anceps* ‹doppeldeutige Silbe›: x) zu setzen, ergeben eine Vielzahl von wiederholbaren Einheiten, den *Metren* (*Versmaßen*), die sich teilweise in noch kleinere Einheiten, den *Versfuß*, zerlegen lassen. In manchen Versmaßen ergibt sich eine große Variationsmöglichkeit dadurch, daß die Länge durch eine Doppelkürze und umgekehrt eine Doppelkürze durch eine Länge ersetzt werden kann.

Die wichtigsten Versfüße sind folgende:

Iambus ∪—
Trochäus —∪
Dactylus —∪∪
Anapäst ∪∪—
Spondeus ——
Tribrachys ∪∪∪
Creticus —∪—
Baccheus ∪——
Proceleusmaticus ∪ ∪ ∪ ∪
Choriambus —∪∪—
Ionicus ∪∪——

Da in der Antike bis in die Spätantike hinein Dichtung für den mündlichen Vortrag geschrieben war – ja, man pflegte selbst allein laut zu lesen –, müssen poetische Texte in gewissen Abständen Pausen aufweisen, die entweder dadurch zustande kommen, daß das letzte Element im Vers nicht vollständig (*Katalexe* ∧) oder das letzte Element im Vers anceps ist (man sollte hier eher von *brevis in longo* sprechen, da statt einer Länge am Versende auch eine Kürze erlaubt ist) oder daß ein Hiat erlaubt ist. Längere Verse wie der daktylische Hexameter untergliedern sich durch ein bis zwei Einschnitte im Versinnern. Zerschneidet ein derartiger Einschnitt ein Metrum, spricht man von *Zäsur* (also —∪|∪ oder —|∪∪), tritt er am Ende des Metrums auf, von *Dihärese* (also —∪∪|). Stellen im Vers, an denen ein Wortende vermieden wird, nennt man *Brücken*.

Von der Vortragsart her kann man zwischen gesprochenen, rezitierten und gesungenen (lyrischen) Versen unterscheiden. Gesprochene und rezitierte Verse zeichnen sich dadurch aus, daß sie *stichisch* (von griech. στίχος ‹Reihe›) verwendet werden (d.h. derselbe Vers wie der daktylische Hexameter kann beliebig oft wiederholt werden). Lyrische Verse dagegen fügen sich zu größeren Kompositionseinheiten zusammen (in *Perioden* und als übergeordnete Struktureinheit in *Strophen* wie in den *Oden* des Horaz). Ein Periodenende markiert man mit | |, ein Strophenende mit | | |.

2. Die wichtigsten Versmaße und ihre Verwendung

Es kann im folgenden keine komplette Darstellung der römischen Metrik geboten, sondern es sollen nur die wichtigsten Versmaße mit ihren Eigenheiten und ihren Bauprinzipien vorgestellt werden.

1. Der *daktylische Hexameter* besteht aus fünf daktylischen Metren, im 6. Metrum ist ein Spondeus oder Trochäus (brevis in longo) möglich. Die Möglichkeit, die Doppelkürzen durch eine Länge zu ersetzen, wird im 5. Versfuß vermieden. Wenn der 5. Fuß durch Spondeus gebildet wird, nennt man den Vers *Spondeiazon*. Als Versmaß des Epos wurde er von Ennius in den *Annalen* in die römische Literatur anstelle des holprigen Saturniers (Horaz, *Epistulae* 2,1,157f.) eingeführt. Er findet auch Verwendung im Lehrgedicht, in der Bukolik, der Satire und Versepistel.

[Randnotizen:]
Katalexe im letzten Versfuß
→ — ∪
wenn letzte Silbe kurz ist

Folgende Zäsuren bzw. Dihäresen sind feststellbar:

a) Trithemimeres (nach dem 3. Element):

—∪∪—| ∪∪—∪∪—∪∪—∪∪—x

b) Penthemimeres (nach dem 5. Element):

—∪∪—∪∪—| ∪∪—∪∪—∪∪—x

c) Hephthemimeres (nach dem 7. Element):

—∪∪—∪∪—∪∪—∪∪| —∪∪—x

d) Zäsur nach dem ‹3. Trochäus› (κατὰ τὸν τρίτον τροχαῖον):

—∪∪—∪∪—∪|∪—∪∪—∪∪—x

e) bukolische Dihärese:

—∪∪—∪∪—∪∪—∪∪|—∪∪—x

Wichtig ist, daß die Zäsuren/Dihäresen immer mit Sinneinschnitten im Vers zusammenfallen müssen – so etwa in Vergil, *Aeneis* 1, 12–14:

Urbs antiqua fuit – Tyrii tenuere coloni –

———∪∪—| ∪∪—∪∪—∪∪—— Penthemimeres

Karthago, Italiam contra Tiberinaque longe

———∪∪——— | ∪∪—∪∪—— Hephthemimeres

ostia, dives opum studiisque asperrima belli,

—∪∪—∪∪— | ∪∪————∪∪—— Penthemimeres

Die Trithemimeres findet sich häufig in Verbindung mit der Hephthemimeres, Vergil, *Aeneis* 1, 23:

id metuens veterisque memor Saturnia belli

—∪∪— | ∪∪—∪∪— | ——∪∪——

2. Der *daktylische Hexameter* in Verbindung mit dem *Pentameter* ist das Versmaß des Epigramms und der Elegie *(elegisches Distichon)*. Der Pentameter entsteht durch Verdoppelung des ersten Teils des Hexameters bis zur Penthemimeres:

—∪∪—∪∪—∪∪—∪∪—∪∪—x

—∪∪—∪∪— | —∪∪—∪∪—

Im ersten Teil können wie im Hexameter die Doppelkürzen durch

Längen ersetzt werden, während der zweite Teil nach der Mittelzäsur immer rein daktylisch gebaut wird.

3. *Iamben* finden in erster Linie im Drama Verwendung, kommen jedoch auch in Fabel und Lyrik vor. Sie sind im vorklassischen Drama (Plautus, Terenz) nach Versfüßen (x –) gebaut. In der Komödie ist der iambische Senar aufgrund der zahlreichen Variationsmöglichkeiten der geeignete Sprechvers, da er dem Rhythmus der gesprochenen Sprache am nächsten kommt. Im anceps kann Kürze, Länge oder Doppelkürze stehen, die Länge kann durch eine Doppelkürze ersetzt werden. Nur das letzte Element muß kurz sein, damit der Vers überhaupt als iambisch identifizierbar ist: x — x — x — x — x — ∪ —

Seneca verwendet in seinen Tragödien nach dem Vorbild der griechischen Tragiker und nach der Vorschrift des Horaz (*Ars poetica* 251ff.) den iambischen Trimeter: x — ∪ — x — ∪ — x — ∪ —

Iambischer Senar und iambischer Trimeter lassen sich dadurch leicht auseinanderhalten, daß im Senar im 3. und 7. Element eine Länge möglich ist, nicht jedoch im Trimeter.

In rezitierten Partien der vorklassischen Komödie finden sich iambische Septenare (x — x — x — ∪ x | x — x — x — x) und Oktonare (x — x — x — ∪ x | x — x — x — ∪ x). Die Zäsur liegt im Senar in der Regel nach dem 5. Element, im Trimeter nach dem 2. anceps oder dem 2. breve. Septenare und Oktonare weisen eine Mitteldihärese auf.

Eine Besonderheit sind die sogenannten *Hinkiamben* (auch *Choliamben* oder *Skazontes*). Im letzten Fuß sind Kürze und Länge vertauscht (*Anaklasis*: — ∪ statt ∪ —), so daß der Vers aus seinem normalen Fluß gerät. Das Versmaß geht auf den altgriechischen Dichter Hipponax (6. Jh. v. Chr.) zurück und wird für Spottdichtung und Satire verwendet, zum Beispiel Catull 8, 1 *miser Catulle, desinas ineptire* ∪ — ∪ — ∪ | — ∪ — ∪ — — ∪

4. Der *Trochäus* (— ∪) ist gleichsam die Umkehrung des Iambus (∪ —) und folgt auch entsprechenden Regeln. Trochäen finden sich als Langverse in der Komödie:

Septenar: — x — x — x — x | — x — x — ∪ x
Oktonar: — x — x — x — x | — x — x — x — x

In den Tragödien Senecas findet sich – wiederum in der Nachahmung der griechischen Tragödie – der nach Metren gebaute katalektische trochäische Tetrameter (zum Beispiel *Medea* 740–751, *Phaedra* 1201–1212, *Oedipus* 223–232): — ∪ — x — ∪ — x | — ∪ — x — ∪ x

5. *Anapäste* (∪∪ —) sind gewissermaßen die Umkehrung des Dactylus (— ∪∪), wobei jedoch im Gegensatz zum Dactylus die Länge

durch eine Doppelkürze ersetzt werden kann. Sie finden sich im
Drama (zum Beispiel Seneca, *Hercules furens* 125 f.):

Iam rara micant sidera prono

— — ∪∪— | —∪∪— —

languida mundo, nox victa vagos

—∪∪ — — | — —∪ ∪—

6. *Äolische Versmaße* bilden das metrische Gerüst der frühgriechischen Lyrik, der Gedichte der Sappho und des Alkaios (um 600 v.
Chr.) von der zum äolischen Sprachraum gehörenden Insel Lesbos.
In der lateinischen Literatur finden sich Beispiele in den gesungenen
Partien der Komödien des Plautus, den *Cantica*, vor allem sind sie in
den sich auf die griechische Lyrik beziehenden Gedichten des Catull
und Horaz vertreten. Die Vielzahl der äolischen Metren läßt sich
als Abwandlung und Veränderung des Grundmaßes, des *Glyconeus*
(x x– ∪∪—∪ x), erklären. Die katalektische Form des Glyconeus bezeichnet man als *Pherecrateus* (x x — ∪∪ — —), die am Ende um ein
Element verlängerte als *Hipponacteus* (x x — ∪∪ — ∪ — x). Horaz
läßt seine Glykoneen immer mit einem Spondeus beginnen. Äolische
Verse können am Anfang, in der Mitte oder am Ende erweitert werden. Bei externer Erweiterung werden vor den um ein Element ver-
kürzten Glyconeus (sogenannter *akephaler* [d. h. kopfloser] Glyconeus, den man auch *Telesilleion* nennt) bzw. Hipponacteus entweder
Iamben oder ein Creticus gestellt:

— ∪ — x — ∪∪ — ∪ — x *sapphischer Elfsilbler (Sapphicus minor)*

x — ∪ — x — ∪∪ — ∪ x *alkäischer Elfsilbler*

Im Hendekasyllabus des Catull (sogenannter *phaläkeischer Hendekasyllabus*) ist dagegen der vollständige Glyconeus am Ende um einen Baccheus erweitert: x x — ∪∪ — ∪ — ∪ — x

Bei interner Erweiterung (oder Binnenerweiterung) kann entweder
das ‹daktylische› oder das ‹choriambische› Element wiederholt werden. Durch die Wiederholung des choriambischen Elements entstehen der stichisch verwendete *Asclepiadeus minor* (x x — ∪∪ — —∪∪
— ∪ x) oder *Asclepiadeus maior* (x x — ∪∪ — — ∪∪ — — ∪∪ — ∪
x), durch Wiederholung des daktylischen Elements der *alkäische
Zehnsilbler* (— ∪∪ — ∪∪ — ∪ — x). Die verschiedenen Kombinati-
ons- und Kompositionsmöglichkeiten äolischer Verse sind im Anhang der Horaz-Ausgabe des Teubner-Verlags dokumentiert (ed. D.
R. Shackleton Bailey, Stuttgart 1985 (1995), 333ff.).

Beispiel 1: *Sapphische Strophe*:

Horaz, *Oden* 1, 2, 1–4:

Iam satis terris nivis atque dirae
—U———— | UU—U——
grandinis misit Pater et rubente
—U———— | UU—U—U
dextera sacras iaculatus arces
—U———— | UU—U——
terruit urbem
—UU——

Die Strophe wird also gebildet aus drei sapphischen Elfsilblern (entspricht: Creticus + akephaler Hipponacteus) und einem abschließenden Adonius (d.h. Pherecrateus, dem beide ancipitia fehlen).

Beispiel 2: *Alkäische Strophe*:
Horaz, *Oden* 1, 9, 1–4:
Vides ut alta stet nive candidum
U—U————UU—U—
Soracte, nec iam sustineant onus
——U————UU—U—
silvae laborantes, geluque
——U————U—U
flumina constiterint acuto?
—UU—UU—U——

Die ersten beiden Verse werden durch den alkäischen Elfsilbler (iambisches Metrum + akephaler Glyconeus) gebildet. Vers 3 und 4 bilden eine Einheit und lassen sich als zwei iambische Metren und einen akephalen Hipponacteus erklären (das anceps verbindet den iambischen mit dem äolischen Teil).

VII. Rhetorik

1. Allgemeines

Das ausgefeilte System der griechischen Rhetorik gelangte im 2. Jh. v. Chr. nach Rom, als dort allmählich ein Bedürfnis nach stärkerer künstlerischer Formung der Sprache aufkam. Cato Censorius (234–149 v. Chr.), dessen Maxime lautete «halte dir die Sache vor Augen, dann werden die Worte schon folgen» (*rem tene, verba sequentur*), repräsentiert noch den Typus des altrömischen Redners. Er verfuhr zwar nicht ganz ohne Stilmittel, aber eine systematische Technik blieb ihm fremd. Gleichwohl war die Effizienz sprachlicher Äußerungen im öffentlichen Leben Roms von größter Bedeutung. Es gab die weit zurückreichende römische Tradition der Leichenrede (*laudatio funebris*) sowie die stetige Notwendigkeit des politischen Redevortrags.

Anfänglich wurde alles ohne schriftliche Vermittlung in reiner *Mündlichkeit* bewältigt, was mit besonderen Anforderungen an das Gedächtnis einherging und zur Ausbildung mnemotechnischer Methoden führte: Die Art der Rhythmisierung durch das Versmaß des Saturniers (S. 92) und die Verwendung bestimmter Stilmittel (etwa der bereits erwähnten Alliteration) in der frühen römischen Literatur sind noch deutlich mündlichen Ursprungs. Ein signifikantes Beispiel ist das von Cato niedergeschriebene Gebet des *pater familias* beim Sühneopfer (*De agri cultura* 141; Textgestaltung und Übersetzung: E. Norden, Antike Kunstprosa I S. 157):

> *uti tu morbos | visos invisosque*
> *viduertatem | vastitudinemque*
> *calamitates | intemperiasque*
> *prohibessis defendas | averruncesque;*
> *ut fruges frumenta | vineta virgultaque*
> *grandire dueneque | evenire siris,*
> *pastores pecuaque | salva servassis*
> *duisque duonam salutem | valetudinemque*
> *mihi domo | familiaeque nostrae.*

«Auf daß du Seuchtum, | sichtbares unsichtbar's,
daß du Verwaisung, | daß du Verwüstung,
schadvolles Unheil | Wetter und Winde
fernhaltest, abwehrst, | weg von uns treibest;
daß du des Feldes Frucht, | Weinstock und Weiden
wachsen und gut | uns gedeihen lassest,
Hirten und Herden | heil uns erhaltest,
gutes Heil gebest, | kraftvolles Wohlsein
mir, meinem Hause, | unserm Gesinde.»

Mit dem Aufkommen und der Verbreitung der Schrift wurde es möglich, größere Zusammenhänge und ein unerschöpfliches Faktenwissen literarisch zu erfassen und zu gestalten. Die von den Griechen erworbene rhetorische Technik erlangte im römischen Literaturbetrieb einen festen Platz und wurde über die Einrichtung von lateinischen Rhetorenschulen zu einem sicheren Garanten der kulturellen Tradition. Die erste Rhetorenschule gründete L. Plotius Gallus (ca. 120 – 56 v. Chr), zuvor gab es nur Privatunterricht durch griechische Hauslehrer. Die so hervorgebrachten und dem Überlieferungsprozeß anvertrauten *Schriften* wurden aber ihrerseits noch über viele Generationen, genaugenommen bis an die Schwelle zum Mittelalter, *phonetisch* produziert und *akustisch* weitergegeben. Vergil etwa dichtete, wie uns die Viten berichten, in der Form des Diktats; seine Werke nahm das Publikum grundsätzlich über das Gehör auf. Briefe wurden ebenfalls diktiert und verlesen. Und wenn der Ältere Plinius im 1. Jh. n. Chr. Exzerpte aus wissenschaftlichen Werken anfertigen wollte, ließ er sich diese von einem Diener vorlesen (Plinius d. J., *Epistulae* 3, 5). Man las im übrigen immer laut (daher hieß lesen ‹rezitieren›, *recitare*), auch wenn man kein Gegenüber hatte. Eine späte Reminiszenz dieser Gepflogenheit findet sich in Goethes *Faust* (I 522f.), wo der Famulus Wagner, als er seinen Herrn mit dem Erdgeist sprechen hört, vermutet, er treibe gerade Tragödienlektüre: «Verzeiht! Ich hör Euch deklamieren; / Ihr last gewiß ein griechisch Trauerspiel?» Die erste Bezeugung stillen Lesens bietet Augustinus (Ende des 4. Jh.s). Er drückt seine Verwunderung darüber aus, daß Ambrosius von Mailand, ob er nun allein war oder in Gegenwart anderer, Bücher einzig mit den Augen las, stumm, ohne seine Lippen zu bewegen (*Confessiones* 6, 3). Ein solches lautloses Lesen, wie wir es heute nicht nur in Bibliotheken pflegen, hatte es also zuvor in der Antike nicht gegeben.

Poesie und Prosa sind gleichermaßen auf *Hörwirkung* hin stilisiert. Dies trifft auf *Reden* in besonderem Maße zu, die ja nicht lediglich gefallen, sondern vor allem auch etwas bewirken wollten. Sie wurden ausschließlich frei dargeboten, nie vom Blatt abgelesen. Allen uns schriftlich überlieferten *Orationes* des Cicero waren – ausgenommen natürlich die nicht gehaltenen (so die *Reden gegen Verres* mit Ausnahme der ersten und die *2. Philippica*) – mündliche Versionen vorausgegangen, die dann für die Niederschrift mehr oder weniger bearbeitet wurden. Der eigentliche Vortrag der Rede bildete den Abschluß einer längeren Vorbereitung. In der antiken rhetorischen Fachliteratur (S. 149 ff.) werden die einzelnen Schritte von der Stoffsammlung (*inventio*) über die Gliederung (*dispositio*) und Formulierung (*elocutio*) sowie das Einstudieren (*memoria*) des Vortrags (*actio*) genauestens dargelegt. Neben dem richtigen Einsatz des Wortes waren dabei auch die passenden Gesten zu beachten. Letztere finden sich bei dem kaiserzeitlichen Rhetorikprofessor Quintilian anschaulich beschrieben (11, 3, 92–120). Auch erfahren wir aus seiner *Institutio oratoria* und den rhetorischen Schriften des *Auctor ad Herennium* und Ciceros wertvolle Hinweise auf die Einsatzmöglichkeiten der Stimme, ihres Klangs und Ausdrucks wie zum Beispiel, daß die Stimmhöhe sehr wichtig war – so soll ein verborgener Flötenspieler mit Hilfe einer tonangebenden Pfeife den Tonfall des C. Gracchus reguliert haben (Quintilian 1, 10, 27) – und daß man in der Antike für die leidenschaftliche Rede eine Mittelstellung zwischen gewöhnlicher Sprechweise und Gesang (!) anstrebte (*Auctor ad Herennium* 3, 11, 19ff.; Cicero, *Orator* 55ff; Quintilian 1, 10, 22–33).

Dergleichen läßt sich den Reden selbst nicht entnehmen. Was aber die von den antiken Rhetorikern angeführten Stilmittel betrifft, so können Anwendungsbeispiele nicht nur den Reden, sondern auch anderen Prosatexten und nicht zuletzt der Dichtung reichlich entnommen werden.

2. Stilistik

2.1 Figurenlehre (Tropen und Figuren)

Jede Abweichung von der normalen Alltagssprache in Syntax und Wortgebrauch gerät zu einem rhetorischen Stilmittel. Sprachliche Besonderheiten sind akustische Signale und nehmen Einfluß auf die Sinnerfassung durch den Hörer. Die schmucklose Rede vergleicht Quintilian mit einem Körper in Ruhe; sobald dieser sich aus der (ausdruckslosen) Ruheposition herausbegibt, sind ihm bestimmte Affekte anzusehen. Denn eine abweichende Körperhaltung ist zugleich eine emotionale Lebensäußerung. Ähnlich verhält es sich mit der Sprache: Quintilian unterscheidet innerhalb der rhetorischen Figurenlehre Abwandlungen (‹Wendungen›) eines gewöhnlichen Ausdrucks: *Tropen* (τρόποι), und auffällige Wort- und Satzkonstellationen: *Figuren* im engeren Sinne (in der Antike unterteilt in Wort- und Gedankenfiguren [σχήματα λέξεως / σχήματα διανοίας]).

Auf den nun folgenden Seiten stellen wir eine Auswahl der wichtigsten in den Rhetorikhandbüchern aufgeführten Tropen und Figuren vor. Letztere wurden nicht weiter unterteilt (denkbare Unterteilungen böte zum Beispiel die Aufschlüsselung in Klang-, Beiordnungs-, Satz- und Sinnfiguren); hier sei auf die einschlägigen Handbücher verwiesen, die in den Fragen der diesbezüglichen Systematik freilich nicht selten auseinandergehen. Die meisten Beispiele sind nach Möglichkeit bewußt einer einzigen Rede (*Pro Archia poeta*) entnommen, so daß deutlich werden kann, mit welcher Intensität ein Redner wie Cicero die Möglichkeiten der Stilistik zu nutzen wußte.

a) Tropen

Allegorie (ἀλληγορία; ‹Andersreden›): die Versinnbildlichung eines komplexen Sachverhalts, meist durch Aneinanderreihung von Metaphern.
Sed Timor et Minae / scandunt eodem quo dominus, neque / decedit aerata triremi et / post equitem sedet atra Cura. (Beschrieben wird die ‹dauerhafte seelische Belastung durch Reichtum› mit Hilfe einer Schiffsmetapher: der reiche Mann versucht, seinen Ängsten auf hoher

See zu entkommen, doch diese besteigen dasselbe Schiff; und dem eiligen Reiter sitzt die finstere Sorge im Nacken.)
(Horaz, *Oden* 3, 1, 37ff.)

Antonomasie (ἀντονομασία; ‹Namensersatz›): die Wiedergabe eines Eigennamens durch ein Appellativum oder durch eine Umschreibung.
Tydide! (für Diomedes)
(Vergil, *Aeneis* 1, 97)
Troius heros (für Aeneas)
(Vergil, *Aeneis* 6, 451)

Euphemismus (εὐφημισμός; ‹Beschönigung›): Ersetzung eines negativen Begriffs durch einen positiveren.
miretur (für: zornig widersprechen)
(Cicero, *Pro Archia poeta* 2)
calamitas (für: Verlust aller bürgerlichen Rechte)
(Cicero, *Pro Archia poeta* 9)

Hyperbel (ὑπερβολή; ‹Übertreibung›)
Antiochiae celebri quondam urbe (...) *liberalissimis*que *studiis*: eine Stadt mit einem sehr reichen Kulturleben.
(Cicero, *Pro Archia poeta* 4)
sublimi feriam sidera vertice: mit dem Haupt die Sterne berühren.
(Horaz, *Oden* 1, 1, 36)

Ironie (εἰρωνεία; ‹Verstellung›): Das krasse Auseinanderklaffen von Sprechermeinung und Gesagtem, oft im Sinne des Gegenteils.
C. Verres, praetor urbanus, homo sanctus et diligens ... (in Wahrheit kein ‹sanctus› und ‹diligens›, sondern ein Mann ‹ohne Würde› und ‹skrupellos›).
(Cicero, *Pro Cluentio* 91)

Litotes (λιτότης; ‹Schlichtheit›): Doppelte Verneinung bewirkt eine starke Bejahung.
non infitior (ich leugne nicht = ich gestehe gerne)
(Cicero, *Pro Archia poeta* 1)
haud gravatim (nicht ungern = sehr gern)
(Cicero, *Pro Archia poeta* 10)

Metapher (μεταφορά; verkürzter ‹Vergleich›): Ein Bildzitat wird einem anderen Bereich entlehnt und ohne Kennzeichnung eingepaßt.
fidem resignare: Vertrauen zerstören (wie man ein Siegel aufbricht = resignare)
(Cicero, *Pro Archia poeta* 9)
Nunc insidet quaedam in optimo quoque virtus, quae noctes ac dies animum gloriae *stimulis concitat* (…) (der Stachel treibt uns an [wie ein Pferd auf der Rennbahn])
(Cicero, *Pro Archia poeta* 29)

Metonymie (μετωνυμία): ‹Benennung› nach einem gedanklich zugehörigen Begriff.
(…) Fulvius non dubitavit *Martis* manubias Musis consecrare. (der Kriegsgott Mars = Krieg)
(Cicero, *Pro Archia poeta* 27)

Periphrase (περίφρασις): ‹Umschreibung› eines Begriffs durch einzelne Wörter oder durch einen ganzen Satz.
Rudinus homo (für Ennius, der aus Rudiae in Kalabrien stammt).
(Cicero, *Pro Archia poeta* 22)
(…) iudices, a vobis spero esse in bonam partem accepta, ab eo, *qui iudicium exercet*, certe scio. (Der so umschriebene vorsitzende Richter ist Ciceros Bruder Quintus.)
(Cicero, *Pro Archia poeta* 32)

Personifikation (προσωποποιία, abgeleitet von πρόσωπον [Gesicht] und ποιεῖν [machen]): Einführung von Gegenständen oder Begriffen, als wären es redende oder handelnde Personen.
Saxa et solitudines voci respondent (…)
(Cicero, *Pro Archia poeta* 19)
Parietes, me dius fidius, ut mihi videtur, huius curiae tibi gratias agere gestiunt (…)
(Cicero, *Pro Marcello* 10)
Si mecum *patria* (…), si cuncta *Italia*, si *omnis res publica* loquatur: «M. Tulli, quid agis?»
(Cicero, *In Catilinam* 1, 27)

Synekdoche (συνεκδοχή): Sonderfall der Metonymie: Ein Verschieben der Benennung eines Begriffsinhalts innerhalb desselben Bereichs.
pars pro toto: *tectum* für *domus*

(Vergil, *Aeneis* 1, 627)
genus pro specie: *mortales* für *homines*
(Sallust, *Catilina* 1, 5)

b) Figuren

Alliteration (*alliteratio*; der Terminus wurde erst von dem Humani-
sten Pontanus eingeführt): Wiederholung desselben konsonantischen
Anlauts.
Veni, *v*idi, *v*ici.
(Sueton, *Divus Iulius* 37, 2)
Iam vero ille (...) Fulvius non dubitavit *M*artis *m*anubias *M*usis con-
secrare.
(Cicero, *Pro Archia poeta* 27)

Anakoluth (ἀνακόλουθον, abgeleitet von ἀκολουθεῖν, folgen, mit α-
privativum, ‹nicht folgen›): Bruch in der grammatischen Konstruktion eines Satzes.
Die begonnene Satzform wird auf andere Weise fortgeführt, so daß
Anfang und Schluß sich nicht entsprechen. Dies kann vor allem bei
längeren Sätzen der Fall sein, die durch Parenthesen oder andere Ein-
fügungen unübersichtlich sind.
Nam *et* publicani, homines honestissimi atque ornatissimi, suas ratio-
nes et copias in illam provinciam contulerunt, quorum ipsorum per se
res et fortunae vobis curae esse debent. Etenim, si vectigalia nervos
esse rei publicae semper duximus, eum certe ordinem qui exercet illa
firmamentum ceterorum ordinum recte esse dicemus. *Deinde ex* ceteris ordinibus homines gnavi atque industrii partim ipsi in Asia nego-
tiantur.   (Cicero, *Pro imperio Cn. Pompei* 17f.)
Das *et* erfordert eigentlich ein zweites *et* (sowohl ... als auch). Statt
dessen fährt Cicero mit *deinde* (dann) fort.

Anadiplose (ἀναδίπλωσις; ‹Verdoppelung›) Wiederholung des Schluß-
wortes eines (Teil-)Satzes oder Verses zu Beginn des nächsten.
Senatus haec intellegit, consul videt; hic tamen *vivit*. *Vivit*? Immo
vero etiam in senatum venit (...)
(Cicero, *In Catilinam* 1, 2)
Vos haec facietis maximo *Gallo*, / *Gallo* cuius amor tantum mihi cres-
cit in horas.
(Vergil, *Eclogen* 10, 72f.)

Anapher (ἀναφορά): ‹Wiederholung› desselben Wortes am Beginn mehrerer Sätze oder Teilsätze.

Quare *quis* tandem me reprehendat aut *quis* mihi iure suscenseat, si, *quantum* ceteris ad suas res obeundas, *quantum* ad festos dies ludorum celebrandos, *quantum* ad alias voluptates et ad ipsam requiem animi et corporis conceditur temporum, *quantum* alii tribuunt tempestivis conviviis, *quantum* denique alveolo, *quantum* pilae, tantum mihi egomet ad haec studia recolenda sumpsero?
(Cicero, *Pro Archia poeta* 13)

Antithese (ἀντίθεσις): Kontrastive ‹Gegenüberstellung› sich widersprechender Aussagen oder einander entgegengesetzter Begriffe.
Adest vir summa auctoritate et religione et fide, M. Lucullus, qui se non *opinari*, sed *scire*, non *audisse*, sed *vidisse*, non *interfuisse*, sed *egisse* dicit.
(Cicero, *Pro Archia poeta* 8)

Aposiopese (ἀποσιώπησις; ‹Verstummen›): Plötzliches ‹Abbrechen der Rede›.
Quos ego …
(Vergil, *Aeneis* 1, 135)

Apostrophe (ἀποστροφή): Abwendung von den Richtern zu (fingierten) Zuhörern, dem Gegner, zu Göttern oder personifizierten Gegenständen.
Si nihil aliud nisi de civitate et lege dicimus, nihil dico amplius; causa dicta est. Quid enim horum infirmari, Gratti, potest?
(Cicero, *Pro Archia poeta* 8)

Assonanz: Vokalischer Gleichklang.
Ipsi illi philosophi etiam illis libellis (… nomen suum inscribunt …).
(Cicero, *Pro Archia poeta* 26)

Asyndeton (ἀσύνδετον): ‹Unverbundene› Aufzählung.
Veni, vidi, vici.
(Sueton, *Divus Iulius* 37, 2)
At haec studia adulescentiam agunt, senectutem oblectant, secundas res ornant, adversis perfugium ac solacium praebent, delectant domi, non impediunt foris, pernoctant nobiscum, peregrinantur, rusticantur.
(Cicero, *Pro Archia poeta* 16)

Chiasmus (χιασμός): ‹Überkreuz› (vom griechischen Buchstaben X)-Stellung gleicher Satzteile.

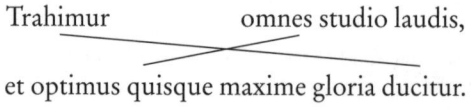

Trahimur   omnes studio laudis,

et optimus quisque maxime gloria ducitur.

(Cicero, *Pro Archia poeta* 26)

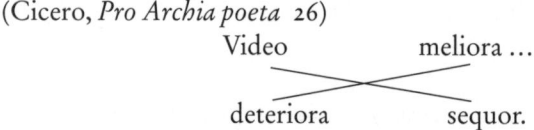

Video   meliora …

deteriora   sequor.

(Ovid, *Metamorphosen* 7, 20 f.)

Ellipse (ἔκλειψις; ‹Auslassung›): Wegfall einzelner Wörter (am häufigsten der Kopula ‹esse›).
Quaere argumenta, si quae (zu ergänzen: invenire) potes!
(Cicero, *Pro Archia poeta* 11)
Daphnis ego (zu ergänzen: fui) in silvis, hinc usque ad sidera notus.
(Vergil, *Eclogen* 5, 43)

Enallage (ἐναλλαγή; ‹Vertauschung›): Das sinngemäß zu einem bestimmten Substantiv gehörende Adjektiv wird grammatisch einem anderen Bezugswort zugeordnet (dt.: das braune Lachen ihrer Augen).
Nam quoad longissime potest mens mea respicere spatium praeteriti temporis et *pueritiae memoriam* recordari *ultimam* (die Erinnerung an die früheste Jugend), inde usque repetens hunc video mihi principem et ad sucipiendam et ad ingrediendam rationem horum studiorum exstitisse.
(Cicero, *Pro Archia poeta* 1)
biferique rosaria Paesti (Paestums zweimal [jährlich] blühende Rosenfelder)
(Vergil, *Georgica* 4, 119)

Hendiadyoin (ἓν διὰ δυοῖν; ‹eins durch zwei›): Zwei selbständige Ausdrücke stehen für einen einzigen (zusammengesetzten) Begriff. Bei der Übersetzung wird sinnvollerweise einer der beiden Ausdrücke in ein subordiniertes Attribut oder Adverb verwandelt.
(…) in persona, quae propter otium ac studium minime *in iudiciis periculisque* (in gefährliche Prozesse) tractata est (…)

(Cicero, *Pro Archia poeta* 3)
Pateris libamus et *auro* (aus goldenen Bechern trinken).

(Vergil, *Georgica* 2, 192)
Dies gilt auch für Verben:
Permulti alii praeterea *pugnant* inter se et *contendunt* (angestrengt kämpfen).

(Cicero, *Pro Archia poeta* 19)
(...) consiliorum relinquere ac virtutum nostrarum effigiem nonne multo malle debemus summis ingeniis *expressam et politam* (geformt und geglättet, d. h. kunstvoll ausgearbeitet)?

(Cicero, *Pro Archia poeta* 30)

Homoioteleuton (ὁμοιοτέλευτον; ‹gleichendig›): Gleicher konsonantischer oder vokalischer Ausklang.
Abiit, excessit, erupit, evasit.
(Cicero, *In Catilinam* 2, 1)
Vicit (...) timorem audacia, rationem amentia.
(Cicero, *Pro Cluentio* 15)

Hypallage (ὑπαλλαγή): s. Enallage

Hyperbaton (ὑπερβατόν; ‹Sperrstellung›): Trennung von grammatisch zusammengehörenden Ausdrücken. «Die Leistung des Hyperbaton besteht darin, auch dem einfachen Satz die kyklische Spannung zwischen auflösungsbedürftigen und auflösenden Bezugsgliedern zu verleihen und ihn so als einer Periode gleichwertig erscheinen zu lassen.» (Lausberg, Handbuch der literarischen Rhetorik S. 357)
Hic tu *tabulas* desideras Heracliensium *publicas* (...)
(Cicero, *Pro Archia poeta* 8)
Neque enim quisquam est tam aversus a Musis, qui non mandari versibus *aeternum* suorum laborum facile *praeconium* patiatur.
(Cicero, *Pro Archia poeta* 20)

Hysteron Proteron (ὕστερον πρότερον; ‹das Spätere früher›): Umkehrung der logischen Reihenfolge, der wichtigere Gedanke wird zuerst genannt.
(...) adficiebatur summo honore, quod eum non solum colebant, qui aliquid *percipere atque audire* studebant, verum etiam si qui forte simulabant. (Man muß erst etwas hören, audire, bevor man es aufneh-

men, percipere, kann.)
(Cicero, *Pro Archia poeta* 6)
Etiam illud adiungo saepius *ad laudem atque virtutem* naturam sine
doctrina quam sine natura valuisse doctrinam. (Vor dem Lob steht die
Leistung.)
(Cicero, *Pro Archia poeta* 15)
Moriamur et in media arma ruamus. (Laßt uns sterben und kämpfen!)
(Vergil, *Aeneis* 2, 353)

Klimax (κλῖμαξ; ‹Steigerung›): Aufzählung sich überbietender Be-
griffe.
Nostra sunt tropaea, nostra monumenta, nostri triumphi.
(Cicero, *Pro Archia poeta* 21)

Onomatopoiie (ὀνοματοποιία): ‹Lautmalerei›.
(…) ac venti, velut agmine facto,
qua data porta, ruunt et terras turbine perflant.
Incubuere mari, totumque a sedibus imis
una Eurusque Notusque ruunt creberque procellis
Africus, et vastos volvunt ad litora fluctus.
Insequitur clamorque virum stridorque rudentum. (Nachahmung des
Sturmbrausens)
(Vergil, *Aeneis* 1, 82–87)
Quamvis sint sub aqua, sub aqua maledicere temptant. (Quaken von
Fröschen)
(Ovid, *Metamorphosen* 6, 376)

Oxymoron (ὀξύμωρον, abgeleitet von ὀξύς, scharfsinnig, und μωρός,
dumm; Paarung schriller Gegensätze): Sich widersprechende Begriffe
werden zu einer spannungsvollen Einheit zusammengefügt.
Cum tacent, clamant.
(Cicero, *In Catilinam* 1, 8, 21)
(…) mortuus semper vivet.
(Plinius, *Epistulae* 6, 16, 5)

Parallelismus (abgeleitet von παράλληλος): ‹Parallel›-Stellung gleicher Satzteile.
Erat temporibus illis *iucundus* **Q. Metello illi Numidico et eius Pio**
                                                                    filio,
audiebatur **a M. Aemilio,**

vivebat **cum Q. Catulo et patre et filio,** a L. Crasso colebatur.
(Cicero, *Pro Archia poeta* 6)
(...) sic in vestram accipiatis fidem, ut *humanitate* vestra **levatus** potius quam *acerbitate* **violatus** esse videatur.
(Cicero, *Pro Archia poeta* 32)

Paronomasie (παρονομασία; ‹Wortspiel›): Ähnlich klingende, in ihrer Bedeutung aber weit auseinandergehende Wörter werden zusammengefügt (häufig unübersetzbar).
Nam inceptio est *amentium*, haud *amantium*.
(Terenz, *Andria* 218)

Polysyndeton (πολυσύνδετον): Wiederholung derselben Konjunktion in einer Aufzählung.
Itaque hunc *et* Tarentini *et* Locrenses *et* Regini *et* Neapolitani civitate ceterisque praemiis donarunt (...)
(Cicero, *Pro Archia poeta* 5)

Praeteritio (παράλειψις; ‹Übergehung›): Ankündigung, einen Aspekt zu übergehen, um dann doch fortzufahren.
Praetermitto ruinas fortunarum tuarum ...
(Cicero, *In Catilinam* 1, 6, 14)

Prolepse (πρόληψις, kein antiker Terminus; ‹Vorwegnahme›): Ein prädikatives Adjektiv nimmt die Folge oder Absicht einer im später folgenden Prädikat ausgedrückten Handlung vorweg.
Submersasque obrue puppis. (= submergendo obrue)
(Vergil, *Aeneis* 1, 69)

Zeugma (ζεῦγμα; ‹Joch›): Verbindung mehrerer Substantive mit einem Verb, obwohl dieses nur zu einem von ihnen paßt.
Bella viri pacemque gerent, quis bella gerenda.
(Vergil, A*eneis* 7, 444)

2.2. Zum Rhythmus der Rede

Mit Cicero erreichte die römische Beredsamkeit ihren Zenit. Er hat nicht nur durch die Verknüpfung von rhetorischer Technik und umfassender Bildung ein in Rom vollkommen neues Ideal des Redners entwickelt, sondern auch die Vortragstechnik als solche perfektioniert. Insbesondere sind seine Art des Periodenbaus und nicht zuletzt sein Prosarhythmus für die lateinische Literatur maßgeblich geworden. Er stellte in seinem 55 v. Chr. geschriebenen rhetorischen Hauptwerk *De oratore* einige praktische Regeln vor, darunter auch zu den ‹Klauseln›; in der neun Jahre später entstandenen Schrift *Orator* äußert er sich auch über die Konstruktion von Perioden. Eine Periode (περίοδος, circuitus, Umgang im Kreis) definierte bereits Aristoteles (*Rhetorik* 3, 9) als einen «Gedanken, der Anfang und Ende hat und eine überschaubare Einheit darstellt». Der Hörer wird durch einen periodisch gestalteten Gedanken, d. h. in einem größeren Gefüge von Hauptsatz und Nebensätzen, eine gewisse Zeit in Spannung gehalten und dann wieder aus der Anspannung entlassen. Unter Klauseln (< *claudere*, schließen) wiederum sind die Abschlüsse von Sätzen oder von Gliedern eines Satzes, die man Kola (κῶλον, Glied) nennt, zu verstehen. Da in einem natürlichen Redefluß unendlich viele Variationen des Rhythmus auftreten können, sind rhythmische Klauseln besonders wichtig für die deutliche Kennzeichnung von Abschnitten. Wie in der poetischen Metrik sind im Klauselzusammenhang der Prosa Elisionen möglich und statt der ‹systematischen› Längen auch Doppelkürzen einsetzbar; die letzte Silbe einer Klausel kann lang oder kurz sein. Hexameterähnliche (= daktylische) Schlüsse werden aber gemieden, weil sie den Anschein erwecken könnten, der Redner trage Dichtung vor (daher *esse videatur* [— ∪∪∪ — —] statt *esse videtur* [— ∪∪ — —]); aus demselben Grund vermeiden wir heute in moderner Prosa den Reim. Klauseln beginnen im übrigen von Wortgrenzen unabhängig. Die häufigsten sind folgende:

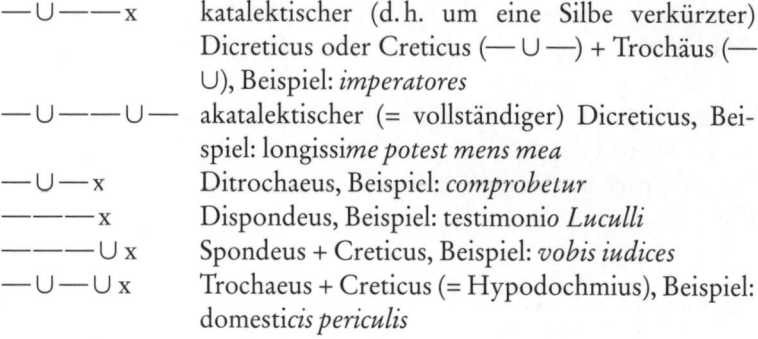

— ∪ — — x	katalektischer (d. h. um eine Silbe verkürzter) Dicreticus oder Creticus (— ∪ —) + Trochäus (— ∪), Beispiel: *imperatores*
— ∪ — — ∪ —	akatalektischer (= vollständiger) Dicreticus, Beispiel: longissi*me potest mens mea*
— ∪ — x	Ditrochaeus, Beispiel: *comprobetur*
— — — x	Dispondeus, Beispiel: testimonio *Luculli*
— — — ∪ x	Spondeus + Creticus, Beispiel: *vobis iudices*
— ∪ — ∪ x	Trochaeus + Creticus (= Hypodochmius), Beispiel: domesti*cis periculis*

Zwei Perioden aus dem Epilog von Ciceros *Archias-Rede* mögen den Einsatz von Stilmitteln und rhythmischen Elementen veranschaulichen (Cicero, *Pro Archia poeta* 31, Text und Übersetzung: H. und K.

Vretska, Darmstadt ²1988):
quare conservate, iudices, hominem
    pudore eo,
        quem amicorum videtis comprobari
            cum dignitate
            tum etiam vetustate,
    ingenio autem tanto, quantum id convenit existimari,
        quod summorum hominum ingeniis
            expetitum esse videatis,
    causa vero eiusmodi,
        quae beneficio legis,
        auctoritate municipi,
        testimonio Luculli,
        tabulis Metelli comprobetur.
quae cum ita sint,
    petimus a vobis, iudices,
        siqua non modo humana,
        verum etiam divina
        in tantis ingeniis commendatio debet esse,
    ut eum, qui vos,
            qui vestros imperatores,
            qui populi Romani res gestas semper ornavit,
            qui etiam his recentibus nostris vestrisque
                        domesticis periculis
                aeternum se testimonium laudis
                        daturum esse profitetur
            estque ex eo numero,
                qui semper apud omnis sancti sunt
                        habiti itaque dicti,
    sic in vestram accipiatis fidem,
        ut humanitate vestra levatus potius
        quam acerbitate violatus esse videatur.

Rettet also, hohes Gericht, einen Menschen,
    dessen Rechtschaffenheit ihr verbürgt seht
        durch die Würde seiner Freunde und
        durch die Dauer der Freundschaft,
    dessen Genie so bedeutend ist,
        wie man eines einschätzen muß,
        um das sich geistige Größen – wie ihr seht – bemüht

                                                           haben,
dessen Prozeßsache so gut steht,
        daß sie durch die Großmut des Gesetzes,
        durch die Bürgschaft der Landstadt,
        durch das Zeugnis des Lucullus,
        durch die Protokolle des Metellus
        als gut und billig erwiesen wird.
Unter diesen Umständen bitten wir euch, hohes Gericht,
    so wahr es eine nicht nur menschliche,
            sondern sogar göttliche Empfehlung
            für solche Taten geben muß,
        den Menschen, der euch,
                der eure Feldherrn,
                der des römischen Volkes Großtaten immer
                                gepriesen hat,
                der sogar diesen jüngsten inneren Gefahren
                                für uns und euch
                        für ewige Zeiten das Ruhmeszeugnis
                                geben will,
                der zu jenen Menschen gehört, die immer
                                und bei allen
                        für unantastbar gehalten und
                                gepriesen werden,
        diesen Menschen nehmt so in euren Schutz auf,
            daß er durch euer Entgegenkommen gehoben,
            nicht durch eure herbe Strenge verletzt erscheine.

Erste Periode

Es ergeht gleichsam als Resümee der gesamten Rede – durch das *quare*
zu Beginn des Schlußwortes (*peroratio*) markiert – ein Appell an die
Richter, den Angeklagten doch für Rom zu retten. Drei herausragende Qualitäten des Dichters Archias führt Cicero in einer *Klimax*
länger werdender Relativsätze vor: *pudore* (‹Ehrenhaftigkeit›) *eo,
quem* ... (21 Silben), *ingenio* (‹Begabung›) *autem tanto, quantum* ...
(28 Silben), *causa* (‹Prozeß›) *vero eiusmodi, quae* ... (35 Silben). Die
Steigerung wird verstärkt durch die Partikeln *autem* und *vero*. Der
letzte Ablativus qualitatis der Aufzählung ist *zeugmatisch* und provo-
ziert hierdurch besonders große Aufmerksamkeit; auf *homo* sind *pudore eo* und *ingenio tanto* wie selbstverständlich bezogen, *causa eius-*

modi («ein Mann von einem solchen Prozeß») dagegen nicht. Zur Geschlossenheit der Periode tragen zum einen vier über den gesamten Satzbau verteilte gleichartige Composita (*conservate, comprobari, convenit, comprobetur*), zum anderen die durchgängig schlußstarken Klauseln der Relativsätze bei: Alle drei Kola des ersten, zwei des zweiten und alle vier des dritten enden entweder — ∪ — — — (katalektischer Dicreticus) oder — ∪ — — (Ditrochaeus). Dieses rhythmische ‹Einhämmern› des Inhalts wird im dritten Relativsatz zu einer Beschwörung, da ein mehrfacher *Parallelismus* (jeweils Ablativ + Genitiv) mit ihm einhergeht: *beneficio legis, auctoritate municipi, testimonio Luculli, tabulis Metelli*. Die drei letzten Kola sind zudem durch *Homoioteleuta* untereinander eng verbunden (man achte auch auf die Häufung harter Konsonanten: ‹t›- und ‹k›-Laute).

Zweite Periode

Der noch zurückhaltende Appell der vorausgegangenen Periode wird jetzt zur fordernden Bitte (*petimus*), deren Präzisierung nach Art eines *Hyperbatons* eine Zeitlang auf sich warten läßt: *petimus … ut eum … sic accipiatis*. Eingelegt findet sich wieder eine *Klimax* von fünf stets weiter ausgreifenden Relativsätzen, *anaphorisch* mit *qui* eingeleitet: Archias erscheint als Lobspender aller Anwesenden (*vos*), ihrer Feldherrn (*imperatores*), des ganzen Volkes (*populus Romanus*), nicht zuletzt Ciceros selbst (*recentia pericula* = die Catilinarische Verschwörung des Jahres 63 v. Chr.). Das fünfte und letzte *qui*, ein Plural, ordnet den Dichter in die Gruppe der ehrwürdigsten Personen ein.

Die Periode schließt mit der *Antithese* (zugleich ein *Parallelismus*) *humanitate vestra levatus – acerbitate violatus*. Das possessive *vestra* gehört sowohl zu *humanitate* als auch zu *acerbitate* (man nennt dieses Stilmittel *apo koinou*, ἀπὸ κοινοῦ ‹vom Gemeinsamen›), betont jedoch durch seine Stellung den zu erwartenden ‹humanitären› Akt der Richter.

VIII. Die Epochen der lateinischen Literatur

1. Allgemeines

Wenn man bei der Interpretation eines literarischen Werks zunächst vom Einzelfall, einem bestimmten Werk eines bestimmten Autors, auszugehen pflegt, den Text durch Hilfsmittel und Kommentare erschließt, ihn nach stilistischen und rhetorischen Kategorien analysiert und seinen Aufbau nachvollzieht, bedarf es, um den Text adäquat zu erfassen, zweier weiterer Interpretationszugänge: Das Einzelwerk muß systematisch als ein Bestandteil einer literarischen Gattung gesehen werden *(diachrone Betrachtung)*, und es muß historisch aus seiner Zeit heraus erklärt werden *(synchrone Betrachtung)*. Als Begriffe, um bestimmte Zeitabschnitte zu bezeichnen, findet man in der Geschichte wie in der Philologie *Periode, Phase* und am häufigsten *Epoche*. Dieses Wort, vom griechischen ἐποχή (‹Haltepunkt›) abgeleitet, beschreibt im eigentlichen Wortsinn einen durch herausragende Ereignisse gekennzeichneten Einschnitt in einem zeitlichen Kontinuum, wird dann aber auch im übertragenen Sinn für einen historischen Zeitabschnitt insgesamt verwendet.

Die genaue Abgrenzung einzelner Epochen und die Abgrenzungskriterien sind in allen kulturwissenschaftlichen Fächern umstritten. Selbst in der Benennung der einzelnen Epochen findet sich keine Übereinstimmung, wie schon ein kurzer Blick in einige Geschichten der römischen bzw. lateinischen Literatur verdeutlicht. Es finden sich Begriffe aus der politischen Geschichte (republikanische, augusteische, kaiserzeitliche Literatur) neben anderen, die der Kunstgeschichte entnommen sind (archaisch, klassisch, manieristisch). Häufig klingt schon in der Epochenbezeichnung eine Wertung mit wie in der Bezeichnung ‹Silberne Latinität› für die Literatur des 1. Jh. n. Chr., die allein schon durch den Begriff als Abstieg nach dem Höhepunkt des Goldenen Zeitalters der augusteischen Zeit bewertet wird.

Folgende Kriterien sollten bei der Epochendiskussion in der Philologie und Literaturwissenschaft beachtet werden:

1. Es muß strikt induktiv vorgegangen werden; d. h. auf der Basis der uns zur Verfügung stehenden literarischen Zeugnisse müssen ty-

pische Merkmale herausgearbeitet werden, die die Texte eines bestimmten Zeitabschnitts auch über die Gattungsgrenzen hinweg gemeinsam aufweisen *(Epochenmerkmale)*. Diese Gemeinsamkeiten können im sprachlichen, stilistischen oder formalen Bereich, jedoch auch in der Vorliebe für gewisse Motive und in der Weltsicht der Autoren liegen. Historische Epochenabgrenzungen (wie Todesjahre von Herrschern) von vornherein auf die Literaturgeschichte anzuwenden, kann die Sicht auf die eigenständige, oft von historischen Einschnitten unabhängige Entwicklung der Literatur verstellen, obwohl in einem zweiten Schritt natürlich überprüft werden muß, ob die literarischen Gemeinsamkeiten in der politischen Geschichte ihre Entsprechungen finden.

2. Als wichtigstes Kriterium bei der Abgrenzung und Beschreibung einer literarischen Epoche muß das *Epochenbewußtsein* gelten, das sich häufig in einem oft rücksichtslosen Bruch mit den Vorgängern äußert. Im Eröffnungssatz von *Dichtung und Wahrheit* (1811) hat J. W. von Goethe dies prägnant ausgedrückt: «Die literarische Epoche, in der ich geboren bin, entwickelte sich aus der vorhergehenden durch Widerspruch.»

3. Dieser Bruch mit der Tradition, die Ablehnung der als ablösungsreif angesehenen Vorgänger sollte jedoch nicht nur bei einem einzelnen Autor festgestellt werden, sondern sich auch in einer Generation bei mehreren Gleichgesinnten nachweisen lassen. Ein wichtiges Indiz für dieses Gruppenbewußtsein ist der Zusammenschluß von Literaten in Bewegungen und Dichterkreisen, die eine mehr oder weniger stark ausgeprägte innere Struktur aufweisen können.

4. Mit diesem Zusammenschluß von Dichtern in Zirkeln sind häufig ein bestimmtes ästhetisches Programm und eine literarische Theorie verbunden, nach der Dichtung verfaßt und die Ablehnung der Vorgänger begründen werden sollten. Dieses Programm kann in einem ‹Lehrbuch› entwickelt werden *(Poetik)*, es kann jedoch auch in den Werken selbst anklingen *(implizite Poetik)*. Die Aufnahme in diese elitären Kreise hängt entscheidend davon ab, inwieweit ein Autor den Anforderungen des Programms entspricht.

5. Als Resultat der Ablehnung der Tradition und der Entwicklung eines literarischen Programms ist eine Umorientierung in den literarischen Vorbildern festzustellen, an denen man seine Werke gemessen wissen will *(Paradigmenwechsel)*.

6. Der Paradigmenwechsel kann durch politische Ereignisse beeinflußt oder ausgelöst werden, indem beispielsweise durch Eroberungs-

feldzüge der Kontakt mit einer fremden Kultur hergestellt wird, ohne daß man mit U. von Wilamowitz-Moellendorff die historischen Einschnitte allein als epochenbildendes Kriterium (S. 112) ansehen darf: «Die Epochen sondern sich von selbst durch die großen geschichtlichen Einschnitte.» (Die griechische Literatur des Altertums S. 6)

2. Die Epochen der lateinischen Literatur im einzelnen

Vor dem Hintergrund dieser allgemeinen Überlegungen lassen sich in der Geschichte der antiken lateinischen Literatur folgende Epochen feststellen:

Zunächst muß eine vorliterarische Phase von der im eigentlichen Sinne literarischen Zeit abgegrenzt werden – jener Zeit also, in der die Schrift nicht nur zu praktischen Zwecken, zur Aufzeichnung von Rechnungen, Grabinschriften oder Gesetzen, sondern zu zweckungebundenen, ästhetischen Zielen verwendet wurde. «Die römische Literatur setzte sozusagen schlagartig ein» (M. Fuhrmann, Römische Literatur S. 8), als im Jahre 240 v. Chr. Livius Andronicus, ein griechischer, aus Tarent stammender Kriegsgefangener, je eine griechische Komödie und Tragödie zur Aufführung anläßlich der *ludi Romani* ins Lateinische übersetzte. Von ihren Anfängen an ist demnach die Literatur der Römer durch ihr in den einzelnen Jahrhunderten sich wandelndes Verhältnis zu den griechischen Vorbildern bestimmt. So ist denn auch die Schrift wie vieles andere von Griechenland über den Umweg über die Etrusker nach Rom gelangt; einzelne Elemente scheinen die Römer allerdings unmittelbar aus dem griechischen Alphabet durch den Kontakt mit der bei Neapel gelegenen griechischen Kolonie Kyme (Cumae) übernommen zu haben. In der Zeit vor der Übernahme der griechischen Literatur wurden vorwiegend juristische, administrative, kultische und brauchtümliche Texte aufgezeichnet. Die vorliterarische Phase scheint keine deutliche Trennung zwischen Prosa und Dichtung gekannt zu haben. Man könnte von einer rhythmisierten Prosa sprechen, die vor allem durch Wiederholungen und das Stilmittel der Alliteration (Stabreim) geprägt war. Formale Kriterien in Sprache und Rhythmus (Metrum) wurden erst allmählich nach 240 beachtet. Der wichtigste und in zahlreichen Fragmenten (allerdings in dem Zustand einer späteren Redaktion) erhaltene Text der vorliterarischen Phase ist das Zwölftafelgesetz *(leges XII tabularum)* aus dem 5. Jh. v. Chr.

Für die literarische Phase nach 240 v. Chr. empfiehlt es sich, mit M. Fuhrmann (Rom in der Spätantike S. 41) zunächst zwei große Zeitblöcke voneinander abzugrenzen: die Zeit von 240 v. Chr. bis 240 n. Chr. und die Zeit von 284 n. Chr. bis ins 7. Jh. (Tod Isidors von Sevilla im Jahre 636). Lediglich für den ersten Block verwendet Fuhrmann die Bezeichnung ‹römische Literatur›, da nur in diesem Zeitraum Rom als politisches Machtzentrum den Literaturbetrieb geprägt habe, während nach der Reichskrise des 3. Jh.s n. Chr., nach der Ära der sogenannten Soldatenkaiser (235–285), Rom immer mehr als Bezugspunkt verschwindet, andere kulturelle Zentren wie Mailand, Trier und Konstantinopel die Bedeutung Roms in den Hintergrund treten lassen und vor allem die lateinische christliche Literatur eine neue Tradition begründet, die auf die lateinische Literatur der Spätantike und des Mittelalters vorausweist.

Die *vorklassische Periode* der römischen Literatur reicht von den Übersetzungen des Livius Andronicus im Jahre 240 v. Chr. bis zum Tod des Lucilius, des Schöpfers der Satire (102 v. Chr.). Diese erste Epoche ist hauptsächlich gekennzeichnet durch eine starke inhaltliche wie formale Abhängigkeit von der zeitgenössischen griechischen Literatur, die ins Lateinische übertragen wurde (Phase der *imitatio*, ‹Nachahmung›). Es gab zwei treibende Kräfte für die einsetzende Rezeption der griechischen Literatur: Zum einen wurden die öffentlichen Spiele *(ludi)* nach griechischem Vorbild mit Theateraufführungen ausgestattet, zum andern regte der Schulunterricht dazu an, sich mit Literatur zu befassen. Während den Anforderungen der Schule mit der *Odyssee*-Übersetzung des Livius Andronicus Genüge getan war, erforderten die regelmäßig stattfindenden Feste eine Vielzahl von dramatischen Texten, die die Autoren aus dem Griechischen übersetzten und mehr oder weniger stark, den Erwartungen des römischen Publikums entsprechend, bearbeiteten. Das Terrain für die Übernahme der griechischen Literatur durch die Römer war durch die militärischen Auseinandersetzungen des 3. Jh.s vorbereitet (282–272 Krieg mit Tarent und König Pyrrhos von Epirus; 264–241 1. Punischer Krieg), durch die die Römer in unmittelbaren Kontakt mit dem griechischen Kulturraum Süditaliens kamen.

Die Römer übernahmen zunächst die Literatur, die in Griechenland im 3. Jh. gelesen bzw. im Theater aufgeführt wurde: Homer als den Schulautor par excellence, die Komödienautoren der sogenannten Neuen Komödie Griechenlands (vor allem Menander, Philemon, Diphilos und Apollodoros von Karystos) sowie den Tragiker Euripides, der im 4. und 3.Jh. zum beliebtesten Bühnenautor avancierte. Während das Drama nicht von Römern, sondern von Autoren anderer Herkunft gepflegt wurde, war die Prosa, die Historiographie, die aufkeimende politische Rede sowie die Fachschriftstellerei, die Domäne der römischen Führungsschicht, der Nobilitas – zum Beispiel Cato, *Origines (Ursprünge)*, in denen er die Frühgeschichte Roms und der italischen Völker bis in seine Zeit behandelt (nur in Fragmenten erhalten), und sein erhaltenes Werk *Über den Ackerbau (De agri cultura)*. Unter den poetischen Gattungen nahm das historische Epos, in dem die eigene, römische Geschichte verarbeitet wurde und das somit als identitätsbildendes, politisches Medium der unter ständigem militärischen Druck stehenden Gesellschaft angesehen werden kann, eine herausragende Stellung ein (Naevius, *Bellum Poenicum*, Ennius, *Annales*).

Die Bedeutung der Autoren der Vorklassik für die Entwicklung der römischen Literatur liegt darin, daß sie mit Drama und Epos zwei wichtige Gattungen in Rom etablierten und Lucilius mit dem ureigenen römischen Produkt der Satire literarisch neue Wege einschlug, auf denen ihm Horaz folgen sollte. Vor allem schufen und entwickelten sie eine den Erfordernissen der jeweiligen Gattung angemessene Literatursprache, die allerdings teilweise noch in der Freude am Experimentieren mit den neuentdeckten Möglichkeiten, in Klangspielen und kühnen Wortschöpfungen *(Neologismen)* über das Ziel hinausschießt. Auch im Bereich der Form und der Komposition eines Werkes orientierten sie sich an den griechischen Vorbildern. So führte Ennius den daktylischen Hexameter ins Epos ein und vertrieb damit den holprigen, ungeschliffenen Saturnier aus der Gattung.

Die meisten der vorklassischen Autoren sind im Verlauf der Überlieferung verloren gegangen – abgesehen von mehr oder weniger umfangreichen Fragmenten, die spätere Autoren aus sprachlichem oder antiquarischem Interesse zitiert haben. Vollständig erhaltene Texte besitzen wir lediglich von den Komödiendichtern Plautus und Terenz – also von zwei Autoren, deren Gattung in der Klassik nicht gepflegt wurde und die unter anderem auch deshalb nicht aus dem Überlieferungsprozeß verdrängt wurden – sowie von Cato, dessen Prosaschrift *De agri cultura (Über den Ackerbau)* wohl wegen der besonderen Vorliebe des römischen Publikums für agrarische Fachschriftstellerei erhalten geblieben ist.

Die *Zeit der Klassik* reicht vom Tod des Lucilius (102 v. Chr.) bis zum Tod Ovids (ca. 17 n. Chr.). Die politischen Änderungen, die sich

in Rom im 1.Jh. v. Chr. ereigneten, der von Bürgerkrieg begleitete
Übergang von der Republik zum Prinzipat, hinterließ selbstverständlich seinen Niederschlag in der Literatur dieser Zeit; die gravierenden
Ereignisse der politischen Geschichte (Caesars Tod, 44 v. Chr.;
Schlacht bei Actium, 31 v. Chr.) markieren jedoch keine Epochenschwelle bzw. keinen Epocheneinschnitt in der Entwicklung der Literatur. Demgegenüber weist die Literatur des 1.Jh.s als Ganzes alle oben
skizzierten Epochenmerkmale auf: den Bruch mit den Vorgängern, literarische Zirkel als Forum einer neuen Ästhetik und Poetik, ein literarisches Programm, das die Negierung der Tradition theoretisch fundie-
ren sollte, einen Paradigmenwechsel und ein von einem neuen Selbstbewußtsein geprägtes Verhältnis zu den literarischen Vorbildern.

Während die Autoren des 3. und 2.Jh.s v. Chr. die Grundlagen einer
Literatur im eigentlichen Sinne erst legten und die formalen, komposi-
torischen und stilistischen Aspekte eher vernachlässigten, gaben die
Schriftsteller des 1.Jh.s in jeder Hinsicht sowohl in der Prosa wie in
der Dichtung der lateinischen Sprache und Literatur die Form, die die
literarische Produktion der nächsten Jahrhunderte, ja, des nächsten
Jahrtausends bestimmen sollte. Cicero und Caesar entwickelten eine
den griechischen Autoren des 4.Jh.s v. Chr. durchaus ebenbürtige
Prosa, wobei Ciceros große Leistung darin besteht, daß er in seinen
theoretischen Schriften zum ersten Mal eine lateinische philosophische und rhetorische Fachterminologie entwickelte, die es überhaupt
erst möglich machte, daß die griechische Rhetorik und Philosophie in
Spätantike und Mittelalter in Westeuropa rezipiert werden konnte.
Mit Stolz und Nachdruck verweist Cicero denn auch immer wieder
auf diese Leistung, wie dies auch sein Zeitgenosse Lukrez tut, der die
epikureische Philosophie in der Form des Lehrgedichts darstellte.

Ciceros Zeitgenossen in der Gruppe der sogenannten *Neoteriker*
(von griech. νεώτεροι ‹die Jüngeren›), die literarische Avantgarde der
ausgehenden Republik, für uns vertreten durch Catull, brachen ab-
rupt mit der literarischen Tradition und orientierten sich am Programm der hellenistischen Poetik des Kallimachos (um 300 v. Chr.):
Ziel ist nicht, ein umfangreiches Werk zu verfassen, sondern seinem
Text in mühevoller Arbeit eine ausgefeilte Form zu verleihen und ein
intellektuelles Spiel mit der literarischen Tradition anzustellen – ein
poeta doctus will für einen *lector doctus* schreiben. Während Cicero
den Prosastil prägte, sind es die Neoteriker und ihr poetisches Programm, ohne die die Dichter der augusteischen Zeit nicht denkbar
wären.

Die Literaten dieser Zeit pflegten ihre Werke und Ideen in Zirkeln zu diskutieren. Die Proömien von Ciceros philosophischen Schriften belegen die rege Diskussion, die seine philosophische Schriftstellerei auslöste. Von dem literarischen Leben im Kreis der Neoteriker, zu denen außer Catull die für uns nur durch wenige Fragmente und Zeugnisse greifbaren Cinna, Cornificius, Ticidas, Furius Bibaculus und Calvus zählten, können wir uns nur durch Catulls Gedichte einen Eindruck verschaffen. Daß die Dichter Aufsehen erregten, beweisen Ciceros Reaktionen, der sie als Moderne (νεώτεροι, *Briefe an Atticus* 7, 2, 1; *novi poetae, Orator* 161) oder noch abschätziger als *cantores Euphorionis,* ‹Nachbeter des Euphorion›, eines hellenistischen griechischen Dichters, (*Tusculanen* 3, 45) bezeichnet. Besser informiert sind wir durch Horaz und Ovid über die Dichterkreise der augusteischen Zeit, über den Maecenas-Kreis, dem Horaz, Vergil und Properz angehörten, und den Messalla-Kreis, zu dem Tibull und Ovid zählten (vgl. Ovid, *Tristien* 4, 10; Horaz, *Satiren* 1, 6).

Das poetische Programm der Klassik stammt vor allem von Horaz, der sich seit seinem Frühwerk mit literaturtheoretischen Fragen befaßte. Bereits in den *Sermones (Satiren)* spricht er Gedanken aus, die in den späteren, ganz der Literaturtheorie gewidmeten *Briefen (Epistulae)* breiter ausgeführt werden: die Reflexion über die Gattungsnormen und das den Gattungen Angemessene, das dezidierte Eintreten – in der Tradition der hellenistischen und neoterischen Literaturtheorie – für kleine, formvollendete Dichtungen und als Konsequenz dieser Haltung die Ablehnung der archaischen römischen Literatur und schließlich das Bestreben, der klassischen griechischen Literatur eine unter ästhetischen Gesichtspunkten gleichberechtigte römische Literatur an die Seite zu stellen (Prinzip der *aemulatio,* des ‹Nacheiferns›). Der Gegensatz zwischen der früheren, als mangelhaft empfundenen Dichtung und der modernen, ausgefeilten Poesie wird im Augustus-Brief (*Epistulae* 2, 1) in einem literaturgeschichtlichen Überblick über die Gattungen der römischen Literatur mit dem Ziel breit ausgeführt, die im Rom des Augustus grassierende Begeisterung für alles Alte zu bekämpfen. Der *Florus-Brief* (*Epistulae* 2, 2) ist eher produktionsästhetischen Problemen gewidmet, also der Frage, wie man Literatur verfassen soll. In der *Ars poetica* (sogenannter *Pisonen-Brief*), einer Verbindung des Lehrgedichts mit der plaudernden Form der Versepistel, fließen die sonst sporadisch geäußerten Gedanken zusammen. Von Horaz bewußt an den Anfang der Lehrschrift gestellte Leitbegriffe sind in der Dichtkunst wie in der Malerei Einheit und innere Stimmigkeit der Fiktion. Ein guter Künstler zeichnet sich dadurch aus, daß er diese Grundprinzipien mit der künstlerischen Freiheit *(audacia)* und dem Streben nach Abwechslung *(variatio)* in ein ausgeglichenes Verhältnis bringt, wobei er sich im Stil wie der Charakterisierung vom Prinzip der Angemessenheit *(decorum)* leiten lassen muß. Wie bereits in *Satire* 1, 4, 39 ff. sieht Horaz eine doppelte Quelle des Dichtens in der Begabung *(ingenium)* und der handwerklichen Kunst *(ars)*, die vor allem durch Klarheit in der Gestaltung und im Ausdruck bestimmt sein muß. Dem doppelten Ursprung der Dichtkunst entspricht ihre zweifache Wirkung, zu nützen und zu erfreuen *(prodesse, delectare: Ars poetica* 333 f.).

Der Paradigmenwechsel und ein neuer, selbstbewußter Umgang mit den griechischen Vorbildern *(exemplaria Graeca)* sind unübersehbar. Die Dichter orientieren sich an den herausragenden Werken der griechischen Literatur und wollen an ihnen gemessen werden: an Kallimachos und an dem Programm der hellenistischen Dichtung, an der Prosa des 4. Jh.s und an den großen Autoren der frühen griechischen Literatur, an Homer und Hesiod, an Sappho, Alkaios und Archilochos. Vergil spiegelt in seinem Werk den zeitlichen Rückschritt und die neue Art wider, sich mit der griechischen Literatur auseinanderzusetzen. In den *Eklogen* führt er die Hirtendichtung des hellenistischen Dichters Theokrit (3. Jh. v. Chr.) in Rom ein und füllt die griechische Form mit einer durch die Bürgerkriegserfahrung geprägten römischen Weltsicht. Die *Georgica* schließen sich an das landwirtschaftliche Lehrgedicht Hesiods *Werke und Tage* an (um 700 v. Chr.). Vergil benutzt aber – ganz und gar in der hellenistischen Tradition stehend – die Form der archaischen Lehrdichtung nur als Gehäuse, um aus ihm heraus die Welt insgesamt zu deuten. In der *Aeneis* bezieht er sich in Inhalt und Struktur auf die beiden homerischen Epen *Ilias* und *Odyssee*, verbindet auch hier wiederum die griechische Form mit der römischen Geschichte und kreiert eine Mischform aus historischem und mythologischem Epos.

Bereits Epigone in der Epoche der Klassik ist Ovid. Er gehört nicht mehr der Generation der im Bürgerkrieg geborenen Dichter an, und in seinem Werk ist ein allmählicher Paradigmenwechsel festzustellen. Für ihn stellen nicht mehr (oder nicht mehr nur) die *exemplaria Graeca* die Herausforderung dar, sondern bereits die eigene Klassik, vertreten durch Tibull und Properz, durch Horaz und Vergil, wie dies besonders schön in dem Lektürekanon der *Liebeskunst* (3, 329ff.) oder in *Amores* 1, 15 zum Ausdruck kommt.

Diese Haltung stellt Ovid auf die Schwelle zur *Epoche der Nachklassik*, die vom Tod des Ovid (17 n. Chr.) bis 240 n. Chr. reicht und sich durch die unterschiedliche Art und Weise, wie die Autoren dieser Zeit mit der eigenen Klassik umgehen, in drei größere Perioden untergliedern läßt.

In einer *Periode der Moderne* wird die bereits bei Ovid nachweisbare Tendenz, sich an der römischen Klassik zu messen, in der neronischen Zeit derart weitergetrieben, daß die Autoren (Lucan, Seneca, Petron) sich bewußt und dezidiert von den Idealen der Klassik absetzen. Ciceros Perioden setzt Seneca seinen aus kurzen (kommatischen), oft asyndetischen (unverbundenen) Gliedern bestehenden Stil entgegen. In seinen Tragödien folgt er teilweise, vor allem im formalen Bereich (Metrum, Funktion und Inhalt der Chorlieder) den Vorschriften, die Horaz aufstellt, an auffallenden Stellen jedoch verstößt er – insbesondere im Bereich des *Decorum* – ganz bewußt gegen die klassischen Normen: So bringt Medea in der gleichnamigen Tragödie ihre Kinder *coram publico* um – ganz entgegen dem Verdikt des Horaz (*Ars poetica* 185: *ne pueros coram populo Medea trucidet*). Lucan, Senecas Neffe, verbannt aus seinem historischen Epos *Pharsalia* den traditionellen Götterapparat. Mit den literarischen Gattungen wird experimentiert: Sie werden aufgebrochen und miteinander gekreuzt und durch subliterarische Elemente angereichert. Das Paradebeispiel ist Petrons Roman *Satyrikon*, eine Mischung aus Prosa und poetischen Einlagen (*Prosimetrum*), durchsetzt mit Passagen in Vulgärlatein. Aber auch Senecas Tragödien lassen den Einfluß der subliterarischen Theatergattungen Mimus und Pantomimus erkennen. Allen Autoren der Zeit ist ein bewußter antiklassischer Stilwille gemeinsam, der in den Literaturgeschichten gerne als ‹barock› bezeichnet wird. Und wie in der klassischen Epoche dürfte sich diese eine Generation von Autoren auszeichnende Stilnorm in Dichterzirkeln ausgebildet haben (Kreis am Hofe Neros).

Auf die Moderne reagiert mit entschiedener Ablehnung die folgende Generation, die eindeutig klassizistisch ausgerichtet ist. Für Quintilian ist Cicero stilistisches und rhetorisches Vorbild, dessen Sprache und Stil er der gekünstelten, barocken Modeerscheinung des 1. Jh.s n. Chr., dem sogenannten *Asianismus*, entgegenstellt. Bezeichnend für die klassizistische, retrospektive Haltung Quintilians ist das 10. Buch seiner *Institutio oratoria (Lehrbuch der Rhetorik)*, in dem er einen großangelegten, wertenden Überblick über die Geschichte der griechischen und römischen Literatur gibt.

Im 2. Jh. setzt eine noch weitergehende Rückbesinnung ein. Die Autoren der Vorklassik rücken ins Zentrum des Interesses und werden unter antiquarischen und geradezu feuilletonistischen Gesichtspunkten gelesen. Gellius (geb. um 130) berichtet in plauderndem Ton in seinen *Noctes Atticae (Attische Nächte)* über Wissenswertes aus allen möglichen Gebieten, unter anderem auch über Autoren und Werke der Vorklassik, und ist für uns häufig die einzige Quelle für die verlorene frühe römische Literatur. Ähnliche Interessen scheint Fronto, der Erzieher Mark Aurels, verfolgt zu haben. Er gehörte einem literarischen Kreis an, der sich die vorklassische Literatur als Paradigma wählte.

Die politische Krise des 3. Jh.s in der Zeit der Soldatenkaiser (235–285) brachte den literarischen Betrieb Roms zum Erliegen. Zwischen 238/39, dem Jahr, in dem Censorinus sein Werk über den Geburtstag *(de die natali)* verfaßte, und 283/84, als Nemesians Lehrgedicht über die Jagd *(Cynegetica)* erschien, ist kein einziges literarisches Werk nachweisbar. Erst als sich die politische Lage unter Diocletian (284–305) wieder stabilisierte, wurde auch wieder Literatur verfaßt. Die nun neu einsetzende *spätantike Literatur* ist in einer 1. Phase (284 – ca. 350) durch die Koexistenz von christlicher und paganer Literatur gekennzeichnet. Während die heidnischen Autoren nach Beilegung der Reichskrise zunächst einmal bemüht waren, in einer Phase der Restauration sich auf die Tradition der römischen Literatur zu besinnen und sich mühsam der Formen und Inhalte zu vergewissern, die in den zwei Jahrhunderten vor der Krise des 3. Jh.s erarbeitet worden waren, nahm die christliche Literatur vor allem nach dem Toleranzedikt von Mailand (313) einen ersten Aufschwung: Pastorale sowie – aus der Abwehrhaltung dem Heidentum gegenüber – apologetische Schriften wurden gepflegt. Herausragende Gestalten sind Arnobius, der eine Streitschrift *Adversus nationes (Gegen die Heiden)* verfaßte, und sein Schüler Laktanz, der mit der Schrift *De mortibus persecutorum (Wie die Christenverfolger ums Leben kamen)* in die Fußspuren seines Lehrers trat und in den *Divinae institutiones (Unterweisungen in der Religion)* den ersten Versuch unternahm, die Hauptlehren der christlichen Religion darzustellen. Christliche Autoren begannen jedoch in dieser 1. Phase auch schon, die Formen der paganen Literatur wahrzunehmen und für ihre Zwecke zu nutzen, wie der Spanier Iuvencus, der das erste Bibelepos verfaßte. Was die christliche Literatur angeht, kann man diese 1. Periode durchaus mit der ersten Phase der römischen Literatur im 3. und 2. Jh. v. Chr. vergleichen, als

die Autoren der Vorklassik sich allmählich eine Schriftsprache
schufen und die bereits etablierten großen Gattungen der Griechen
übernahmen.

Die *Blütezeit der lateinischen Literatur der Spätantike* fällt in etwa
mit der Lebenszeit des Augustinus (354–430) zusammen und ist eine
mit einer gewissen Verspätung einsetzende Reaktion auf das Toleranzedikt des Kaisers Konstantin (Mailänder Edikt) des Jahres 313, in
dem den Christen Religionsfreiheit garantiert wurde. Nun sehen sich
plötzlich die paganen Autoren in die Defensive gedrängt und
bemühen sich um so mehr um eine rückwärts gewandte Wiederbesin-
nung und Wiederbelebung der politischen und literarischen Traditionen Roms. Der Rhetor und Politiker Symmachus (345 – nach 403)
sammelt in seinem Haus Vertreter des römisches Adels, um dem Vor-
dringen des Christentums durch eine Restauration der römischen
Kultur zu begegnen. Wichtigstes Resultat dieser Bemühungen ist die
philologische Aufarbeitung der klassischen römischen Autoren, die
von den weniger beständigen Papyrusrollen in die praktischeren und
haltbareren Pergamentkodizes übertragen wurden. Der Historiker
Ammianus Marcellinus (2. Hälfte 4. Jh.) schuf das letzte große Geschichtswerk, Claudian (375 – nach 404) verfaßte durch klassische
Vorbilder geprägte Gedichte und das mythologische Epos *De raptu
Proserpinae (Der Raub der Proserpina)*. Dem standen Autoren und
Theologen wie Augustinus und Hieronymus (347–419/20) gegenüber, die in ihren theologischen Werken, ihren Briefen und Predigten
die Grundlagen der christlichen Literatur der Spätantike und des Mittelalters legten. Geschult an der antiken Literatur und Rhetorik –
Hieronymus war Schüler des Grammatikers Donat, Augustinus Professor für Rhetorik –, verfaßten sie den heidnischen Klassikern stilistisch wie inhaltlich ebenbürtige Werke: Mit seinen *De viris illustribus (Berühmte Männer)* schrieb Hieronymus die erste christliche Literaturgeschichte, in die er auch Philon, Josephus und Seneca
aufnahm; polyglott, wie er war, verfertigte er im Auftrag des Papstes
Damasus die grundlegende lateinische Bibelübersetzung *(Vulgata)*
und zahlreiche Übersetzungen griechischer Theologen. Augustinus
begründet mit seinen *Confessiones (Bekenntnisse)* die Gattung der
Autobiographie und geistigen Entwicklungsgeschichte, mit seiner
Schrift *De civitate dei (Gottesstaat)* verdrängt er den klassischen Text
der römischen Staatstheorie, Ciceros *De re publica (Staat)*, aus der
Überlieferung. Wie im 1. Jh. v. Chr. Horaz die lyrischen Formen der
Griechen mit neuen, römischen Inhalten füllte, so eigneten sich

christliche Dichter die Formen der klassischen römischen Poesie an und unterzogen sie ihrer *interpretatio christiana*: Ausonius aus Bordeaux (310–395), Rhetoriklehrer, Politiker und Erzieher des Kaisers Gratianus (375–383), verfaßte einerseits mit antikem Bildungsgut durchtränkte Werke wie das aus Vergilzitaten komponierte Hochzeitsgedicht *(Cento nuptialis)* oder formale Spielereien *(Technopaignien)*, andererseits füllte er wie in seiner epischen Beschreibung der Mosellandschaft *(Mosella)* oder der *Bisula*, einem Gedicht auf ein gefangenes Alemannenmädchen, die klassische Form mit neuen Inhalten. Ähnlich verfahren der ebenfalls aus Bordeaux stammende Paulinus (353–431), der im kalabresischen Nola als Eremit und später als Bischof lebte, und der Spanier Prudentius (348 – nach 405), der in *Peri stephanon (Die Märtyrerkronen)* in 14 Hymnen das Schicksal christlicher Märtyrer besingt und in der *Psychomachia (Kampf um die Seele)* den Kampf zwischen den Lastern und der Tugend um die Seele in Form allegorischer Dichtung schildert, daneben jedoch auch in die aktuelle Auseinandersetzung mit dem Heidentum eingreift und in *Contra Symmachum (Gegen Symmachus)* das Christentum gegen den Wortführer der senatorischen paganen Opposition verteidigt.

Die im 5. Jh. einsetzende allmähliche Auflösung des *imperium Romanum*, die sich anbahnende Trennung von Ost und West und die damit verbundene Partikularisierung des Reiches in zahlreiche Machtzentren führten zwar zum politischen Zusammenbruch, nicht jedoch zu einem völligen Erliegen des kulturellen Lebens und Versiegen der Literatur wie in der Reichskrise des 3. Jh.s. Die lokalen Oberschichten verstanden sich in Verbindung mit dem Klerus als Träger der Tradition und Kultur. Aus dem einstigen feindlichen Gegenüber der frühen und mittleren Phase der Spätantike entstand eine vitale christlich-pagane Mischkultur, die – wie so häufig in der Geschichte der lateinischen Literatur – mit einem Paradigmenwechsel einherging. Nun sah man die Vorbilder nicht mehr in den Klassikern des 1. Jh.s v. und n. Chr., sondern in den paganen und christlichen Autoren der unmittelbaren Vergangenheit, des 4. und 5. Jh.s. Ähnlich wie im 3. Jh. fand jedoch auch diese Nachklassik im 7. Jh. – als Endpunkt kann man den Tod Isidors von Sevilla im Jahre 636 ansetzen – im Zusammenhang mit den Arabereinfällen in Europa ein jähes Ende. Erst Ende des 8. Jh.s setzt unter den Karolingern in Westeuropa wieder ein kulturelles Leben ein, das sich an die in wenigen Refugien, in irischen und angelsächsischen Klöstern erhaltenen Traditionen anschließen konnte.

IX. Die Gattungen der lateinischen Literatur

Der Begriff der literarischen Gattung ist eine für alltägliche Rezeption wie wissenschaftliche Bearbeitung literarischer Texte gleichermaßen wichtige Kategorie. M. Fuhrmann (Rom in der Spätantike S. 38f.) veranschaulicht dies durch ein Beispiel: «Man findet in den ‹Gesammelten Erzählungen› des amerikanischen Satirikers James Thurber die Geschichte von einer Dame, die Shakespeares ‹Macbeth› in der Annahme liest, daß es sich um ein Kriminalstück handele; sie kennt die Spielregeln dieser Gattung und wendet sie auf einen ungeeigneten Gegenstand an: ‹Wer ist der Täter?› und: ‹Durch diese Finte lasse ich mich nicht täuschen.› Die von Thurber inszenierte Störung zeigt, was die Gattung im Normalfall leistet: Sie dient als Kommunikationsbasis von Autor und Publikum; sie gibt als eine Art Code, den sowohl der Autor als auch das Publikum kennen, die Richtung vor, in der die Deutung des eine bestimmte Gattung repräsentierenden Werkes gesucht werden soll. Demgemäß pflegt auch die Philologie der Gattungszugehörigkeit aller überlieferten Literaturwerke und darüber hinaus dem Verhältnis der Gattungen zueinander größte Aufmerksamkeit zu schenken.»

Dem bliebe lediglich hinzuzufügen, daß bereits die Poetologie und Literaturtheorie der Antike eine hohe Sensibilität für Gattungseigenheiten und -unterschiede entwickelt hatten. Nicht zufällig sind sämtliche heute noch gebräuchlichen Termini für literarische Gattungen mit einer einzigen Ausnahme (S. 156) antiken, d.h. griechischen Ursprunges. Die Griechen unterschieden verschiedene literarische Gattungen so scharf, daß für einige bestimmte, vom Dialekt des Ursprungsgebietes gefärbte Sondersprachen verbindlich blieben (ein archaischer ionisch-äolischer Mischdialekt für das Epos, dorisch für die Chorlyrik, ionisch für wissenschaftliche, besonders medizinische Prosa). Dergleichen konnte im Lateinischen natürlich nicht nachgeahmt werden; aber die Römer übernahmen mit den fertig entwickelten Gattungen der griechischen Literatur auch das Bewußtsein für deren Unterschiedlichkeit, was nicht ausschließt, daß es im Lauf der weiteren Entwicklung zu Mischungen, Durchbrechungen und allerlei Experimenten kam. Trotzdem wird auch die lateinische Literatur von der Systematik der Gattungen mit ihren teilweise festen Konventionen so stark geprägt, daß die Kenntnis der elementaren Gegebenheiten auf diesem Gebiet für das Verständnis lateinischer Literatur unerläßlich ist. Im folgenden sollen die Gattungen, zuerst die poetischen, dann die prosaischen, in ihren wesentlichen Merkmalen vorgestellt werden; die Reihenfolge innerhalb der beiden Hauptabschnitte entspricht der chronologischen Folge der Rezeption in der römischen Literatur.

1. Poesie

1.1. Die Tragödie

Als Livius Andronicus bei den *ludi Romani* des Jahres 240 v. Chr. zum erstenmal dem römischen Publikum eine Tragödie in lateinischer Sprache darbot, hatte diese Form des Bühnenspiels bereits eine mehr als 250jährige Geschichte. Die Einzelheiten des Entstehungsprozesses der Tragödie in der 2. Hälfte des 6. Jh.s v. Chr. liegen im dunkeln. Aus den spärlichen Nachrichten (die wichtigste in Aristoteles, *Poetik* 1449a9–21) kann man erkennen, daß die Tragödie sich aus rituellen, teilweise wohl improvisierten Gesängen im Kontext des Dionysoskultes entwickelt hat. Wahrscheinlich wurden in einer frühen Phase solche Lieder allein durch einen Chor vorgetragen; das Hinzutreten einer Einzelperson, die mit dem Chor in einen Dialog treten kann (ὑποκριτής, *hypokrites:* Schauspieler, eigentlich ‹Antworter›), war ein entscheidender Schritt in der Entwicklung der Gattung. Im Laufe des 5. Jh.s kamen ein zweiter und ein dritter Schauspieler hinzu, mehr als drei sprechende Schauspieler kannte die griechische Tragödie aber nie. Ihre Blütezeit erlebte die Tragödie im demokratischen Athen des 5. Jh.s, wo alljährlich zum Fest der Großen Dionysien im attischen Monat Elaphebolion (März/April) von jeweils drei Dichtern jeweils drei eigens und ursprünglich nur für diesen Anlaß gedichtete Tragödien aufgeführt und von einer Jury bewertet wurden. Nur von drei Dichtern dieser Periode (Aischylos, ca. 525–456; Sophokles, ca. 496–405; Euripides, ca. 480–406) sind mehrere vollständige Stücke überliefert (insgesamt 32); wir haben also nur einen winzigen Ausschnitt aus der gewaltigen Menge an Stücken, die im Athen des 5. Jh.s geschrieben wurden. Noch schlechter sieht es für die folgende Zeit aus: Die dramatische Produktion hielt in hellenistischer

Zeit unvermindert an. Zwar ging man in Athen nun dazu über, des öf-
teren alte Werke wiederaufzuführen, aber es wurden auch im 4., 3.
und wohl auch 2. Jh. noch immer zahlreiche neue Tragödien verfaßt.
Die Tragödie war außerdem von einer attischen zu einer gemeingrie-
chischen Literaturgattung geworden, Aufführungen gab es in wohl
allen größeren Städten der griechischen Welt. Von dieser dramatischen Produktion der hellenistischen Zeit ist uns außer Fragmenten
und einem einzigen, fälschlich unter dem Namen des Euripides überlieferten Stück (*Rhesos*, wohl aus dem 4. Jh.) nichts geblieben.

Formal prägte die attische Tragödie das Zusammenspiel von ge-
sprochener Rede, zu Instrumentalbegleitung gesungenen Liedern sowohl des Chores als auch einzelner Schauspieler und dem Tanz des
Chores. In den uns allein erhaltenen Texten (Musik und Choreogra-
phie sind verloren) manifestiert sich die Verschiedenheit dieser Struk-
turelemente vornehmlich im Metrum: Während in den Sprechpartien
der iambische Trimeter dominiert (selten der trochäische Tetrameter),
sind die Gesangspartien aus einer Vielzahl daktylischer, anapästischer
und lyrischer Maße frei komponiert (S. 91 ff.). Durch die Chorlieder
wird auch die Binnengliederung der Tragödie markiert: Auf einen
monologisch oder dialogisch gestalteten Prolog folgt das Einzugslied
des Chores (*Parodos*), darauf wechseln einander mehrere Szenen, in
denen Personen und auch der Chor agieren (*Epeisodia*), mit allein
vom Chor vorgetragenen Liedern ab (*Stasima*), am Ende steht das
Auszugslied des Chores (*Exodos*). Die Sprache der attischen Tragödie
unterscheidet sich vor allem durch das Vokabular deutlich von um-
gangssprachlicher oder prosaischer Ausdrucksweise, die Nähe zur
Diktion des Epos und der Chorlyrik ist besonders in den gesungenen
Partien stark ausgeprägt, die sich auch durch ihre dialektale Färbung
(dorisierend) von den in einem Attisch mit leicht ionischem Einschlag
gehaltenen Sprechpartien abheben.

Als Stoff bevorzugt die Tragödie Themen aus der reichhaltigen
griechischen Mythologie. So kommt eine attische Tragödie in der Regel nicht ohne Götter aus, sei es, daß einer oder mehrere persönlich
auftreten, sei es, daß sie im Hintergrund auf das Geschehen einwirken. Das Verhältnis von Mensch und Gottheit ist denn auch eines der
elementaren Probleme, die in diesen Stücken am Beispiel der mythischen Geschichten in schier unendlicher Variation durchgearbeitet
werden. Mit den Fragen, die sie aufwarfen, und den Antworten, die
sie (eventuell) vorschlugen, wollten die Dichter aber nicht nur
Grundgegebenheiten menschlichen Daseins bewußt machen und re-

flektieren, sondern häufig auch ganz konkret die aktuelle Lage, Verfassung, Politik der Polis Athen beeinflussen. Kultische Einbindung, ein Nachdenken über die Welt, das später ‹philosophisch› heißen wird, und Involviertsein in das politische Getriebe sind in der Tragödie unauflöslich miteinander verbunden. Vielleicht ist das beim Publikum verbreitete Bedürfnis nach dem Vorhandensein all dieser Elemente ein wichtiger Grund dafür, warum Tragödien mit einem nichtmythischen, sondern der Zeitgeschichte entnommenen Stoff vereinzelte Experimente blieben (Aischylos, *Perser*, 472 v. Chr.)

Die römische Tragödie erlebte ihre Blüte im 2. Jh. v. Chr. Im 1. Jh. v. Chr. geht die Produktion von Tragödien deutlich zurück und die Praxis, solche Stücke bei verschiedenen Anlässen (Feste, Triumphe, Bestattungen) aufzuführen, scheint allmählich verschwunden zu sein. Die letzte sicher bezeugte Aufführung einer Tragödie in Rom fand im Jahre 29 v. Chr. zur Siegesfeier des Octavian statt (gegeben wurde der *Thyestes* des L. Varius Rufus). Auch in der frühen Kaiserzeit wurden noch Tragödien geschrieben, doch scheint sich die Gattung nunmehr hinsichtlich Produktion ebenso wie Rezeption ganz in die private Sphäre zurückgezogen zu haben, was sicher auch mit der ihren Themen und ihrer Darstellungsweise oft inhärenten Kritik an der monarchischen Staatsform zusammenhängt.

Aus der republikanischen Zeit ist kein einziges Stück, nicht einmal eine einzige Szene vollständig erhalten. Wir haben lediglich die Titel von ca. 155 Tragödien und kurze Fragmente, die sich insgesamt auf ungefähr 2000 Verse summieren. Eine Charakterisierung muß auf dieser Grundlage oberflächlich und unsicher bleiben. Deutlich ist immerhin eine durch die Themenwahl bestimmte Zweiteilung. Zumeist behandelten auch die römischen Tragiker die überkommenen Stoffe des griechischen Mythos, wobei sie sich mehr oder weniger eng an die Vorbilder aus klassischer und auch hellenistischer Zeit anlehnten. Derartige Stücke bezeichnete man als *fabulae crepidatae* (nach der *krepis* bzw. *crepida*, dem griechischen Halbschuh) oder einfach nur als *fabulae* oder auch *tragoediae*. Bereits einer der frühesten Vertreter der Gattung, Cn. Naevius, wagte aber die Neuerung, Stoffe aus der römischen Geschichte zum Thema von Tragödien zu machen; dabei griff er sowohl auf die römische Frühzeit *(Romulus)* zurück als auch auf die aktuelle Zeitgeschichte (*Clastidium* – Ort einer Schlacht im 3. Jh. v. Chr.). Nach dem typisch römischen Obergewand nannte man solche Stücke *fabulae praetextae*. In Sprache und Stil scheint die römische Tragödie im allgemeinen ein weit über ihre relativ schlichten

attischen Vorbilder hinausgehendes Niveau an Größe und Erhaben-
heit erreicht zu haben, das nicht selten mit Schwulst und Beeinträch-
tigung der Verständlichkeit einherging (vgl. Horaz, *Ars poetica*
217ff.). Musik, Requisiten und Bühnenbild dürften eine große Rolle
gespielt haben. Die wichtigsten Repräsentanten der Gattung sind in
chronologischer Ordnung: Livius Andronicus, Cn. Naevius, Q. Ennius, M. Pacuvius (ca. 220 – ca. 130 v. Chr.), L. Accius (ca. 170 – nach
90 v. Chr.). Mit dem Schwinden ihrer gesamtgesellschaftlichen Relevanz in spätrepublikanischer Zeit kam die Produktion von Tragödien
zwar nicht zum Erliegen, wurde aber zunehmend von vorzugsweise
in anderen Gattungen tätigen Dichtern nebenbei und gleichsam ver-
suchsweise betrieben; so hat auch Ovid eine einzige, nicht erhaltene
Tragödie geschrieben *(Medea)*.

Das Corpus der zehn vollständig erhaltenen römischen Tragödien
ist unter dem Namen des Philosophen L. Annaeus Seneca überliefert.
Bei neun der Stücke handelt es sich um *fabulae crepidatae*, bearbeitet
werden vielbehandelte Stoffe der griechischen Tragödie (Medea, Oedipus, Agamemnon usw.), wobei als Vorbilder vornehmlich die drei
attischen Tragiker, in erster Linie Euripides kenntlich sind. Das
zehnte Stück, die *fabula praetexta Octavia* wurde von einem unbekannten Verfasser wohl bald nach Senecas und Neros Tod (68) geschrieben. Ebenfalls nicht aus der Feder Senecas stammt mit größter
Wahrscheinlichkeit der *Hercules Oetaeus*. Die Tragödien Senecas und
seiner Nachahmer können aus mehreren Gründen nicht als typische
Vertreter der Gattung gelten. Zum einen handelt es sich möglicherweise um reine Lese- bzw. Rezitationsdramen; vor allem aber bleibt
Seneca auch als Dichter in erster Linie Philosoph, und daher ist es ein
wesentliches Anliegen seiner Stücke, im stoischen Sinne erzieherisch
auf den Rezipienten einzuwirken.

1.2. Die Komödie

Die frühen Tragödiendichter Roms (Livius Andronicus, Naevius, Ennius) betätigten sich auch auf dem Feld der Komödie, die ebenfalls im
Jahr 240 v. Chr. in Rom ihren Einzug hielt. Um die Mitte des 1. Jh.s v.
Chr. versiegte die Produktivität der römischen Komödie, die Gattung
ist also auf die republikanische Zeit beschränkt. Ihre Eigenart erklärt
sich aus der Vereinigung zweier Traditionslinien, der im 3. Jh. noch in
voller Blüte stehenden Spätform der griechischen Komödie und einer
volkstümlichen, vorliterarischen Tradition italischen Bühnenspiels.

Die Geschichte der griechischen (genauer: attischen) Komödie
wird traditionell in drei Phasen eingeteilt: die Alte Komödie (*Archaia*
bis zum Ende des Peloponnesischen Krieges, 404, wichtigster Autor:
Aristophanes); die Mittlere Komödie (*Mese*: bis zum letzten Viertel
des 4. Jh.s); die Neue Komödie (*Nea*: bis zum Absterben der Gattung
in späthellenistischer Zeit). Auf die römische Komödie hat allein die
Neue Komödie eingewirkt. Ihre Geschichte beginnt mit der Urauf-
führung des ersten Stückes ihres mit Abstand bedeutendsten Vertre-
ters, des Atheners Menander (Menandros) (342/1–293/2 v. Chr.), im
Jahre 321. Die Neue Komödie enthält sich im krassen Gegensatz zu
ihrer Vorgängerin jeglicher Bezugnahme auf die politische Tagesak-
tualität und verzichtet auf das in der Alten Komödie so beliebte Ver-
spotten namentlich genannter Persönlichkeiten, auf Obszönität,
überhaupt auf alles Bizarre, Phantastische, Groteske. Sie spielt fast
immer im gutbürgerlichen Milieu und kreist um private, familiäre
Probleme. Eine Anzahl typischer Figuren kehrt mit gewissen Variationen in den meisten Stücken wieder: der ‹Alte›, der geizig, jähzor-
nig, gütig, listig und verschlagen oder geistig beschränkt sein kann;
der ‹Junge›, der in der Regel verliebt und oft in finanziellen Schwierigkeiten ist; der ‹schlaue Sklave›, der sich gern mit dem ‹Jungen› listig
verbündet; die gewissenlose oder herzensgute, jedenfalls aber auf
ihren Profit bedachte Hetäre u. a. m. Auch die Handlung kennt bei aller Variationsbreite gewisse Konstanten; so gehören Liebesgeschichten mit Hindernissen, Wiedererkennungen von vor langer Zeit ge-
raubten oder ausgesetzten Kindern, ausgeklügelt eingefädelte Intri-
gen und Täuschungsmanöver zum typischen Repertoire. Die *Nea*
verrät dadurch ihre Beeinflussung durch die Spätform der euripidei-
schen Tragödie, während ihr ausgeprägtes Interesse an menschlichen
Charakteren und Verhaltensweisen auf den Einfluß der Schule des
Aristoteles, des *Peripatos*, deutet.

Formal hat die Neue Komödie den Weg zum reinen Sprechdrama
fast bis zum Ende zurückgelegt. Der häufigste Sprechvers, der iambische Trimeter, wurde von den römischen Komödiendichtern in einer
der lateinischen Sprache angemesseneren, freieren Form übernommen (iambischer Senar). Analog ersetzten sie den katalektischen trochäischen Tetrameter der Griechen durch den trochäischen Septenar
(S. 93). Das in der römischen Komödie teilweise wieder stärker her-
vortretende musikalische Element ist in der griechischen *Nea* nur
durch einen Chor repräsentiert, der in den Pausen zwischen den jetzt
immer fünf Akten nicht in den Kontext des Stückes gehörende Inter-

mezzi vorträgt. Sein Auftritt ist also nicht in die Handlung integriert, in den Texten findet sich konsequenterweise zwischen den Akten lediglich der Vermerk XOPOY (‹Chorpartie›). Das irdische Personal der Stücke ist meist durch mindestens eine Gottheit oder eine allegorische Figur erweitert, die gern den Prolog spricht und in ihm dem Publikum den für das Entstehen der Komik wichtigen Informationsvorsprung vor den Bühnenpersonen vermittelt. Die dramatische Illusion wird nicht nur von den Prologsprechern, sondern auch von anderen Figuren durch Einbeziehung und direktes Ansprechen des Publikums unbekümmert durchbrochen.

Dies sind wesentliche Charakteristika der uns seit wenigen Jahrzehnten durch umfangreiche Papyrusfunde wieder besser bekannten Neuen Komödie. Wenig weiß man dagegen über die vorliterarischen italischen Lustspielformen, wie die oskische *Atellane*, die süditalische *Phlyakenposse* und die wohl aus Etrurien stammenden *Fescennini versus*. Sie waren durch das Auftreten stereotyper Figuren gekennzeichnet und gaben dem aus freier Improvisation der Darsteller entstehenden Stegreifspiel großen Raum. Besonders den Stücken des ersten römischen Dichters, der sich auf das Verfassen von Komödien beschränkte – T. Macc(i)us Plautus –, gibt das italische Element ein besonderes Gepräge, das sich unter anderem in der Häufigkeit der zu Flötenbegleitung gesungenen Partien (*cantica*) zeigt und in dem Bestreben, die Bühnenwirksamkeit der Einzelszene – oft auf Kosten des Handlungszusammenhanges – zu verstärken. Trotzdem scheint es auch von Plautus (20 Komödien sind ganz erhalten, eine fragmentarisch – die ältesten vollständig überlieferten Werke der lateinischen Literatur überhaupt) kein einziges Stück zu geben, das nicht auf eine griechische Vorlage zurückginge (Philemon, Diphilos, Menander). Dies ist allerdings umstritten, wie überhaupt die Frage nach dem Verhältnis der plautinischen Komödien zu ihren griechischen Vorbildern und der italischen Lustspieltradition einerseits, dem Ausmaß der innovativen Originalität des Plautus andererseits zu den gegenwärtig meistdiskutierten Problemen der lateinischen Philologie gehört.

Auch der zweite Repräsentant der römischen Komödie, von dem vollständige Stücke erhalten sind (P. Terentius Afer), schrieb ausschließlich Komödien, die in griechischem, zumeist athenischem Milieu spielen. Als Vorlage bevorzugte er Menander (für vier seiner sechs Komödien), wobei er im Vergleich zu Plautus das Gesamtgepräge der griechischen Stücke, insbesondere deren Charaktere und deren Ethos, getreuer bewahrt zu haben scheint. Dem dritten bedeutenden Dichter dieser Form der römischen Komödie in griechischem Gewand, Caecilius Statius (230/20–168), war der Zufall der Überlieferung weniger günstig; von seinem Werk haben sich nur die Titel von 40 Stücken und insgesamt etwa 230 Verse erhalten.

Wie bei der Tragödie gab es auch in der Komödie neben der beschriebenen Form, die das griechische Ambiente bewahrt, eine Übertragung in römische Verhältnisse; erstere heißt nach dem lateinischen Wort für einen griechischen Mantel *palliata*, letztere nach dem typisch römischen Kleidungsstück *togata*. Von der *togata* kennen wir nur Fragmente im Umfang von ca. 430 Versen, sie erlosch mit dem Tod ihres letzten bedeutenden Dichters, des T. Quinctius Atta, im Jahr 77 v. Chr., nachdem schon 105 v. Chr. der letzte Palliatendichter, Turpilius, gestorben war. Eine kurze Blüte der *Atellane* zur Zeit Sullas und des *Mimus* zur Zeit Caesars vermochte die Gattung nicht wiederzubeleben. Man beschränkte sich, solange Komödien überhaupt noch aufgeführt wurden, auf die Wiederaufführung der alten Stücke.

1.3. Das Epos

Die epische Dichtung beginnt in Rom mit einer Übersetzung der homerischen *Odyssee* durch Livius Andronicus *(Odusia)*. Damit war von Anfang an eines der unbestrittenen Meisterwerke dieser Gattung als Objekt der *imitatio* und der *aemulatio* den Nachfolgern des Livius präsent. Thematisch ging das römische Epos aber zunächst einen anderen Weg. Während in der griechischen Epik der archaischen und der klassischen Zeit ausschließlich mythologische Gegenstände behandelt worden waren, bearbeiteten Epiker im Hellenismus auch Themen der Zeitgeschichte, wie etwa die Kriegstaten eines noch lebenden Herrschers; man darf vermuten, daß diese – restlos verlorenen – Werke eine deutliche panegyrische Tendenz aufwiesen. Auch das römische Epos wendet sich in seiner ersten Entwicklungsphase historischen Gegenständen zu, die selbstverständlich aber der eigenen, nationalrömischen Geschichte entnommen werden. Cn. Naevius hat mit seinem Gedicht über den 1. Punischen Krieg *(Bellum Poenicum)* das erste historische Epos Roms geschaffen.

Als eigentlicher Begründer eines eigenen epischen Gattungsstiles muß aber wohl Ennius gelten. Im Gegensatz zu seinen Vorgängern, die das altitalische Versmaß des Saturniers benutzten, schrieb er seine *Annales* (ein die gesamte bisherige Geschichte Roms umfassendes Epos) im Hexameter und hat damit das Versmaß der griechischen

Epik der lateinischen Dichtung erschlossen. Auch in anderer Hinsicht hat Ennius die weitere Entwicklung der Gattung entscheidend geprägt: Bereits er schrieb in dem für die römische Epik typischen, erhabenen und prunkvollen Stil, der sich mehr als andere Gattungen den Gebrauch archaischer Wörter ebenso gestattete wie kühner Wortschöpfungen *(Neologismen).* Bei anderen, teilweise der griechischen Epik entlehnten Formelementen des römischen Epos läßt sich wegen der Überlieferungslage nicht sicher sagen, inwieweit sie schon bei Ennius vorlagen; zu nennen sind insbesondere:

– der reichliche Gebrauch von Epitheta, die aber nicht mehr, wie bei den von mündlicher Tradition noch geprägten homerischen Epen, stereotyp gesetzt werden, sondern mit Rücksicht auf den Kontext;

– die Vorliebe für Vergleiche, die oft über viele Verse hinweg breit ausgeführt werden und ein Geschehen veranschaulichen. Auch diese Gleichnisse setzen die römischen Epiker im allgemeinen in der reflektierten Weise des hellenistischen Epos ein, d.h. unter oft subtiler Bezugnahme auf im Umfeld erzählte Dinge;

– die wiederholte Unterbrechung der fortlaufenden Handlungsschilderung durch statische Partien, insbesondere die ausführliche Beschreibung von Gegenständen, mit Vorliebe Kunstwerken *(Ekphrasis)* oder Örtlichkeiten *(Topothesie).* Auch dieser Mittel bedient sich der römische Epiker meist mit sorgfältig durchdachter Rücksicht auf die Erzählökonomie (zum Beispiel Retardierung, Spannungssteigerung);

– die durchgängige Beteiligung der Götter am Geschehen (‹Götterapparat›). Die Beschreibung von Götterversammlungen, Zwiegesprächen zwischen Göttern bzw. zwischen Gott und Mensch, tatkräftigem göttlichen Einwirken auf das Geschehen gehört zum festen Instrumentarium der Gattung.

Seine künstlerische Vollendung erreichte das römische Epos in Vergils *Aeneis,* die in jeder Hinsicht (bereits von der gewählten Thematik her: Irrfahrt – Kampf) mit den beiden homerischen Gedichten in Wettstreit tritt. Die Gattung erwies sich aber als äußerst robust und bewahrte (mit einer Unterbrechung im 2. und 3. Jh.) ihre Produktivität bis tief in die Spätantike. Sowohl mythologische als auch historische Epen brachte das 1.Jh. n. Chr. hervor, unter denen Lucans *Pharsalia* durch die vollständige Eliminierung der Götterebene auffallen; der Verstoß gegen die Gattungsnorm wurde aber wohl doch als zu kühn empfunden und fand keine Nachahmer. In der Spätantike wandten sich auch christliche Dichter dem Epos zu (Prudentius), und es gelang der altehrwürdigen Gattung sogar, durch die sogenannte Bibelepik (Iuvencus, Sedulius und andere) ein neues, in der christlich gewordenen Welt zeitgemäßes Themenfeld zu besetzen; alte Gattungselemente (wie der Musenanruf) werden nun mit christlichen Inhalten neu gefüllt (S. 121 f.).

Ein aus Sicht der Gattungstheorie bemerkenswerter Sonderfall muß hier erwähnt werden, nicht zuletzt weil er eines der am meisten gelesenen Werke der lateinischen Literatur betrifft. Ovids *Metamorphosen* erscheinen in vieler Hinsicht (Umfang, Metrum, Stoff) als echtes Epos, unterscheiden sich aber dadurch, daß nicht ein Ereigniszusammenhang geschildert wird, sondern eine große Zahl in sich geschlossener, kleiner Geschichten mittels höchst kunstvoller Verknüpfungstechniken aneinandergereiht ist. Diese kleinen Geschichten entsprechen in jeder Hinsicht den Anforderungen, die eine im Rom des 1. Jh.s v. Chr. intensiv rezipierte poetologische Richtung des Hellenismus (Kallimachos; *Neoteriker*) propagierte (S. 116 f.). Ovid hat also ein Epos aus lauter Kleinepen (*Epyllia*; ein Beispiel für diese hellenistische Gattung ist Catull, *carmen* 64) geschaffen und so einen Weg gefunden, Produktivität in der alten Gattung mit ‹modernen› Geschmacksstandards zu vereinbaren.

Wenn man die Geschichte der römischen Epik mit derjenigen anderer Völker (Griechen, Germanen, Slawen) vergleicht, so fällt auf, daß sie diejenige Entwicklungsstufe, die man im 19. Jh. als ‹Volksepik› oder ‹naive Epik› bezeichnete, nie durchlaufen hat. Durch eine vor allem für den Schulunterricht angefertigte Übersetzung gewissermaßen künstlich ins Leben gerufen, entfaltete das römische Epos dann aber doch ein reiches Leben und wurde durch die ständige Bezugnahme auf und *aemulatio* mit den griechischen und später den eigenen Spitzenleistungen zu der künstlerisch vielleicht ausgefeiltesten Gattung der römischen Literatur.

1.4. Das Lehrgedicht

Poesie mit vornehmlich didaktischer Zielsetzung gibt es in Griechenland seit Hesiod von Askra (um 700 v. Chr.). Seine beiden erhaltenen Hauptwerke wollen sowohl theoretisches Wissen über die Welt, insbesondere die in ihr wirkenden Gottheiten vermitteln *(Theogonie)*, als auch zur praktischen Bewältigung des alltäglichen Lebens anleiten *(Werke und Tage)*. Im 6. Jh. nutzten herausragende Vertreter der sogenannten vorsokratischen Naturphilosophie die poetische Form zur

Vermittlung ihrer Lehren; von den großen Lehrgedichten des Par-
menides, Xenophanes und anderer haben wir jedoch nur geringe
Fragmente; das Lehrgedicht des Empedokles ist allerdings durch eine
neuere Papyrusveröffentlichung nun deutlicher faßbar. Im 5. und
4. Jh. verschwand die Lehrdichtung, da ihre Funktion von der jetzt
sich entfaltenden fachwissenschaftlichen bzw. philosophischen Prosa
übernommen wurde. Im Hellenismus (seit etwa 300 v. Chr.) kam es
zu einem Wiederaufleben der alten Form mit neuer Zielsetzung:
Dichter wie Aratos von Soloi oder Nikandros von Kolophon verfaßten Werke mit äußerlich didaktischem Anspruch, wollten damit den
Leser jedoch nicht belehren (dafür gab es die jeweils einschlägigen
Prosaschriften), sondern poetische Virtuosität in der Gestaltung eines
möglichst entlegenen und der dichterischen Gestaltung widerstre-
benden Gegenstandes demonstrieren. So schrieb etwa der genannte
Nikander ein erhaltenes Lehrgedicht über Bisse giftiger Tiere und
Gegenmittel *(Theriaka)*, von einem gewissen Archestratos aus dem
sizilischen Gela kennt man den Werktitel *Hedyphagetika*, also ein
Lehrgedicht über besonders wohlschmeckende Speisen.

In dieser hellenistischen Ausprägung hielt das Lehrgedicht seinen
Einzug in Rom. Der vielseitige Ennius dichtete das genannte ‹Gourmet-Lexikon› des Archestratos nach und verfaßte damit das erste uns
(wenigstens dem Namen nach) bekannte lateinische Lehrgedicht.
Noch in spätrepublikanischer und augusteischer Zeit fertigte man
derartige lateinische Bearbeitungen hellenistischer Lehrdichtungen
an (Cicero und Germanicus übersetzten Arats *Phainomena*). Ihre bedeutenden und bleibenden Leistungen erzielte die römische Lehrdichtung aber nicht auf diesem Weg, sondern durch den Rückgriff auf
Anspruch und Konzeption der frühgriechischen didaktischen Poesie.

Von der antiken Literaturtheorie wurde das Lehrgedicht nur ausnahmsweise als eigene Gattung eingestuft; häufiger schloß man es,
aufgrund seines Inhalts und seiner didaktischen Intention, insgesamt
aus der Poesie aus oder schlug es, mit Rücksicht auf seine Form, der
epischen Dichtung zu. Vom Epos hat die Lehrdichtung tatsächlich einige Charakteristika übernommen, insbesondere das Metrum. Der
daktylische Hexameter überwiegt eindeutig, Lehrgedichte in anderen
Maßen, wie elegischen Distichen (etwa Ovids *Ars amatoria*) oder
iambischen Maßen, blieben demgegenüber die Ausnahme. Ebenso
erinnern gewisse Techniken der Stoffpräsentation (Wechsel von nar-
rativen mit argumentierenden Partien, Exkurse, Beschreibungen) an
das Epos. Auf den ersten Blick scheint auch der in fast allen Lehrge-

dichten anzutreffende Anruf der Musen oder anderer für den jeweiligen Gegenstand zuständiger Gottheiten das Vorbild des Epos zu evozieren; im Gegensatz zum Epiker präsentiert sich der Lehrdichter aber nicht als bloßes Sprachrohr, sondern tritt selbstbewußt als in eigener Verantwortung und aus eigenem Vermögen Belehrender auf. Seit Nikander wird die sogenannte *Sphragis* üblich, d. h. der Dichter weist am Ende seines Werkes dezidiert auf die eigene Person hin (vgl. Vergil, *Georgica* 4, 563–566). Ein weiteres wesentliches Kennzeichen des Lehrgedichtes ist das Hervortreten der besonderen Beziehung zwischen Autor und Rezipient, die es so in keinem Epos gibt: Die Widmung bzw. Adressierung des Werkes an eine bestimmte Person findet sich schon bei Hesiod, in der römischen Lehrdichtung handelt es sich beim Adressaten meist um eine im Vergleich zum Autor sozial höhergestellte Persönlichkeit. Diese wird nicht nur in den für römische Lehrdichtung typischen Proömien vor jedem Buch direkt angesprochen, sondern durchgehend vom Autor durch Fragen und Aufforderungen in eine Gesprächssituation einbezogen. Daneben denkt der Lehrdichter natürlich auch an seine namenlose Leserschaft insgesamt, so daß häufig unentschieden bleibt, ob der individuelle Adressat oder der Leser im allgemeinen angesprochen wird. In diesem durch besondere Signale immer wieder aktualisierten Kommunikationsmuster liegt wohl eines der ausgeprägtesten Gattungsmerkmale des Lehrgedichtes.

Wie schon angedeutet, lassen sich anhand der Seriosität des didaktischen Anspruches und dem Verhältnis des Autors zu seinem Stoff zwei Typen von Lehrgedichten unterscheiden – das sachbezogene, ernsthaft der Belehrung dienende Gedicht des frühgriechischen Typus, das in der römischen Literatur seinen herausragenden Repräsentanten im Werk des T. Lucretius Carus über die epikureische Physik und Ethik findet. Daneben steht das virtuose Lehrgedicht hellenistischer Provenienz, dessen Form deutlichen Vorrang vor dem Inhalt genießt. In einer neueren, nützlichen, wenn auch nicht allgemein akzeptierten Typologie wird eine dritte Form beschrieben, das sogenannte ‹transparente Lehrgedicht› (Effe, Dichtung und Lehre): Der Dichter verbindet darin ein gewisses Maß an ernsthafter Belehrungsabsicht in seinem Gegenstand mit einer weit über diesen hinausgehenden Zielsetzung, die nicht explizit formuliert wird, aber allenthalben in seinem Werk ‹hindurchschimmert›; als klassisches Beispiel für diesen Typus gelten die *Georgica* Vergils, die mit der Darbietung ihres fachspezifischen Stoffes eine viel weitergehende politisch-kulturelle Aussage im Kontext der *pax Augusta* verbinden. Manche Lehrgedichte lassen sich allerdings auch in diesem dreiteiligen Modell nirgends glatt unterbringen (beispielsweise Ovids *Ars amatoria*).

Das Lehrgedicht blieb während der gesamten Kaiserzeit lebendig, wenn auch keine Werke vom Rang des lukrezischen oder vergilischen mehr entstanden. Die Themenvielfalt reicht von Astronomie (Manilius, 1.Jh.) über Landwirtschaft (Columella, 1.Jh.), Grammatik (Terentianus Maurus, 2.Jh.) bis zu verschiedenen Formen der Jagd (Nemesianus, 3.Jh.) und Geographie (Avienus, 4.Jh.). Manches dieser Werke fand den Weg in den Schulunterricht des Mittelalters.

1.5. Die Satura

Die antike Bezeichnung ist hier absichtlich gewählt, um von vornherein eine Identifikation mit oder auch nur Annäherung an das, was wir heute unter ‹Satire› verstehen, auszuschließen. Herkunft und ursprüngliche Bedeutung des Gattungsnamens sind in den Einzelheiten umstritten; stehende Ausdrücke wie *lanx satura* (eine mit mehreren, verschiedenartigen Gaben gefüllte Opferschüssel) und *legem per saturam ferre* (ein Gesetz einbringen, das nicht nur *einen* Sachverhalt betrifft, sondern ein ganzes ‹Maßnahmenbündel›, ein ‹Gesetzespaket› zum Inhalt hat) sichern jedenfalls den Sinn ‹Vermischtes›, ‹Allerlei›. Der erste römische Dichter, der einem seiner Werke diesen Titel gegeben hat, war wieder einmal Ennius. Er knüpfte damit an hellenistische Titel wie *Symmikta* (‹Vermischtes›) oder *Atakta* (‹Ungeordnetes›) an; von den zugehörigen Werken hat sich aber ebenso fast nichts erhalten wie von der betreffenden Dichtung des Ennius; es scheint sich um eine Sammlung metrisch und inhaltlich vielfältiger Gedichte gehandelt zu haben.

So gewinnt die römische *Satura* erst Kontur mit ihrem in republikanischer Zeit bedeutendsten Vertreter, dem aus dem Ritterstand stammenden C. Lucilius, dem ersten römischen Poeten, der einer gehobenen Schicht entstammte. Horaz, der die älteren *Saturae* des Ennius (und Pacuvius) noch kennen konnte, bezeichnet ihn als *inventor* der Gattung (*Satiren* 1,10), womit klar scheint, daß bei ihm erstmals diejenigen Gattungsmerkmale vorlagen, welche die Individualität der *Satura* ausmachten, der einzigen Literaturgattung, die von den Römern als eigenes Produkt beansprucht werden konnte (Quintilian 10, 1, 99: *satura quidem tota nostra est*). Allerdings tritt die *satura* im Laufe ihrer Entwicklung in so unterschiedlichen Gestalten auf, daß eine feste Definition unmöglich wird und man sogar gemeint hat, besser auf den Gattungsbegriff verzichten zu sollen. Vom Werk des ‹Erfinders› Lucilius ist immerhin noch soviel vorhanden (meist kurze Fragmente, insgesamt gut 1300 Verse), daß sich folgendes festhalten läßt. Die noch immer anzutreffende metrische Vielfalt wird dadurch eingeschränkt, daß Lucilius eindeutig den Hexameter bevorzugt, und dies immer deutlicher in den späteren Teilen seines ursprünglich 30 Bücher umfassenden Werkes. Ein wichtiger Teilaspekt des vielfältigen Inhaltes scheint die scharfe politische Polemik gewesen zu sein, die auch vor dem Spott auf namentlich genannte Persönlichkeiten nicht haltmacht. Dies erinnert an die griechischen Literaturformen des Iambos und der Alten Komödie; es ist gut möglich, daß der sehr belesene Lucilius sich aus diesem Bereich inspirieren ließ. Typisch ist ferner die scheinbar kunstlose, die Parataxe bevorzugende Schreibweise, die gern auch Elemente der Alltagssprache aufgreift, und die lebendige Darbietung in dialogischem Stil.

Die drei übrigen Vertreter der Gattung, deren Werke erhalten sind, entwickeln das von Lucilius Vorgegebene jeweils individuell weiter, stimmen aber alle darin überein, daß sie ausschließlich den Hexameter verwenden. Q. Horatius Flaccus macht statt politischer Themen und bestimmter Individuen allgemein menschliche Verhaltensweisen zum Ziel seiner stets in mild-humorvollem Ton vorgebrachten Kritik (*ridentem dicere verum* ist sein Motto). Vielleicht hat er sich von der Thematik populärphilosophischer Literaturformen, insbesondere der sogenannten kynisch-stoischen *Diatribe* (einer Art von ‹Sittenpredigt›) anregen lassen. Formal beansprucht – und erreicht – Horaz höchste Vollendung, wodurch er sich, wie er selbst sagt, von Lucilius abhebt. Noch stärker ist der philosophische Einfluß in den *Saturae* der beiden kaiserzeitlichen Dichter Aulus Persius Flaccus und D. Iunius Iuvenalis zu spüren. Besonders letzterer erreicht ein bisher der *Satura* unbekanntes Pathos und bedient sich eines gehobenen, stark von der Rhetorik beeinflußten Stiles. Mit ihm endet die Geschichte der Gattung.

Eine Sonderentwicklung sei abschließend erwähnt, die auf den Kyniker Menippos von Gadara (1. Hälfte 3. Jh. v. Chr.) zurückgehende *Satura Menippea*. Sie zeichnet sich formal dadurch aus, daß in ihr Partien in verschiedenen Versmaßen mit Stücken in Prosa abwechseln (*Prosimetrum*). Von ihrem vielfältigen, moralphilosophische Themen bevorzugenden Inhalt und ihrem humorvoll-witzigen Tonfall können wir nur durch die Nachahmungen des griechisch schreibenden

Syrers Lukianos von Samosata (ca. 120 – nach 180 n. Chr.) einen Eindruck gewinnen. In Rom schrieb M. Terentius Varro menippeische Satiren, die aber verloren sind. Als einziges lateinisches Beispiel der Gattung besitzen wir Senecas *Apocolocyntosis*, eine von bitterem Spott geprägte Darstellung der Erlebnisse des soeben verstorbenen Kaisers Claudius bei den Göttern und in der Unterwelt. Auch in Petrons *Satyrica* finden sich Elemente der menippeischen Satire.

1.6. Weitere poetische Formen

a) Lyrik

Die moderne Literaturwissenschaft subsumiert unter Lyrik alle poetischen Formen, die nicht erzählend bzw. belehrend sind (wie Epos und Lehrgedicht) und nicht zur dramatischen Dichtung gehören (Tragödie, Komödie). Der antike Begriff von Lyrik (der ältere Terminus lautet *Melik*, von griech. μέλος, Lied, Weise) ist ein engerer: Ihr gehören alle diejenigen Dichtungen an, die dazu bestimmt waren, zu Instrumentalbegleitung (Lyra) gesungen zu werden und die entsprechend in Metren abgefaßt waren, die man als ‹Singverse› bezeichnet (S. 91). In den meisten Fällen sind lyrische Gedichte strophisch gebaut, d. h. aus sich wiederholenden Gebilden, die jeweils mehrere metrische Perioden umfassen (S. 91). Die Elegie und der Iambus, bei denen schon früh die gesprochene Rezitation ohne Musik üblich geworden zu sein scheint, gehören nach antikem Verständnis nicht zur Lyrik; sie werden auch hier getrennt behandelt. Andererseits sind aus dieser Sicht große Teile der dramatischen Dichtung – nämlich die gesungenen Partien des Chores und einzelner Schauspieler – Lyrik.

Die Lyrik im eigentlichen Sinne ist in der lateinischen Literatur eine quantitativ unbedeutende, qualitativ aber teilweise überragende Größe. Sie wurde nur von relativ wenigen Autoren gepflegt, die ihren Produkten eine so unverkennbare individuelle Prägung gegeben haben, daß man sogar schon zweifelte, ob es überhaupt sinnvoll sei, von einer Literaturgattung namens ‹römische Lyrik› zu sprechen. Die Vielfalt der Formen, Themen, Intentionen prägt jedoch bereits die griechische Lyrik. Man unterscheidet hier zunächst nach der intendierten Präsentationsform zwischen *Chorlyrik* und *monodischer Lyrik* für den Vortrag durch einen einzelnen. Weitere Kriterien zur Einteilung lassen sich aus Inhalt und/oder derjenigen Situation gewinnen, die Anlaß zur Abfassung des jeweiligen Gedichtes gegeben hat.

So unterscheidet man zum Beispiel zwischen Hymnen auf Götter, Lob- bzw. Schmähgedichten auf Menschen, Liebesgedichten und Geleitgedichten; man kann Hochzeitsgedichte, Totenklagen, Siegeslieder oder Trinklieder zu Gruppen zusammenstellen. Eine allgemein verbindliche und systematisch überzeugende Disposition gibt es nicht. Bereits die alexandrinischen Philologen, von denen die meisten heute noch verwendeten Gliederungskategorien übernommen sind, hatten erhebliche Probleme, die riesige Masse der ihnen noch erreichbaren lyrischen Dichtung der Griechen zu ordnen, und gelangten dabei zu nicht immer überzeugenden Ergebnissen.

Daß es bei den Römern eine vor- und subliterarische Tradition von Lyrik gegeben hat, also etwa Volkslieder und Kultgesänge, ist sicher. Die literarische lyrische Poesie in lateinischer Sprache steht aber ganz unter griechischem Einfluß. Die Vielfalt der Metren wird nach und nach übernommen (den Höhepunkt an metrischer Vielfalt erreicht Horaz in seinen *Oden*). Einer zuerst mehr an den hellenistischen Vorbildern orientierten Phase folgt in augusteischer Zeit der Rückgriff auf die frühgriechischen Lyriker, ohne die alexandrinischen Ansprüche an formale Perfektion aufzugeben. Die in der griechischen Frühzeit zumeist gegebene Kontextgebundenheit lyrischer Dichtung (d. h. beinahe jedes Gedicht war ursprünglich nur für *einen* bestimmten Anlaß verfaßt) gilt für römische Lyrik nicht mehr. Zwar gibt es auch hier Vergleichbares wie das *Carmen saeculare* des Horaz; aber selbst hier hat der Dichter für einen weiteren Rezipientenkreis als das Publikum der Säkularfeier geschrieben. Römische Dichtung richtet sich also prinzipiell nicht an ein im voraus definiertes und dem Autor bekanntes Publikum und ist für ganz verschiedenartige Gelegenheiten und Arten der Rezeption offen. Auch Gesang und musikalische Begleitung, die jedenfalls zur Zeit des Horaz noch mit Lyrik verbunden sein konnten, waren nicht obligatorisch. Insofern steht die römische Lyrik (wie bereits die hellenistische) der modernen näher als ihren frühgriechischen Vorbildern.

Eine mit moderner Lyrik verknüpfte Assoziation ist allerdings fernzuhalten, nämlich der absolute Vorrang der Subjektivität. Lyrik gilt heute als die Form von Literatur, in der das individuelle Ich des Dichters seine subjektiven Gefühle und Eindrücke äußern kann, ohne daß Objektivierung oder Plausibilisierung durch Argumentation gefordert würde. Auch die antike Lyrik kennt Subjektivität, sie ist aber kein obligatorisches Gattungsmerkmal. Der lyrische Dichter kann ganz hinter seinem Gegenstand zurücktreten. Und wenn er ‹ich› sagt, dann kann er, muß aber keineswegs sein wirkliches, biographisches Ich meinen. Es ist also nicht nur unmöglich, sondern methodisch unzulässig, etwa aus den Gedichten Catulls an und über seine Geliebte Lesbia den exakten Verlauf dieser Liebesbeziehung zu rekonstruieren (genau genommen könnte man noch nicht einmal deren Existenz aus diesen rekonstruieren, wenn es nicht andere Zeugnisse gäbe!) oder aus den *Oden* des Horaz auf die Gemütsverfassung ihres Autors während der Jahre ihrer Entstehung zu schließen. Unterscheidung zwischen dichterischem und biographischem Ich ist ein wichtiges Prinzip bei der Interpretation antiker Lyrik.

Von einer kontinuierlichen Gattungstradition kann, wie angedeutet, im Falle der römischen Lyrik keine Rede sein, und das liegt nicht allein an der lückenhaften Überlieferung. Lyrische Dichtung hatte innerhalb der lateinischen Literatur vielmehr immer eine Außenseiterposition und stellt sich als individuelle Leistung weniger, meist bedeutender Dichter dar, wie des Catull und der ‹Neoteriker› (S. 117 f.), Horaz, Statius und – in der christlichen Spätantike – des Prudentius. Cicero dürfte mit seiner Meinung, selbst wenn seine Lebenszeit verdoppelt würde, werde er keine Zeit finden, Lyriker zu lesen (Seneca, *Epistulae ad Lucilium* 49, 5), nicht allein gestanden haben; noch Quintilian findet unter den lateinischen Lyrikern eigentlich nur Horaz der Lektüre wert (10, 1, 96).

b) Elegie

Auf den ersten Blick subjektiver als die meisten Erzeugnisse der eigentlichen lyrischen Dichtung präsentiert sich die Elegie, jedenfalls in ihrer spezifisch römischen Ausprägung. Unter einer Elegie versteht man ein nicht allzu kurzes Gedicht im elegischen Versmaß, d. h. in dem aus jeweils einem Hexameter und einem Pentameter bestehenden elegischen Distichon (S. 92 f.). Eine über dieses formale Kriterium hinausgehende Definition verbietet die große thematische Vielfalt der Gattung. Da auch die Etymologie unklar ist (vielleicht zusammenhängend mit armenisch *elegn*: ‹Rohr, Flöte›), lassen sich keine Aussagen über das ursprüngliche Wesen dieser Art von Dichtung treffen.

Die griechische Elegie der archaischen Zeit, deren älteste erhaltene Fragmente bis in die Mitte des 7. Jh.s v. Chr. zurückreichen (die aber wesentlich älter sein muß), umfaßt eine bunte Vielfalt von Themen. Mahnung und Tröstung eines Adressaten finden sich ebenso wie Reflexion oder Selbstaussagen, Kampfparänese steht neben politischer ‹Publizistik›; auch erotische Themen fehlen nicht. Neben dem gleichen Metrum schaffen Vortragsweise und Rezeptionsmilieu Einheit in der Vielfalt. Elegische Dichtung war dazu bestimmt, zur Begleitung eines Blasinstrumentes (*aulos*) beim gemeinsamen Mahl mit anschließendem Umtrunk der Männer (*Symposion*) vorgetragen zu werden. In dieser Weise blieb die Elegie in der klassischen Zeit lebendig, wenn auch die musikalische Vortragsweise immer weniger üblich geworden zu sein scheint. Ein im Hinblick auf die römische Elegie wichtiger Name lautet Antimachos von Kolophon. Dieser Dichter des 4. Jh.s v. Chr. verfaßte eine (nicht erhaltene) Sammlung von Elegien, die mythische, zumeist unglückliche Liebesgeschichten zum Inhalt hatten und die er nach seiner verstorbenen Frau *Lyde* betitelte; die Vereinigung der Elemente Liebe, starke persönliche Betroffenheit und Mythos ist hier – für uns jedenfalls – zum erstenmal bezeugt. Die Elegie der hellenistischen Jahrhunderte, von der wir einiges wissen, aber nur wenig besitzen, befaßte sich ebenfalls gern mit mythischen und erotischen Themen, blieb aber vielseitig und bevorzugte insgesamt das Entlegene, Preziöse, nur dem Gelehrten Zugängliche, bei dessen poetischer Gestaltung äußerste Perfektion gefordert wurde.

Von elegischer Poesie in der Frühzeit der römischen Literatur weiß man nicht mehr, als daß Autoren wie Ennius und Lucilius auch in dem entsprechenden Versmaß dichteten. Wichtiger für die Entstehung der eigentlichen römischen Elegie sind die Neoteriker, die – in hellenistischer Manier – auch erotische Epigramme verfaßten und insgesamt, in bewußtem und provokativem Bruch mit Roms bisheriger literarischer Tradition, die Welt des persönlichen Erlebens in den Mittelpunkt ihres dichterischen Schaffens stellten. Der einzige unter ihnen, dessen Werk erhalten ist, C. Valerius Catullus, schuf mit seinen *carmina* 68b (= 68, 41–148) und 76 diejenigen Texte, von denen der Weg zur voll ausgebildeten römischen Liebeselegie nicht mehr weit ist.

Das früheste und vorbildhafte Erzeugnis dieser nur knapp ein halbes Jahrhundert lebendigen Gattung waren die (nicht erhaltenen) vier Bücher *Amores* des Cornelius Gallus (70/69–26 v. Chr.). Erst 1979 wurde ein Papyrus mit einigen Zeilen aus dieser Dichtung publiziert, in denen sich aber gleich eine ganze Reihe der typischen Elemente der subjektiven römischen Liebeselegie finden; damit wurde – die Echtheit des Neufundes vorausgesetzt – die bis dahin nur antiken Testimonien geglaubte Bedeutung des Gallus als *inventor* der Gattung bestätigt.

Die Liebeselegie entwirft eine eigene, in sich geschlossene Welt, die in scharfem und gesuchtem Kontrast zur realen Welt steht. Der Autor, das elegische Ich (wie in der Lyrik nicht einfach mit dem biographischen gleichzusetzen!), identifiziert Leben mit Liebe und beides zusammen mit seiner Dichtung. In deren Mittelpunkt steht, als Quelle der Inspiration ebenso wie als umworbene Adressatin, die Geliebte, deren Identität durch ‹Decknamen› aus dem Umkreis des auch für die Dichtung zuständigen Gottes Apollon verschleiert wird; auch sonst finden sich Einblendungen des Mythos als Referenzebene des eigenen Erlebens. An die bald *puella*, bald *domina* genannte, in der Regel verheiratete, Frau weiß sich das elegische Ich in haltloser Liebe gebunden, eine Bindung, die als Versklavung empfunden wird, weil kein Entkommen möglich ist (*servitium amoris*). So bleibt kein Raum für all die Dinge, die traditionell im Leben des römischen Mannes den ersten Rang einnahmen: Streben nach Ruhm in Politik und Kriegsführung, überhaupt jede Art von *negotium*, werden strikt abgelehnt, an deren Stelle tritt das ganz von den Freuden und – viel mehr noch – Leiden der Liebe ausgefüllte *otium*. Traditionelle Werte der römischen Gesellschaft werden durch Neudefinition und Umwertung in den elegischen Kosmos integriert. So soll *fides* die Liebesbeziehung prägen und zum *foedus aeternum* machen; da dieses Ideal sich nie verwirklicht, muß der Liebende stets aufs neue kämpfen und empfindet sein Ringen um die Geliebte als *militia amoris*. Das ganz von Liebe bestimmte Leben wird so dem zu erwartenden Vorwurf der *nequitia* spielerisch entzogen.

Die subjektive römische Liebeselegie präsentiert sich somit als eigenständige literarische Schöpfung, die zwar Elemente aus mehreren Gattungen aufgenommen hat – der frühgriechischen Elegie, der gelehrten Elegie und des erotischen Epigramms des Hellenismus, daneben auch der Bukolik und Komödie –, aber wohl kein direktes griechisches Vorbild kennt (worüber jedoch angesichts eines neueren Papyrusfundes diskutiert wird). Eine bestimmte Phase der römischen Geschichte, der krisenhafte Übergang von der Republik zum Prinzipat, bildet den historischen Rahmen für ihre Entstehung und erklärt jedenfalls zum Teil die dezidierte Abwendung des Elegikers von der Realität, mit der auf dem Gebiet der Poesie seine strikte Weigerung korrespondiert, ‹große› (d. h. historisch-epische) Dichtung zu verfassen (Topos der *recusatio*). In dieser Hinsicht wird die Elegie mit der fortdauernden Konsolidierung von Prinzipat und *pax Augusta* zum Anachronismus. Ovids *Amores* erscheinen als spätestes Produkt der Gattung zwar noch 2 v. Chr. in einer revidierten Fassung, doch schon ca. 15 Jahre zuvor hatte sich Sextus Propertius in seinem vierten Elegienbuch anderen Formen elegischer Dichtung zugewandt. Auch Ovid verließ mit seinen *Fasti* (ätiologische Dichtung, also Ursprungssagen, nach dem Vorbild des Kallimachos) sowie den *Tristia* und *Epistulae ex Ponto* (Klagedichtung aus dem Exil) die spezifisch römische Form der Elegie. Diese fand zwar noch Nachahmer, von denen sich einige Gedichte im 3. Buch der Elegien des Albius Tibullus erhalten haben, und noch im 6. Jh. dichtete der Christ Maximianus erotische Elegien. Die wirklich produktive Phase dieser eigenartigen literarischen Schöpfung beschränkt sich aber auf etwa vier Jahrzehnte.

c) *Epigramm*

Die ältesten erhaltenen ‹Aufschriften› (so die wörtliche Übersetzung von *epigrammata*) auf Gegenständen wie Gefäßen stammen aus dem 8. Jh. v. Chr. Bereits aus dem 7. Jh. kennt man eine beträchtliche Zahl von Grab- und Weiheepigrammen in unterschiedlichen Versmaßen; seit dem 6. Jh. behauptet sich das elegische Distichon als das mit Abstand häufigste Metrum des Epigramms. Zur literarischen Form konnte sich das Epigramm erst entwickeln, als seine anfänglich strikte Zweckgebundenheit sich lockerte; zwar wurden die gesamte Antike hindurch weiterhin ‹echte› Epigramme verfaßt, d. h. solche, die als Aufschriften an einem bestimmten Ort und nur als solche gedacht waren. Daneben begann man aber etwa seit dem 4. Jh. kleine Gedichte im Stil des Epigramms zu verfassen, die sich entweder als Aufschriften ausgaben, ohne daß dies ihre wirkliche Funktion war, oder völlig auf diese Fiktion verzichteten. In der Form des Epigramms konnten nun die unterschiedlichsten Inhalte behandelt werden, besonders gern auch subjektiv-persönliche Themen wie Trauer, Liebe, Spott usw. In dieser Gestalt des für nahezu alle möglichen Themen offenen, kurzen und fast immer im elegischen Distichon gehaltenen Gedichtes wurde das Epigramm im griechischsprachigen Raum bis weit in die byzantinische Zeit hinein ohne Unterbrechung gepflegt. In einer 15 Bücher umfassenden Sammlung *(Anthologia Palatina)* ist ein Teil dieser Produktion erhalten.

In Rom übernahmen vornehme Familien wie die Scipionen seit dem 3. Jh. v. Chr. die griechische Sitte des Grabepigramms. Die ersten literarischen Epigramme in lateinischer Sprache dichtete Ennius, der sich auch erstmals des Distichons bediente (anstelle des Saturniers). Um 100 v. Chr. schrieben (‹nebenberufliche›) Dichter wie Lutatius Catulus und Valerius Aedituus erotische Epigramme nach hellenisti-

schem Vorbild und trugen damit zur Entstehung der römischen Liebeselegie bei. Das letzte Drittel des Gedichtbuches Catulls (ab *carmen* 69) besteht aus (teilweise allerdings recht langen) Epigrammen,
aus denen eine der Gattung sonst in der Regel fremde Gefühlstiefe
und Leidenschaftlichkeit spricht. Eher spielerisch geben sich dagegen
die Epigramme des unter Vergils Namen überlieferten *Catalepton*
und der im 1. Jh. n. Chr. entstandenen Sammlung der *Carmina Pria-
pea*. Ihren Höhepunkt erreicht die römische Epigrammdichtung mit
M. Valerius Martialis. Seine Gedichte behandeln in meist leicht spöt-
tischem Ton die unterschiedlichsten Themen in geschliffener Sprache
und formaler Eleganz. Die der Gattung, besonders bei den Römern,
inhärente Tendenz zur Zuspitzung und Pointierung des Ausdruckes
wird bei Martial auf eine nicht mehr zu überbietende Höhe geführt.
Die meisten seiner Epigramme sind nach dem – ebenfalls gattungsty-
pischen – zweistufigen Schema gebaut: Der Kerngedanke wird zuerst
in verhüllter Form vorgestellt (‹Erwartung›), um im zweiten Schritt in
einer den Leser überraschenden Form offenbart zu werden (‹Auf-
schluß›). Martial wurde zum Klassiker der Gattung, die jedoch bis
weit in die Spätantike (vgl. etwa die erst 1950 entdeckte Sammlung
der *Epigrammata Bobiensia*, entstanden um 400) auch von christlichen Autoren gepflegt wurde.

d) Bukolik und sonstiges

Die von dem Syrakusaner Theokritos (3. Jh. v. Chr.) begründete Gattung der Bukolik, kürzerer hexametrischer Gedichte im ländlichen
Milieu der Hirten meist in dialogischer Form, ist in der lateinischen
Literatur nur durch Vergils *Eklogen* und die Dichtungen seiner
Nachahmer (Calpurnius Siculus, 1. Jh.; Nemesianus, 3. Jh.) repräsentiert. Von einer Gattung kann man deshalb kaum sprechen, weshalb
auf eine ausführlichere Darstellung in diesem Rahmen verzichtet
wird. Dies gilt auch für andere poetische Formen, wie etwa die poly-
metrischen Gedichte Catulls oder die Epoden des Horaz, die in der
lateinischen Literatur den Platz von zwar außergewöhnlich geglück-
ten, aber vereinzelten Experimenten einnehmen. Zudem treten gerade in diesen Werken Gattungskonventionen hinter individuellen
Aussageintentionen zurück und haben entsprechend geringe Relevanz für die Interpretation.

2. Prosa

2.1. Die Geschichtsschreibung

Der Historiker unterscheidet sich nach antiker Gattungstheorie (Aristoteles, *Poetik* 1451a38–b5) vom Dichter grundsätzlich dadurch, daß letzterer Dinge von der Art, wie sie wohl geschehen können, beschreibt, ersterer dagegen Dinge, die tatsächlich geschehen sind. Prinzipiell ist es also die Aufgabe des Geschichtsschreibers, die historische Wahrheit gewissenhaft auf empirischem Wege zu ermitteln und unparteiisch wiederzugeben. Die antike Geschichtsschreibung im allgemeinen und die römische im besonderen erreicht aus mehreren Gründen dieses theoretische Ideal nicht.

Als in Rom gegen Ende des 3. Jh.s v. Chr. erstmals Geschichtsschreibung betrieben wurde, konnte sie einerseits auf gewisse einheimische Formen historischer Erinnerung zurückgreifen: Von seiten der staatlichen Gemeinschaft gab es die sogenannten *annales maximi*, ein jährlich vom *pontifex maximus* zusammengestelltes Verzeichnis der Fixierung für wert befundener Daten (etwa die jeweiligen Inhaber der hohen Ämter) und Fakten (besonders Naturerscheinungen wie Sonnenfinsternisse und Erdbeben, Seuchen, Einweihungen von Heiligtümern, auch innen- und außenpolitische Ereignisse, soweit sie im kultischen Rahmen von Bedeutung waren); diese auf geweißten Holztafeln aufgezeichneten Chroniken wurden jährlich im *Atrium* der *Regia* ausgestellt. In den großen Adelsfamilien existierten außerdem private Archive, in denen aus Stolz, Geltungs- und Legitimationsbedürfnis die Ruhmestaten von Angehörigen der jeweiligen *gens* notiert und aufbewahrt wurden.

Andererseits orientierte sich die entstehende römische Geschichtsschreibung aber vornehmlich an der zeitgenössischen griechischen. Diese hatte im 3. Jh. bereits eine etwa 300jährige Entwicklung durchgemacht und existierte in verschiedenen Ausprägungen, wie beispielsweise der Universalgeschichte, der Lokal- bzw. Stadt(gründungs)geschichte, der historischen Monographie. Ein Teil der modernen Forschung glaubt innerhalb der hellenistischen Geschichtsschreibung zudem drei Richtungen unterscheiden zu können, nämlich eine stark von der Rhetorik geprägte und moralisierende, die letztlich auf die Schule des Isokrates zurückgeht (Ephoros, Theopompos); zweitens eine von der peripatetischen Theorie des Dramas beeinflußte, die eine pathetische, den Leser durch starke Affekte in ihren Bann schlagende Darstellung anstrebt; drittens die sogenannte pragmatische Richtung, die vornehmlich den Kausalnexus des historischen Geschehens aufdecken und so dem Leser nützlichen Erkenntnisgewinn verschaffen will. Die Berechtigung und die Einzelheiten dieser Kategorisierung sind heute zwar umstritten, unzweifelhaft aber fanden sich in der hellenistischen Historiographie eine Reihe von Standardelementen, die von den ersten römischen Historikern rezipiert wurden und so die Gattung auch in Rom von Anfang an prägten:

– In einem oder mehreren Proömien grenzt der Verfasser sein Thema ab, begründet dessen Wahl, äußert sich über seine Arbeitsweise, Geschichtsverständnis, Darstellungsabsicht u. a. m.

– Die in der Hauptsache auf das politisch-militärische Geschehen konzentrierte fortlaufende Darstellung wird immer wieder unterbrochen durch Exkurse, bevorzugt geographischer oder ethnographischer Thematik.

– Den herausgehobenen Akteuren werden zu bestimmten Gelegenheiten Reden in den Mund gelegt, die keine historische Realität und erst recht keine wörtliche Übereinstimmung mit etwaigen tatsächlich gehaltenen beanspruchen, sondern vom Autor dazu benutzt werden, den Hintergrund des Geschehens, Motivation und Intention der beteiligten Personen, transparent zu machen.

– Wichtige Persönlichkeiten werden, meist anläßlich ihres Ausscheidens aus dem historisch relevanten Ereigniszusammenhang (durch Tod oder anderes) zusammenfassend gewürdigt.

Der erste römische Geschichtssschreiber, Quintus Fabius Pictor (216 v. Chr. offizieller Gesandter beim delphischen Orakel), wie alle römischen Historiker bis in sullanische Zeit ein Mitglied des Senats, hatte für seinen Entschluß zur Geschichtsschreibung bestimmte Gründe und verfolgte bestimmte Absichten: Er wollte einer verbreiteten Rom feindlichen und Karthago eher begünstigenden Tendenz der zeitgenössischen griechischen Historiographie (beispielsweise Philinos von Akragas) entgegentreten. Er wollte weiterhin den Anspruch Roms auf Zugehörigkeit zur und einen geachteten Platz in der griechischen Kulturwelt anmelden und untermauern. Deshalb schrieben Fabius und seine Nachfolger bis in die Mitte des 2. Jh.s v. Chr. in der Sprache des Publikums, das sie vornehmlich erreichen wollten, also griechisch. Deshalb war die zeitgeschichtliche Darstellung in diesen Werken durchgängig von einer klaren Tendenz geprägt, nämlich der Rechtfertigung und Aufwertung des römischen Wirkens in der

Weltpolitik, insbesondere des römischen Senates. Deshalb schließlich begannen all diese Werke *ab urbe condita*, schlossen also eine bald ausführlichere, bald kürzere Darstellung der römischen Urgeschichte ein, um so den Ursprung der eigenen Stadt fest in der griechischen Mythologie (Trojasage) zu verankern.

Die weitgehende Beschränkung auf die eigene nationale Geschichte, die – jedenfalls potentielle – Einbeziehung der fabulösen und damit eigentlich nicht als Gegenstand der Historie geeigneten Urgeschichte und die patriotische Grundhaltung kennzeichnen mehr oder weniger deutlich alle Erzeugnisse der römischen Historiographie. Des Lateinischen bediente sich erstmals M. Porcius Cato in seinen für die Gattung epochemachenden *Origines*, ein Werk, das auch die Gründungsgeschichte anderer italischer Städte einbezog, sonst aber dem bis dahin gängigen Schema folgte: breite Darstellung der römischen Urgeschichtslegenden (Gründung, Königszeit, frühe Republik) und der Zeitgeschichte, relativ knappe Zusammenfassung des dazwischen Liegenden. Man bezeichnete diesen Typus später als *annales*, obgleich auch hier nicht immer strikt an der jahresweisen Darstellung festgehalten wurde. Daneben entwickelten sich während der republikanischen Zeit zwei weitere Formen. Coelius Antipater (ca. 175 – nach 121 v. Chr.) begründete mit seiner Geschichte des 2. Punischen Krieges die historische Monographie in Rom. Sempronius Asellio (ca. 160 – ca. 90 v. Chr.) beschränkte sich als erster auf die Darstellung der selbsterlebten Zeitgeschichte. Seit dem 1. Jh. v. Chr. wurde für diese Form der Historiographie die Bezeichnung *historiae* üblich, obwohl Sempronius selbst sein Werk *res gestae* genannt zu haben scheint.

Antike, besonders lateinische Geschichtsschreibung will immer auch technisch perfekt gestaltete, sprachlich und stilistisch ausgefeilte Kunstprosa sein. Gerade bei Meistern der römischen Historiographie – nennen könnte man vor allem Sallust – steht dieser literarisch-künstlerische Anspruch sogar recht klar im Zentrum. Es führt deshalb in die Irre, die Meßlatte der modernen Geschichtswissenschaft anzulegen, der antike Historiographie nicht gerecht wird und nicht gerecht werden wollte. Für künstlerisch anspruchslose, von einem dem Geschehen Nahestehenden verfaßte und dem ‹richtigen› Geschichtsschreiber als Quellenmaterial dienende Aufzeichnungen hatte die Antike einen eigenen Namen: *hypomnemata* bzw. *commentarii* (in diese Tradition reiht sich Caesar aus wohl erwogenen Gründen ein, ohne ihr wirklich anzugehören). Vom Historiker aber erwartet das antike Publikum vor allem oder jedenfalls auch ästhetisch ansprechende Leistungen, und dies dürfte einer der Gründe für den Erhaltungszustand der Gattung sein: Ältere, den Ereignissen näherstehende und damit nach moderner Einschätzung historisch eventuell ‹wertvollere› Werke werden durch ihre künstlerisch höherstehenden Nachfolger verdrängt. Dies gilt ebenso für die republikanische Historiographie im Verhältnis zu Livius wie für die frühkaiserzeitliche im Verhältnis zu Tacitus.

2.2. Die Rede

Die wirkungsvolle, ein Publikum im Sinne des Sprechers beeinflussende Rede ist ein Grundbestandteil menschlicher Kommunikation und wird in allen menschlichen Gemeinschaften gepflegt, sobald sie einen gewissen Entwicklungsgrad erreicht haben. Die römische Republik bot für die Entfaltung solcher Redekunst mehrere Gelegenheiten, von denen die Debatte im Senat und in der Volksversammlung, die Gerichtsverhandlung, die Trauerfeier für einen angesehenen Verstorbenen die wichtigsten sind. Zur literarischen Form wird die Rede aber erst dann, wenn man ihr durch schriftliche Fixierung und Verbreitung ein über ihre ursprüngliche Funktion hinausgehendes Wirkungsfeld erschließt. In Rom geschah das bereits recht früh. Cicero konnte noch diejenige Rede lesen, die Appius Claudius Caecus im Jahre 280 v. Chr. gehalten hatte, um einen Friedensschluß mit Pyrrhus zu verhindern. Auch der alte Cato sammelte seine Reden und publizierte einige von ihnen, indem er sie seinem Geschichtswerk *Origines* einfügte.

Über die weitere Entwicklung der Redekunst im republikanischen Rom sind wir durch Ciceros Schrift *Brutus* einigermaßen unterrichtet. Von entscheidender Bedeutung war die seit etwa der Mitte des 2. Jh.s v. Chr. einsetzende Rezeption des voll ausgebildeten rhetorischen Systems der Griechen. Die Rhetorik etablierte sich nun auch in Rom als die führende Bildungsmacht und machte das Verfassen und Halten von Reden zu einer von der individuellen Naturbegabung zwar nicht völlig unabhängigen, aber doch nicht mehr allein von dieser bestimmten, vielmehr methodisch lehr- und erlernbaren Kunst. Die Griechen hatten im Laufe einer etwa in der Mitte des 5. Jh.s v. Chr. einsetzenden Entwicklung ein höchst differenziertes theoretisches System der Redekunst entwickelt. Es unterschied beispielsweise:

– drei Arten (*genera*) der Rede: politische bzw. beratende Rede (*genus deliberativum*), Gerichtsrede (*genus iudiciale*), Gelegenheits- bzw. Festrede (*genus demonstrativum*);

– fünf Arbeitsschritte (*officia*) des Redners: Auffinden der wesent- lichen Gesichtspunkte (*inventio*); Gliederung (*dispositio*), Formulie- rung (*elocutio*); Auswendiglernen (*memoria*); Vortrag (*pronuntiatio / actio*);

– eine Vielzahl verschiedener Redeteile (*partes*), darunter im we- sentlichen diese: Einleitung (*exordium/prooemium*); Erzählung (*nar- ratio*); Präzisierung des Beweiszieles (*propositio*); positive und nega- tive Beweisführung (*confirmatio* und *refutatio*); Schlußwort (*perora- tio*);

– drei Stilarten (*genera elocutionis*): den schlichten (*genus subtile*), den mittleren (*genus medium*) und den erhabenen Stil (*genus grande*).

Durch flexible, den jeweiligen Gegebenheiten angepaßte Umset- zung des von den Griechen vermittelten theoretischen Rüstzeugs er- reichte die römische Beredsamkeit ihre Spitzenleistungen, die für uns – auch aufgrund der Überlieferungslage – mit dem Namen Ciceros identisch sind. Er nahm in der zeitgenössischen Kontroverse zwi- schen den Anhängern des sogenannten asianischen Stiles (kurze, stark rhythmisierte Satzglieder, gesuchtes Vokabular, sentenzenartige Zu- spitzung der Gedanken) und den ‹Attizisten› (äußerste Schlichtheit und Klarheit in jeder Hinsicht) eine mittlere Position ein. Die Litera- risierung der Rede als eigenständige Kunstform war inzwischen so weit fortgeschritten, daß Cicero auch Reden publizieren konnte, die zu keinem Zeitpunkt wirklich gehalten worden sind (die *Reden gegen Verres* mit Ausnahme der ersten) und die man folglich als politische Flugschriften bezeichnen könnte. Seine rednerische Kunstprosa wurde in Vokabular, Periodenbildung und Prosarhythmus zum klas- sischen Vorbild der folgenden Jahrhunderte (S. 98), das nur für relativ kurze Perioden von anderen Stilmoden (‹Modernismus› in der 1. Hälfte des 1. Jh.s n. Chr.; ‹Archaismus› in der Mitte des 2. Jh.s) in den Hintergrund gedrängt wurde.

Der im 1. Jh. v. Chr. erreichten Blüte der Gattung vor allem im Be- reich der politischen und gerichtlichen Rede wurde dann allerdings mit der Transformation des römischen Staates zu einer Monarchie der Boden entzogen: Die Beredsamkeit blühte weiter in den Rhetoren- schulen, besonders in Form der Deklamation über fiktive Themen, sie fand auch in der Kaiserzeit noch ein Betätigungsfeld in den Ge- richtshöfen und erschloß sich ein neues in der Panegyrik auf den Kai-

ser. Dennoch war am Ende des 1. Jh.s v. Chr. das Gefühl weit verbreitet, daß die römische Redekunst ihre besten Tage seit langem hinter
sich habe (Quintilian und Tacitus verfaßten Schriften, in denen nach
den Gründen für diesen Niedergang gefragt wird). Aber selbst in der
Spätantike gibt es noch nicht unbedeutende Vertreter der römischen
Redekunst wie Symmachus (Ende des 4. Jh.s).

2.3. Die Fachschriftstellerei

Die auf wissenschaftliche Durchdringung und Vermittlung bestimmter Sachgebiete angelegte Fachliteratur zählt in den neusprachlichen
Philologien im allgemeinen nur ausnahmsweise zum Arbeitsgebiet
des Literaturwissenschaftlers (S. 9). In der Klassischen Philologie ist
dies anders, was zum einen wissenschaftshistorische Gründe hat,
zum anderen damit zusammenhängt, daß selbst reine Fachliteratur in
der Antike fast immer in höherem Maße auch literarischen Ansprüchen gerecht zu werden versucht, als dies in der Moderne der Fall
ist.

Die ersten Prosaschriften über bestimmte Fachgebiete entstehen
bereits in archaischer Zeit in Ionien (2. Hälfte 6. Jh.; Erd- und Kü-
stenbeschreibungen), spätestens im 5. Jh. kommen weitere Gebiete
wie Medizin, Rhetorik, Mathematik dazu. Im Laufe des 4., 3. und
2. Jh.s bildete sich dann im Griechischen eine kaum übersehbare, hoch-
differenzierte, alle erdenklichen Wissensgebiete umfassende Fachliteratur heraus, von der uns aber außer den Schriften des Aristoteles
kaum etwas geblieben ist. In Rom wagte sich als erster ausgerechnet
der vermeintliche Griechenhasser Cato an diese Art der Schriftstellerei. Er verfaßte für seinen Sohn eine Enzyklopädie, d. h. eine Zusammenfassung alles (seiner Ansicht nach) Wissenswerten aus mehreren
Fächern, und schuf damit eine typisch römische Form der Fachliteratur. Erhalten hat sich von Catos Fachschriftstellerei nur seine Schrift
über die Landwirtschaft *(De agri cultura)*. Bereits in diesem frühesten
Beispiel der Gattung wird die römische Tendenz zur Orientierung an
praktischen Bedürfnissen deutlich; das griechische Streben nach wissenschaftlicher Durchdringung, Systematisierung des Gegenstandes
und Erforschung von Ursächlichkeiten tritt in der römischen Fachprosa zurück zugunsten der praktisch-technischen Handhabung.

Inhaltlich ist die römische Fachprosa vollkommen von der griechischen abhängig; darüber hinausgehende Erkenntnisfortschritte werden nur auf ganz wenigen Spezialgebieten gemacht, wie etwa der

Rechtswissenschaft und bestimmten Teilbereichen des Ingenieurwesens (Bau von Wasserleitungen, Feldvermessung und ähnliches). Formal dominiert die didaktische Ausrichtung: Der Stoff wird in meist systematischer und übersichtlicher Gliederung dargeboten, Sprache und Stil streben in erster Linie nach Klarheit. Allerdings kann man auch in dieser sachorientierten Literaturgattung verschiedene Grade der literarischen Durchformung unterscheiden: Das nur für Spezialisten bestimmte Fachbuch bietet eine ästhetisch eher anspruchslose Darstellung des jeweiligen Stoffes, während das einen weiteren Leserkreis ansprechende Sachbuch auch in gewissem Umfang den Ansprüchen an die Kunstprosa gerecht werden will. Auf dem Gebiet der rhetorischen Fachliteratur gehören zum ersten Typus Ciceros Jugendschrift *De inventione* und die anonyme *Rhetorica ad Herennium*, zum zweiten Typus Ciceros großer Dialog *De oratore*.

Auch auf die philosophische Literatur der Römer bis zur Spätantike treffen die genannten Kriterien der inhaltlichen Abhängigkeit vom Griechischen und der pädagogisch-didaktischen, nichtwissenschaftlichen Ausrichtung zu; sie wird deshalb hier, abweichend von der gängigen Praxis, unter die ‹Fachschriftstellerei› subsumiert. Allerdings zeichnen sich gerade die philosophischen Schriften meist durch ihre formale Perfektion aus; in dieser Hinsicht lassen sich drei Typen unterscheiden:

– die einen Teilbereich erschöpfend behandelnde, literarisch ausgeformte Lehrschrift, wie sie in Ciceros *De officiis* vorliegt;

– der nach dem Vorbild des Aristoteles (nicht des Platon) gestaltete Dialog, in dem mehrere Teilnehmer in Form meist längerer zusammenhängender Vorträge kontroverse Ansichten zu bestimmten Themen vorbringen. Die Dialogsituation wird meist detailreich und anschaulich inszeniert (Gelegenheit, Örtlichkeiten, Teilnehmer: dies nach platonischem Vorbild); Beispiele sind Ciceros *De re publica*, *De legibus* und *De finibus bonorum et malorum*;

– der unechte oder einseitige Dialog, wie er bei Seneca vorliegt: Der Autor spricht zu einem individuellen Du, dem er das Werk widmet, und damit zugleich zu jedem Leser. Ein gedachter Gesprächspartner stellt zwischendurch Fragen und erhebt Einwände, auf die der Autor eingeht. Nach ihrem griechischen Vorbild wird diese Form auch ‹Diatribe› genannt.

Allen philosophischen Schriften der Römer gemeinsam ist ihr Bemühen um eine allgemein verständliche Diktion und ihre Vorliebe für das Anführen von Beispielen, besonders solchen aus dem römischen Bereich. Die Sprache der nicht auf Breitenwirkung zielenden, sondern um Erkenntnisgewinn ringenden, also wissenschaftlich orientierten Philosophie blieb aber während der gesamten Antike das Griechische. Erst seit dem 5. Jh. beginnt sich dies zu ändern (Augustinus).

Neben der Philosophie ist es die Rhetorik, zu der die literarisch am sorgfältigsten ausgearbeiteten Sachbücher verfaßt werden, so etwa Quintilians *Institutio oratoria*. Auch die juristische Fachliteratur überzeugt – abgesehen von ihrer einzigartigen substantiellen Originalität – durch formale Eleganz. Auf niedrigerem ästhetischen Niveau stehen zumeist die Schriften zu anderen Gebieten, wie Architektur (Vitruv), Medizin (Celsus), Landwirtschaft (Cato, Varro, Columella) und vielem anderen mehr. Einige wenige verweigern sich den anerkannten Standards der Kunstprosa sogar derart radikal, daß sie von modernen Sprachforschern als willkommene Quelle für das im Alltag gesprochene Latein (das sogenannte Vulgärlatein, aus dem sich die romanischen Sprachen entwickelten) genutzt werden können (beispielsweise ein Buch über Tiermedizin aus dem 4. Jh. n. Chr., *Mulomedicina Chironis*). Wegen ihrer praktischen Nützlichkeit hat sich ein relativ großer Teil der römischen Fachschriftstellerei über die mittelalterliche Überlieferung retten können.

2.4. Der Brief

Unter einem Brief versteht man allgemein eine schriftliche Mitteilung an einen Abwesenden. In seinem Wesen als ‹Gesprächsersatz› dient der Brief vor allem der Information des Adressaten und der Pflege persönlicher Beziehungen. Überall dort, wo eine Schrift in Gebrauch kommt, gehört der Brief zu ihren frühesten Anwendungsbereichen. In der Antike wurden Briefe anfangs auf zusammenklappbare, mit Wachs überzogene Holztäfelchen geschrieben, selten auch auf Tonscherben oder Rollen aus dünnem Blei, später war die Papyrusrolle allgemein üblich. Eine öffentliche Postbeförderung gab es in der ganzen Antike nicht; Herrscher und reiche Privatleute hatten eigens zu diesem Zweck Bedienstete, normalerweise aber vertraute man die Übermittlung reisenden Freunden und Bekannten an.

Antike Briefe enthalten in der Regel eine Reihe von konventionellen formalen Elementen. Sie beginnen mit dem Anfangsgruß des Absenders an den Empfänger (*Cicero Attico salutem dicit*), niemals aber (wie unsere Briefe) mit der direkten Anrede des Adressaten, enthalten oft eine Wohlergehen wünschende und bestätigende Formel (*si vales bene est, ego valeo*) bzw. die sogenannte Sorgeformel (*cura, ut valeas*) und enden mit dem Schlußgruß (*vale*). In stilistisch anspruchsvollen Briefen findet man diese Standardformeln seltener. Weitere, auch von der antiken Literaturtheorie für den Brief geforderte Charakteristika bestehen in der Kürze (*brevitas*), die unter anderem dadurch gewährleistet werden soll, daß man sich möglichst auf *ein* Thema beschränkt. Die Sprache soll auf rhetorischen Pomp verzichten, aber elegant und klar sein; Periodenstil gilt als dem Genos unangemessen, das Asyndeton ist beliebt. Die sprachlich-stilistische Gestaltung soll sich grundsätzlich dem Thema und dem Adressaten anpassen. Die praktische Umsetzung dieser Forderung kann man gut an Ciceros Briefen studieren. Hier findet sich ausgefeilteste Stilistik neben umgangssprachlichen Stücken, durchsetzt mit Sprichwörtern, Zitaten, griechischen Wörtern und Satzfetzen sowie elliptischen, nur für den Empfänger verständlichen Formulierungen.

Zur literarischen Form wird der Brief – ähnlich dem Epigramm – aber erst dadurch, daß das eigentlich intendierte Kommunikationsmuster durchbrochen wird, d. h. daß er durch Publikation einem weiteren Publikum als dem (den) ursprünglichen Adressaten zugänglich gemacht wird. Der größte Teil der römischen Briefliteratur ist in diesem Sinne a priori literarisch, d. h. von vornherein für die Veröffentlichung bestimmt, was nicht ausschließt, daß solche Briefe vor oder parallel zur Publikation auch ihren Weg zum wirklichen Adressaten gegangen sind. Diesen doppelten Charakter haben die Briefe des Plinius, während sich unter Ciceros Briefen sowohl solche befinden, die mit Rücksicht auf spätere Publikation geschrieben sind, als auch rein private. Eine besonders bei den Römern beliebte Sonderform des literarischen Briefes ist die poetische, also in Versen gehaltene Epistel. Rein literarisch sind von vornherein diejenigen Briefe, deren Verfasser nicht identisch mit dem (fingierten oder ganz fiktiven) Absender ist, wie etwa Ovids *Heroides* (Briefe mythischer Frauen).

Die bereits den echten Brief kennzeichnende potentielle Themenvielfalt ist beim literarischen Brief nahezu grenzenlos. Neben typischen Formen wie Glückwunsch-, Kondolenz-, Empfehlungsschreiben, Liebesbrief usw. stehen beispielsweise politisch-publizistische Briefe oder Lehrbriefe verschiedener Ausrichtung (philosophisch, poetologisch, rhetorisch). Nicht selten kommt es zur Überschneidung mit anderen Literaturgattungen: So ist die *Ars poetica* des Horaz ein als Brief sich ausgebendes Lehrgedicht, Ovids *Heroides* bezeich-

net man als ‹Briefelegien›, viele unter Senecas *Briefen an Lucilius* sind
kleine philosophische Abhandlungen. Der Brief wird hier von einer
literarischen Gattung zu einem formalen Muster, das anderen Gattungen Raum gibt.

2.5. Die Biographie

Als Biographie (Terminus erst im 6. Jh. n. Chr. belegt, vorher griech.
βίος, lat. *vita*; die Sonderform der ‹Autobiographie› heißt erst seit Beginn des 19. Jh.s so; das früheste erhaltene Beispiel stammt aus der
Spätantike: die *Confessiones* des Augustinus) bezeichnet man die Erzählung der Lebensgeschichte eines Menschen, verbunden mit einer
Darstellung seiner wesentlichen Charakterzüge und seiner Lebensleistung. Die Antike hat die Biographie nicht zu einer einheitlichen Gattung mit festen Konventionen ausgebildet; sie überschneidet sich thematisch mit anderen Gattungen wie beispielsweise der panegyrischen
Rede oder der Geschichtsschreibung, unterscheidet sich aber auch
von diesen. So kann die Biographie, im Gegensatz zur Panegyrik,
auch negative Eigenschaften eines Menschen thematisieren, und im
Gegensatz zum Geschichtsschreiber ist der Biograph an historischen
Ereignissen nur insoweit interessiert, als sie für Lebenslauf und Charakterbild seines Helden Bedeutung bzw. Aussagekraft besitzen; dies
kann auch auf kleine Episoden und Anekdoten zutreffen, die auf den
ersten Blick nebensächlich erscheinen.

Die Entstehung biographischer Literatur setzt voraus, daß Eigenart und Unverwechselbarkeit des Individuums zur Kenntnis genommen, geachtet und für mitteilenswert gehalten werden. In manchen
Kulturen, wie beispielsweise der indischen, ist es dazu nie gekommen.
In Griechenland entstehen Vorformen der Biographie seit dem Beginn des 4. Jh.s; insbesondere die Person des Sokrates weckte biographisches Interesse. Einen wichtigen Impuls gab in der Folge die peripatetische Schule mit ihren anthropologischen Studien, ihrer Klassifi-
zierung bestimmter Lebensformen und Charaktertypen und ihrer
differenzierten Kategorisierung von Tugenden und Lastern. So ist die
Biographie im griechischen Kulturkreis seit dem 3. Jh. eine fest etablierte Gattung; sie befaßt sich in der Regel einerseits mit Staatsmän-
nern, Herrschern, Feldherren, andererseits mit Philosophen, Dichtern und Literaten.

Die römischen Adelsgeschlechter hatten von altersher einen ausge-
prägten Sinn für die Lebensleistung ihrer Mitglieder. Abstammung,

honores und *dignitas*, *res gestae* und *mores* eines Verstorbenen wurden anläßlich der Bestattung in der Totenrede *(laudatio funebris)* gewürdigt, die Erinnerung daran durch zusammen mit dem Bildnis des Toten aufbewahrte Inschriften *(tituli)* lebendig gehalten. Andererseits konnte auch der Selbstbehauptungswille des *homo novus* Anlaß sein, die eigene Leistung zum Thema literarischer Darstellung zu machen. Die ersten römischen Biographien, von denen wir wissen, entstanden um 100 v. Chr. und waren Autobiographien (beispielsweise Aemilius Scaurus, 163/2–89/8), wohl mit apologetischer Tendenz; auch Sulla verfaßte eine Autobiographie, die nach seinem Tod durch seinen Freigelassenen Cornelius Epicadus fortgesetzt wurde – dem ersten uns namentlich bekannten römischen Biographen.

Seit dem 1. Jh. v. Chr. blühte die Gattung auch innerhalb der römischen Literatur. Gern faßte man die Biographien mehrerer Männer zu Sammlungen zusammen (*De viris illustribus*; Varro, Nepos, Hyginus) und stellte Römer und Griechen einander gegenüber. Vereinfachend kann man zwei Typen von Biographien unterscheiden: die literarisch-rhetorisch kunstvoll ausgestaltete, wie sie in der römischen Literatur als erster Cornelius Nepos verfaßt hat, und die sich auf Sachinformationen beschränkende Materialsammlung, wie sie Sueton bietet; ein Charakteristikum des zweiten Typus ist auch das wiederholte wörtliche Zitieren von Quellen. Weil die Biographie einerseits eine Lebensgeschichte erzählen, andererseits das Charakterbild eines Individuums zeichnen will, mischen sich in ihr die chronologische Vorgehensweise und die systematische Anordnung. Wie diese beiden Darstellungsprinzipien einander durchkreuzen, läßt sich beispielsweise in Suetons Kaiserviten beobachten: Chronologisch werden Herkunft, Geburt und Leben der jeweils vorgestellten Person bis zum Amtsantritt geschildert; darauf folgt ein systematisch rubrizierender Teil nach Tugenden und Lastern, schließlich, wieder mehr chronologisch vorgehend, die Beschreibung des Lebensendes. Die meisten antiken Biographien zeichnen sich durch eine moralisch-pädagogische Zielsetzung aus. Es wird versucht, die Lebensleistung eines Menschen und seine persönliche Eigenart als sinnvolle Einheit darzustellen. Die charakterliche Qualität eines Menschen hängt von dessen Naturanlage und von seiner freien Willensentscheidung ab; Determination durch das Milieu ist eine der antiken Biographie fremde Vorstellung.

Während der Kaiserzeit, da die Geschichte der ‹Welt›, d. h. des römischen Reiches, sehr stark von einer einzigen Person bestimmt

wurde, war die Biographie die nächstliegende Form der Geschichtsschreibung, ja schien zuweilen an deren Stelle zu treten; politisch relevante Geschichte war ja nun weitgehend identisch mit dem Wirken
eines einzigen Menschen. Trotzdem behielten beide Gattungen ihre
Eigenständigkeit. In der Spätantike entstanden im Rahmen der christlichen Literatur neue Formen biographischer Literatur, wie die
Mönchs- und Bischofsvita oder die Lebensbeschreibung von Märty-
rern.

2.6. Der Roman

Diejenige Literaturgattung, die heute in der Gunst des Publikums alle
anderen weit überflügelt hat, ist in der Antike zwar vorhanden, wird
von den Literaturtheoretikern jedoch nicht zur Kenntnis genommen.
Deshalb existiert kein spezifischer Terminus – die Griechen behelfen
sich mit *Historia* (ἱστορία), *Drama* (δρᾶμα) oder *Mythos* (μῦθος), die
Römer mit *fabula*. Unser Wort ‹Roman› kommt aus dem mittelalterlichen Frankreich, wo es eine längere, in Prosa oder in Versen, jedenfalls aber in der romanischen Volkssprache (und nicht der lateinischen
Literatursprache) verfaßte Erzählung bezeichnete. In der Klassischen
Philologie wird es als Terminus für die längere, fiktionale Prosaerzäh-
lung benutzt.

Die frühesten griechischen Romane sind, wenn man Vorläufer wie
Xenophons *Kyrupädie (Die Erziehung des Kyros)* nicht der Gattung
zurechnet, im 3. oder 2. Jh. v. Chr. entstanden. Als jüngste literarische
Form hat der Roman seine bevorzugten literarischen Mittel von mehreren älteren Gattungen übernommen: vom Epos, besonders der
Odyssee, die Technik der Rahmenerzählung und das Motiv der Irrfahrt, von der Neuen Komödie die Motive der Kindesaussetzung und
der Wiedererkennung, von der Geschichtsschreibung die pseudo-hi-
storische Einbettung des Romangeschehens, von der Geographie die
Vorliebe für alles Exotische, von der hellenistischen Liebeselegie die
erotische Thematik, von der Rhetorik die ausgefeilten Beschreibungen von Örtlichkeiten oder Gegenständen. Typisch ist die Häufung
an sich nicht unmöglicher, aber durchaus unwahrscheinlicher Bege-
benheiten. Die griechische Literatur kennt verschiedene Typen von
Romanen, wie den mythographischen, den historischen, den utopi-
schen, den Reise- und den Liebesroman.

Seinen Einzug in die lateinische Literatur hält der Roman – wie andere Gattungen auch – durch die Übersetzung eines griechischen

Werkes: Cornelius Sisenna (Prätor 78 v. Chr.) übertrug die *Milesiaka*
des Aristeides von Milet (wohl 2. Jh. v. Chr.; entweder ein zusammenhängender Roman oder eine Sammlung kleinerer Novellen) ins Lateinische; das Buch muß eine Art ‹Bestseller› gewesen sein, fand man
doch Exemplare davon sogar im Marschgepäck römischer Soldaten,
die in der Schlacht von Karrhae (53 v. Chr.) den Tod gefunden hatten.
Der antike Roman sprach offenbar einen relativ breiten Leserkreis an,
einen breiteren jedenfalls, als andere, nur für literarisch-rhetorisch
gebildete Rezipienten bestimmte Literatur. Dies gilt aber nicht für
alle Erzeugnisse der Gattung, die auch höchst artifizielle, beziehungs-
reiche und damit den gebildeten Leser fordernde Produkte hervor-
brachte.

Die beiden qualitativ besten und immerhin teilweise erhaltenen
Repräsentanten der lateinischen Romanliteratur entstammen dem 1.
(Petrons *Satyrica*) und dem 2. Jh. (Apuleius' *Metamorphosen*). Beide
Werke enthalten eine deutliche komisch-parodistische Tendenz, die
Deutung ist jedoch in vielen Einzelheiten äußerst umstritten. An lateinischen Romanen der Antike sind außerdem erhalten: eine Version
des Alexanderromans von Iulius Valerius, 4. Jh.; zwei Übersetzungen
griechischer mythographischer Romane aus dem 4. und 6. Jh.; die von
einem christlichen Autor stammende *Historia Apollonii regis Tyrii*,
um 500. Romanhafte Züge findet man auch in Erzeugnissen der
christlichen Literatur wie den apokryphen Apostelgeschichten.

X. Autoren und Werke

Die folgende Zusammenstellung lateinischer Autoren und ihrer Werke ist der Versuch einer möglichst repräsentativen Auswahl, die sich an dem insbesondere für das Grundstudium maßgeblichen Lektürekanon orientiert. Dabei wurden freilich die frühen Autoren nicht unberücksichtigt gelassen, da sie – wenngleich ihre Schriften nur bruchstückhaft erhalten sind und wir von ihrem Leben kaum Kenntnis haben – doch auf die klassische lateinische Literatur wesentlichen Einfluß nahmen (Livius Andronicus, Ennius, Naevius). Dasselbe gilt auch für spätere, deren Opus ebenfalls fragmentarisch überliefert ist (Lucilius) oder über deren Person wir kaum etwas wissen (Lukrez und Catull). Dagegen wurden die christlichen Exponenten des 2. und 3. Jh.s (zum Beispiel Tertullian, Laktanz) absichtlich nicht aufgenommen, weil sie in ihren Schriften weniger das antike Rom und seine Kultur als vielmehr das frühe Christentum reflektieren und damit eher Wegbereiter des lateinischen Mittelalters sind. Einige der in diesem Abschnitt nicht vorgestellten Autoren sind jedoch in den Kapiteln ‹Epochen› (S. 112 ff.) und ‹Gattungen› (S. 124 ff.) behandelt. Eine Ausnahme stellt im 4./ 5. Jh. der Kirchenvater Augustinus dar; in seinen Schriften spiegelt sich noch – wenn auch vollkommen anders als bei seinem Zeitgenossen Macrobius als einem der letzten paganen Literaten – die griechisch-römisch geprägte Bildung der Spätantike. Die Darstellung der einzelnen Autoren ist chronologisch und folgt den oben (S. 114 ff.) dargelegten Epochen der lateinischen Literatur. Im Unterschied zu den anderen Kapiteln wird die einschlägige Literatur unmittelbar nach der Vorstellung des Autors gegeben. Es wird aber nicht eigens noch auf die im Literaturverzeichnis angegebenen Literaturgeschichten verwiesen. Unter diesen verdient freilich die zweibändige «Geschichte der römischen Literatur» M. v. Albrechts besondere Erwähnung, da sie für die einzelnen Abschnitte der Autoren stets mit großem Gewinn eingesehen wurde.

1. Vorklassik

L. Livius Andronicus (3. Jh. v. Chr.)

Leben

Die römische Literaturgeschichte beginnt mit einem Griechen, der wahrscheinlich aus dem süditalischen Tarent stammt, einem kulturellen Zentrum Großgriechenlands. Als Kriegsgefangener kommt er nach Rom und wird Hauslehrer im Haushalt der Livii, die ihn schließlich freilassen. Nach dem römischen Sieg über Karthago führt er im September 240 v. Chr. bei den *ludi Romani* das erste lateinische Drama auf. 207 erhält er den offiziellen Auftrag, wegen bedrohlicher Vorzeichen ein Prozessionslied für den Jungfrauenchor zu schreiben (Livius 27, 37, 7 ff.). Da sich die Dinge zum Guten wenden, werden die Dichter und Schauspieler (*scribae et histriones*) als Gilde anerkannt, und es wird ihnen der Minervatempel auf dem Aventin als Kult- und Versammlungsstätte übergeben. Bald nach dieser öffentlichen Anerkennung eigenständig römischer Literatur ist ihr Vorkämpfer wohl gestorben.

Werk (nur in wenigen Fragmenten erhalten)

Epos: *Odusia*
Tragödien: *Achilles, Aegisthus, Aiax mastigophoros, Andromeda, Antiopa, Danae, Equos Troianus, Hermiona, Ino, Tereus*
Komödien: *Gladiolus, Ludius, Verpus*
Lyrik: Sühnelied

Rezeption

Livius Andronicus markiert den Beginn römischer Literatur, sogar für Horaz, der alles andere als ein Bewunderer von ihm ist (*Epistulae* 2, 1, 61 f.). Seine Übersetzung von Homers *Odyssee* markiert den Beginn der paradigmatischen Funktion der griechischen für die römische Literatur bis in die Zeit der Klassik (S. 115 f.). Seine Werke geraten schnell in Vergessenheit, selbst die *Odusia* überlebt das Erscheinen der *Aeneis* Vergils nicht.

Ausgaben: M. Lenchantin de Gubernatis, Torino 1937; *Odusia*: S. Mariotti, s. unter Literatur.
Literatur: W. Suerbaum, Untersuchungen zur Selbstdarstellung älterer römischer

Dichter: Livius Andronicus. Naevius. Ennius, Hildesheim 1968 (zu Livius: 1–12);
J. Blänsdorf, Voraussetzungen und Entstehung der römischen Komödie, in: E. Le-
fèvre (Hrsg.), Das römische Drama, Darmstadt 1978, 91–134; S. Mariotti, Livio
Andronico e la traduzione artistica, Urbino ²1986); I. Livingston, A Linguistic
Commentary on Livius Andronicus, New York/London 2004.

Cn. Naevius (ca. 270 – nach 200 v. Chr.)

Leben

Naevius stammt aus Kampanien (wohl Capua) und kämpft im 1. Punischen Krieg auf römischer Seite. Sein Talent als Komiker, vor allem
aber sein scharfer Spott bringen ihn bald in Konflikt mit den einflußreichen Familien in Rom, weshalb er 206 inhaftiert und verbannt
wird. Sein 7 Bücher umfassendes *Bellum Poenicum* ist das erste natio-
nalrömische Epos, in dem er nicht nur den 1. Punischen Krieg, der
mit der Eroberung Siziliens die römische Vorherrschaft über Italien
hinaus festigte, im Versmaß des Saturniers (S. 92) besingt, sondern
auch – wie nach ihm Vergil in der *Aeneis* – in mythischer Vorzeit die
Feindschaft Rom-Karthago ätiologisch begründet. Mit der Praetexta
(S. 127) entwickelt er einen Tragödientypus mit Bezug zur römischen
Geschichte. Gegen Ende des 3. Jh.s stirbt er in Utica.

Werk (nur in wenigen Fragmenten erhalten)

Epos: *Bellum Poenicum*
Tragödien: *Aesonia (Hesonia), Danae, Equos Troianus, Hector profi-
ciscens, Iphigenia, Lucurgus, Andromache*
Praetexta: *Clastidium, Lupus-Romulus* (vielleicht zwei Stücke), *Veii* (?)
Komödie: *Acontizomenos, Agitatoria, Agrypnuntes, Appella* (unsi-
cher), *Ariolus, Astiologa, Carbonaria, Chlamydaria, Colax, Com-
motria, Corollaria, Dementes, Demetrius, Dolux, Figulus, Glaucoma,
Gymnasticus, Lampadio, Nagido, (Nautae), Nervolaria, Paelex, Per-
sonata, Proiectus, Quadrigeniti* (oder *Quadrigemini*?), *Stalagmus,
Stigmatias, Tarentilla, Technicus, Testicularia, Tribacelus, Triphallus,
Tunicularia*

Rezeption

Für seine Zeitgenossen ist Naevius der Inbegriff sprachlicher Rein-
heit. Auf seiner in Saturniern verfaßten Grabinschrift wird denn auch
bezeugt, daß man nach seinem Tode in Rom vergessen habe, Lateinisch zu sprechen (Gellius 1, 24, 2; vgl. auch Cicero, *Brutus* 75). Eine

wichtige Leistung des Naevius ist in der Tat die Latinisierung zusammengesetzter homerischer Beiwörter, wie er denn bei der Übertragung der griechischen Vorlagen insgesamt bereits starke lateinische Akzente setzte (schon an den Titeln erkennbar) und hierdurch großen Einfluß auf Plautus ausübte. Als Epiker wurde er aus der Überlieferung von Vergil ganz verdrängt.

Ausgaben: E. V. Marmorale, Naevius poeta, Firenze ³1953 (mit Kommentar); *Bell. Poen.*: M. Barchiesi, Nevio epico. Storia, interpretazione, edizione critica dei frammenti, Padova 1962; L. Strzelecki, Leipzig 1964; S. Mariotti, Roma ²1970.
Literatur: W. Suerbaum, Untersuchungen zur Selbstdarstellung älterer römischer Dichter: Livius Andronicus. Naevius. Ennius, Hildesheim 1968 (zu Naevius: 13–42); M. von Albrecht: Naevius' Bellum Poenicum, in: E. Burck (Hrsg.), Das römische Epos, Darmstadt 1979, 15–32; S. M. Goldberg, Epic in Republican Rome, Oxford 1995.

Q. Ennius (239–169 v. Chr.)

Leben

239 v. Chr. wird er in Rudiae (Kalabrien) geboren. Er soll von sich selbst gesagt haben, er habe drei Herzen, da er drei Sprachen spreche: Oskisch, Griechisch und Latein (Gellius 17, 17, 1). Als Söldner einer süditalischen Einheit des römischen Heeres lernt er den Quaestor Cato kennen, der ihn vielleicht 204 v. Chr. mit nach Rom nimmt. Seine Praetexta *Ambracia*, die die Einnahme dieser Stadt durch seinen Gönner M. Fulvius Nobilior feiert, bringt ihm die Verleihung des römischen Bürgerrechts ein. In seinem Hauptwerk, den 18 Büchern umfassenden *Annales*, beschreibt er die römische Geschichte vom Untergang Trojas bis in seine Zeit. Sein Vorbild sind die homerischen Epen; im Proömium erzählt er von einem Traum, in dem die Seele Homers in ihn eingegangen sei. Seine Ausformung einer epischen Sprache sowie die Einführung des daktylischen Hexameters prägen die epische Tradition der Folgezeit. Als Dramatiker orientiert sich Ennius vor allem an Euripides. Einzigartig in der Geschichte der römischen Literatur ist die Vielzahl der Gattungen und literarischen Formen, in denen Ennius sich betätigte.

Werk

Epos: *Annales* (ca. 600 Verse erhalten)
Tragödien: *Achilles, Aiax, Alc(u)meo, Alexander, Andromacha (Andromacha aechmalotis), Andromeda, Athamas, Cresphontes, Erech-*

theus, Eumenides, Hectoris Lytra, Hecuba, Iphigenia, Medea, Medea exul, Melanippa, Nemea, Phoenix, Telamo, Telephus, Thyestes
Praetexta: *Ambracia, Sabinae*
Komödien: *Cupiuncula, Pancratiastes*
Sonstiges: *Epicharmus* (philosophische Lehrschrift in trochäischen Septenaren), *Epigrammata, Euhemerus* (theologische Lehrschrift in Prosa: die Götter sind keine übernatürlichen Kräfte, sondern vergöttlichte, herausragende Menschen), *Hedyphagetica* (gastronomische Lehrschrift, ‹Gourmet-Lexikon›, S. 133), *Protrepticus (praecepta)*(?), 4 Bücher *Saturae* (S. 135 ff.), *Scipio* (Inhalt umstritten, wohl Lob des Scipio), *Sota* (witzige Gedichte im Stil des Griechen Sotades, 3.Jh. v. Chr.)

Rezeption

Ennius löste mit der Einführung des griechischen Hexameters in die römische Epik den schwerfälligen Saturnier ab und galt hinfort als zweiter Homer (*alter Homerus*) oder als die Reinkarnation desselben (*Homerus redivivus*). In der Zeit der späten Republik dienen seine *Annalen* als Schulbuch, bevor im 1.Jh. n. Chr. Vergils *Aeneis* sie verdrängt. Im 2.Jh. n. Chr. lebt bei den sogenannten Archaisten das Interesse an Ennius noch einmal auf. In hadrianischer Zeit wurde aus seinen Werken öffentlich rezitiert.

Ausgaben: Annales: O. Skutsch, Oxford 1986; *Tragödien:* H.D.Jocelyn, Cambridge 1967 (mit Kommentar).
Literatur: W. Suerbaum, Untersuchungen zur Selbstdarstellung älterer römischer Dichter: Livius Andronicus. Naevius. Ennius, Hildesheim 1968 (zu Ennius: 43–295); O. Skutsch (Hrsg.), Ennius, Vandoeuvres/Genève 1971 (Entretiens 17); M. von Albrecht, Ennius' Annales, in: E. Burck (Hrsg.), Das römische Epos, Darmstadt 1979, 33–44; R. A. Brooks, Ennius and the Roman Tragedy, New York 1949 (Nachdruck 1981).

M. Porcius Cato Censorius (234–149 v. Chr.)

Leben

Cato, plebejischer Abstammung, wird 234 in Tusculum geboren. In mehreren Feldzügen des 2. Punischen Krieges zeichnet er sich aus. 204 ist er Quaestor, 199 Aedil und 198 Praetor, schließlich steigt er als *homo novus* zum Konsul (195) und zum Zensor (184) auf. Dieses Amt verwaltet er mit unbarmherziger Strenge; er führt eine Luxussteuer ein und geht gegen bestechliche Senatoren vor. Als 155 der griechische Philosoph Karneades die Relativität der Werte in Rom vorträgt, veranlaßt Cato die Vertreibung der sogenannten Philosophengesandtschaft. Cato ist der erste Politiker, der seine Reden schriftlich festhält. Berühmt geworden ist er mit seiner ständig wiederholten Forderung aus den letzten Lebensjahren, Karthago zu zerstören. Literarisch versucht er, den griechischen Kulturleistungen eigene römische Werke entgegenzustellen. Mit seinem Geschichtswerk *Origines* (7 Bücher; Geschichte Roms und der italischen Stämme von den Anfängen bis in seine Zeit) stellt er sich bewußt in Gegensatz zu den hellenistisch beeinflußten und griechisch schreibenden Annalisten. Für seinen Sohn verfaßt er verschiedene Lehrschriften, von denen nur *De agri cultura* erhalten ist. Er wird damit zum Begründer der römischen Kunstprosa. Kurz nach Beginn des 3. Punischen Krieges stirbt er 149 v. Chr.

Werk

Orationes (ca. 80 Fragmente von über 150 Reden)
Origines (fragmentarisch)
De agri cultura (erhalten)

Rezeption

Die Persönlichkeit Catos beeindruckte auch in der Folgezeit derart, daß unter seinem Namen *Dicta* und *Disticha Catonis*, Aussprüche popularphilosophischen Inhalts, im Umlauf waren (entstanden ca. 3. Jh. n. Chr.), die bis ins Mittelalter als Schulbuch benutzt wurden.

Ausgaben: H. Jordan, Stuttgart 1967 (= Leipzig 1860, ohne *De agri cultura*); *De agri cultura*: A. Mazzarino, Leipzig ²1982; *Orationes*: T. Sblendorio Cugusi, Torino 1982; *Origines*: M. Chassignet, Paris 1986.
Literatur: A. E. Astin, Cato the Censor, Oxford 1978; D. Kienast, Cato der Zensor, Darmstadt 1979; W. Suerbaum, Cato Censorius in der Forschung des 20. Jahrhunderts, Hildesheim 2004.

T. Macc(i)us Plautus (ca. 250–184 v. Chr.)

Leben

Der große Komödiendichter stammt aus Sarsina in Umbrien. Das Gentilnomen Maccius, in Pompeji bezeugt, ist ebensowenig sicher wie die Selbstbezeichnung Maccus (*Asinaria* 11), etwa «Hanswurst». Über seine Biographie ist wenig bekannt. Er soll in einer Theatergruppe, als Kaufmann und zeitweise in einer Mühle sein Geld ver-

dient haben (Varro bei Gellius 3, 3, 14). Sein literarisches Werk beschränkt sich auf die Palliata (S. 131). Sicher datiert sind von seinen
Komödien nur *Stichus* (200) und *Pseudolus* (192). Aus historischen
Anspielungen in den Stücken lassen sich als Schaffenszeit die Jahre
210–185 herauslesen. 184 stirbt er in Rom (Cicero, *Brutus* 60).

Werk

Erhaltene Komödien: *Amphitruo, Asinaria, Aulularia, Bacchides,
Casina, Cistellaria, Curculio, Epidicus, Menaechmi, Mercator, Miles
gloriosus, Mostellaria, Persa, Poenulus, Pseudolus, Rudens, Stichus,
Trinummus, Truculentus, Vidularia.* Zudem noch zahlreiche Fragmente.

Rezeption

Die große Beliebtheit des Plautus führte dazu, daß unter seinem Namen bereits im 1. Jh. v. Chr. etwa 130 Komödien vorlagen, aus denen
Varro 21 für echt befand, möglicherweise gerade jene Stücke, die
überliefert sind. In der spätantiken und mittelalterlichen Schultradi-
tion von Terenz verdrängt, wird Plautus seit der Renaissance wieder
intensiv gelesen. Seine Sujets und seine burleske Komik haben einen
nachhaltigen Einfluß auf die Entwicklung der europäischen Komödie. Die *Aulularia* wird von Shakespeare, der *Amphitruo* von Molière, der *Trinummus* von Lessing *(Schatz)* aufgenommen. Die wissenschaftliche Auseinandersetzung mit dem plautinischen Werk
setzt im 19. Jh. ein, und zwar im Sinne einer Echtheitskritik. Plautus
gilt den Philologen dieser Zeit als reiner Übersetzer griechischer
Vorlagen. Mit E. Fraenkels Buch *Plautinisches im Plautus* (1922) beginnt eine umfassende Diskussion über die Originalität des Um-
brers. Man ist sich einig, daß Plautus seine griechischen Vorlagen
zum Teil recht tiefgreifend verändert hat. Uneinigkeit besteht aber
nach wie vor darüber, ob er das Material zu den jeweiligen Veränderungen überwiegend aus anderen griechischen Quellen zusammentrug und auf diese Weise verschiedene Dramen vermischte (*konta-
minierte*; S. 130) oder ob er als Dramatiker schon so eigenständig
vorging, daß er den Übersetzungen von sich aus ganze Szenen und
Handlungsstränge hinzufügte. Die Freiburger Schule (E. Lefèvre, E.
Stärk, G. Vogt-Spira u.a.) nimmt einen hohen Anteil nichtliterari-
scher, aus dem Improvisationstheater stammender Formung der
Handlung an, von gelegentlichen Einschüben dramatischer Versatz-
stücke bis zur Kreation ganzer Dramen, so E. Stärk (1989) für die

Menaechmi, während O. Zwierlein (*Zur Kritik und Exegese des Plautus* Bd. 1, S. 14) die Auffassung vertritt, die Plautusüberlieferung sei stark durchsetzt von vielfältigen Eingriffen fremder Hand, nach deren Eliminierung wieder eine klare Handlungslinie erkennbar werde, die Plautus als einen genialen Übersetzer erweise, «der die Gesprächsführung der griechischen Vorlagen so meisterhaft nachzubilden verstand, daß ihm Varro hierin den ersten Platz unter den lateinischen Komödiendichtern zubilligte.»

Ausgabe: W. M. Lindsay, Oxford 1904/5 (häufig nachgedruckt).
Literatur: E. Fraenkel, Plautinisches im Plautus, Berlin 1922 (Nachdruck Hildesheim 2000; mit Erweiterungen versehen: Elementi Plautini in Plauto, Firenze 1960); K. Gaiser, Zur Eigenart der römischen Komödie: Plautus und Terenz gegenüber ihren griechischen Vorbildern, ANRW I 2, 1972, 1027–1113; J. Blänsdorf, Plautus, in: E. Lefèvre (Hrsg.), Das römische Drama, Darmstadt 1978, 135–222; E. Segal, Roman Laughter. The Comedy of Plautus, Oxford ²1987; E. Stärk, Die Menaechmi des Plautus und kein griechisches Original, Tübingen 1989; E. Lefèvre u. a. (Hrsgg.), Plautus barbarus. Sechs Kapitel zur Originalität des Plautus, Tübingen 1991; O. Zwierlein, Zur Kritik und Exegese des Plautus. I: *Poenulus, Curculio*, Stuttgart 1990; II: *Miles gloriosus*; III: *Pseudolus*, Stuttgart 1991; IV: *Bacchides*, Stuttgart 1992; L. Benz / E. Stärk / G. Vogt-Spira (Hrsgg.), Plautus und die Tradition des Stegreifspiels, Tübingen 1995; P. Riemer, Das Spiel im Spiel. Studien zum plautinischen Agon in Trinummus und Rudens, Stuttgart/Leipzig 1996; N. W. Slater, Plautus in Performance, Amsterdam ²2000; E. Segal (Hrsg.), Oxford Readings in Menander, Plautus, and Terence, Oxford/New York 2001.

P. Terentius Afer (ca. 194/184–159 v. Chr.)

Leben

Terenz stammt nach Sueton aus Karthago und ist wohl libyscher Herkunft (wie das cognomen *Afer* andeutet). Sein Geburtsjahr ist ebenso unbekannt wie sein ursprünglicher Name. Als Sklave des Senators Terentius Lucanus erhält er in Rom eine vornehme Erziehung und wird später von diesem freigelassen. Als Angehöriger des Scipionenkreises wird Terenz von einflußreichen Adligen gefördert, was ihm von seinen Konkurrenten (besonders Luscius Lanuvinus) Anfeindung einträgt (*Heautontimorumenos* 23f.). Zwischen 166 und 160 v. Chr. entstehen seine sechs Komödien. Er stirbt 160/159 auf einer Reise nach Griechenland.

Werk

Andria, Heautontimorumenos, Eunuchus, Phormio, Hecyra, Adelphoe

Rezeption

Die an dem feinen Witz Menanders sich orientierende Komödienkunst des Terenz scheint dem römischen Publikum wenig attraktiv gewesen zu sein. Es verließ die Vorführung des Debüt-Stücks *Hecyra (Schwiegermutter)*, um nebenan einem attraktiveren *funambulus* (Seiltänzer) zuzuschauen. Die literarische Bewertung der Nachwelt fiel deutlich besser aus. Caesars Urteil, er sei ein *dimidiatus Menander*, rückt den römischen Dichter zu Recht in die Nähe seines griechischen Vorbilds; Horaz preist seine literarische Meisterschaft (*Epistulae* 2, 1, 59). Anders als Plautus ist Terenz bis zum Mittelalter Schulautor gewesen und häufig kommentiert worden (Donatus, Eugraphius). Erst der Versuch der Cluniazenser, geistig-klösterliche und weltliche Kultur zu trennen, leitete den Niedergang der Rezeption der terenzischen Werke ein. Die Nonne Hrosvith von Gandersheim verfaßte in rhythmisierter Prosa sechs von Terenz beeinflußte Dramen, um den beliebten Römer aus dem Lektürekanon zu verdrängen. In der Neuzeit wurde er vor allem von Molière wieder aufgegriffen: *Les École des Maris* (1661) geht auf die *Adelphen* zurück, *Les Fourberies de Scapin* (1667) auf den *Phormio*. Die Eigenständigkeit des römischen Dramatikers, das in seinen Prologen selbstbekundete Kontaminieren, also das Verändern und Vermischen griechischer Vorlagen, darüber hinaus sein Verhältnis zu Plautus und zum italischen Improvisationstheater beherrschen die Themen der jüngeren Terenzforschung.

Ausgabe: R. Kauer / W. M. Lindsay, Oxford 1926 (1958 mit erweitertem kritischem Apparat neu herausgegeben von O. Skutsch).
Literatur: K. Gaiser, Zur Eigenart der römischen Komödie: Plautus und Terenz gegenüber ihren griechischen Vorbildern, ANRW I 2, 1972, 1027–1113; K. Büchner, Das Theater des Terenz, Heidelberg 1974 (zugleich Kommentar zu allen Dramen); H. Juhnke, Terenz, in: E. Lefèvre (Hrsg.), Das römische Drama, Darmstadt 1978, 223–307; W. E. Forehand, Terence, Boston 1985; S. M. Goldberg, Understanding Terence, Princeton 1986; E. Segal (Hrsg.), Oxford Readings in Menander, Plautus, and Terence, Oxford/New York 2001; P. Kruschwitz, Terenz, Hildesheim 2004; P. Kruschwitz/W.-W. Ehlers/F. Felgentreu (Hrsgg.), Terentius Poeta, München 2007.

C. Lucilius (ca. 167–102 v. Chr.)

Leben

Der Großonkel des Pompeius Magnus stammt aus Suessa Aurunca

(Kampanien). Sein Geburtsjahr ist umstritten. Von Geburt römischer Ritter, ist er eng mit dem Politiker und Feldherrn Scipio befreundet, den er auch finanziell unterstützt. 103/102 v. Chr. stirbt er in Neapel und erhält, ein Zeichen seines Ansehens, ein öffentliches Begräbnis.

Werk

Satura (30 Bücher, zahlreiche Fragmente)

Rezeption

Neben Ennius ist Lucilius der eigentliche Begründer der römischen Satire. Der daktylische Hexameter, den er in Buch 30 verwendet, wird fortan zum Metrum der Satire, ebenso beeinflussen seine Themen (Polemik gegen gesellschaftliche Mißstände, Luxuskritik, literarische Polemik, Autobiographisches: *Iter Siculum*) die spätere Satirendichtung (besonders Horaz).

Ausgaben: F. Charpin, Paris 1978–1991 (3 Bde; lat.-frz.); F. Marx, Stuttgart / Amsterdam 1963 (mit lat. Kommentar); W. Krenkel, Berlin / Leiden 1970 (2 Bde).
Literatur: C. Cichorius, Untersuchungen zu Lucilius, Berlin 1908; J. Heurgon, Lucilius, Paris 1959; J. Christes, Lucilius, in: J. Adamietz (Hrsg.), Die römische Satire, Darmstadt 1986, 57–122; M. Coffey, Roman Satire, London ²1989, 35–62; G. Manuwald (Hrsg.), Der Satiriker Lucilius und seine Zeit, München 2001; K. Haß, Lucilius und der Beginn der Persönlichkeitsdichtung in Rom, Stuttgart 2007.

2. Klassik

M. Terentius Varro (116–27 v. Chr.)

Leben

Der römische Universalgelehrte wird 116 v. Chr. (in Rom?) geboren. Er verfolgt zunächst die politische Laufbahn: gegen 86 ist er Quaestor, 70 Volkstribun, 68 Praetor und 59 mit Pompeius *Vigintivir ad agros dividendos Campanos*. An der Seite des Pompeius beteiligt er sich an mehreren Feldzügen. Von Caesar begnadigt, wird ihm die Errichtung einer öffentlichen Großbibliothek in die Hand gelegt. Dieser Plan wird allerdings nicht in die Tat umgesetzt. Die Proskription durch Antonius (43 v. Chr.) überlebt Varro im Gegensatz zu Cicero dank der Hilfe eines Freundes; zerstört wird jedoch seine Villa in Casinum und mit ihr seine private Bibliothek. Schon zu seinen Lebzeiten gilt er – vor allem wegen seines Hauptwerks, den 41 Büchern umfassenden *Antiquitates rerum humanarum et divinarum*, in denen er mit griechischer Methode die Frühgeschichte des römischen Volkes erforschte – als Autorität. Von seinem insgesamt 600 Bücher umfassenden Werk sind nur *De lingua Latina* und *De re rustica* erhalten.

Werk

Enzyklopädie: *Disciplinae* (verloren)
Grammatik: *De lingua Latina* (erhalten)
Literaturgeschichte: *De comoediis Plautinis, De poematis, De poetis, Hebdomades vel De imaginibus* (literarische Porträts von 700 Griechen und Römern) (verloren)
Antiquarhistorische und geographische Schriften: *Antiquitates rerum humanarum et divinarum, De gente populi Romani, De vita populi Romani* (verloren)
Philosophie: *Liber de philosophia, De principiis numerorum, Logistorici* (verloren)
Lehrschrift: *De re rustica* (3 Bücher, erhalten)
Dichtung: *Saturae Menippeae* (S. 135 f., fragmentarisch)

Rezeption

Varro hat maßgeblich die römische Fachliteratur geformt und wie Cicero dazu beigetragen, daß griechische Wissenschaft in Rom heimisch wurde. Seine antiquarischen Studien bilden eine wichtige Grundlage der augusteischen Restaurationspolitik; Cicero (*Academia posteriora* 1, 9) betont, daß erst Varro den Römern die Augen für die eigene Kultur und Geschichte geöffnet habe. Petrarca (gestorben 1374) bezeichnet ihn neben Cicero und Vergil als *terzo gran lume romano* (*Triumphus Famae* 3, 8).

Ausgaben: Antiqu. rer. div.: B. Cardauns, Mainz 1976 (mit Kommentar); *De lingua Latina*: G. Goetz/F. Schöll, Leipzig 1910; *Menipp. Satiren*: R. Astbury, Leipzig 1985; *Res rusticae*: H. Keil/G. Goetz, Leipzig ²1929; M. Salvadore, 2 Bde, Hildesheim 1999, 2004 (Gesamtausgabe der Fragmente).
Literatur: F. della Corte, Varrone, il terzo gran lume romano, Genova 1954, erw. ²1970; C. O. Brink (Hrsg.), Varron, Vandœuvres/Genève 1962 (Entretiens 9); P. Grimal/J. Préaux/R. Schilling, Varron, grammaire antique et stylistique latine. Festschrift J. Collart, Paris 1978; E. Woytek, Varro, in: J. Adamietz (Hrsg.), Die römische Satire, Darmstadt 1986, 311–355; Th. Baier, Werk und Wirkung Varros im Spiegel seiner Zeitgenossen von Cicero bis Ovid, Stuttgart 1997; B. Cardauns, Marcus Terentius Varro, Heidelberg 2001.

T. Lucretius Carus (ca. 98–55 v. Chr.)

Leben

Die Herkunft des Lukrez ist uns ebenso wenig bekannt wie sein weiterer Weg. Sein Leben fällt in eine unruhige Epoche römischer Geschichte, die eingerahmt ist von den Kämpfen zwischen Marius und Sulla bis zum Aufstieg Caesars in Gallien. Lukrez wendet sich unter diesem Eindruck der Philosophie, dem Epikureismus, zu. Sein unvollendetes Werk, eine in der Form des Lehrgedichts gehaltene Darstellung der epikureischen Philosophie, in deren Mittelpunkt die Physik und die sich aus der richtigen Naturerkenntnis ergebenden ethischen Konsequenzen stehen, gelangt 54 v. Chr. in die Hände Ciceros, der, wie man vermutet, es herausgegeben hat.

Werk

De rerum natura (6 Bücher)

Rezeption

Lukrez beeinflußt nicht nur als Vertreter der Lehrdichtung Vergils *Georgica*, auch stilistisch hat ihm der klassische Hexameter viel zu verdanken. Neben Cicero hat er in entscheidendem Maße dazu beigetragen, die griechische philosophische Terminologie zu latinisieren, und damit erst Philosophieren in lateinischer Sprache möglich gemacht.

Ausgaben: C. Bailey, Oxford 1947 (3 Bde, mit Kommentar); J. Martin, Leipzig ⁶1969; C. Müller, Zürich 1975.
Literatur: D.R. Dudley, Lucretius, London 1965; D. West, The Imagery and Poetry of Lucretius, Edinburgh 1969; J.H. Nichols, Epicurean Political Philosophy. The ‹De rerum natura› of Lucretius, Ithaca 1976; E.J. Kenney, Lucretius, Oxford 1977 (G&R, New Surveys 11); D. Clay, Lucretius and Epicurus, Ithaca 1983; C.J. Classen (Hrsg.), Probleme der Lukrezforschung, Hildesheim 1986; M.Erler, in: H.Flashar (Hrsg.), Die Philosophie der Antike, Bd.4, Basel 1994, 381–490 (Forschungsüberblick); K.A.Algra/M.H.Koenen/P.H. Schrijvers (Hrsgg.), Lucretius and His Intellectual Background, Amsterdam 1997; D.N.Sedley, Lucretius and the Transformation of Greek Wisdom, Cambridge/New York 1998; W.R.Johnson, Lucretius and the Modern World, London 2000; L. Rumpf, Naturerkenntnis und Naturerfahrung, München 2003.

C. Valerius Catullus (ca. 84–54 v. Chr.)

Leben

Catull wird um 84 in Verona geboren. Über sein Leben wissen wir nicht viel mehr als über das seines Zeitgenossen Lukrez. Mit ihm teilt

er die Erfahrung einer politisch unruhigen Zeit, die auch seine Gedichte widerspiegeln. In seinen *Carmina* folgt Catull hellenistischen
Kunstidealen, er ist der bedeutendste Vertreter der sogenannten Neoteriker (S. 117).

Werk

Carmina: 116 Gedichte verschiedenen Inhalts: 1–60 kleinere Gedichte in verschiedenen lyrischen Versmaßen; 61–68 größere Gedichte, unter anderem das Epyllion (Kleinepos) *carmen* 64 (Hochzeit
von Peleus und Thetis); 69–116 Epigramme im elegischen Distichon.

Rezeption

Catulls Werk hat schon zu Lebzeiten eine beträchtliche Verbreitung
erfahren und wird auch in der Folgezeit viel gelesen; der junge Vergil
dichtet, wenn einiges aus dem *Catalepton* echt sein sollte, im Stil Catulls. Metrische und thematische Reminiszenzen ziehen sich wie ein
roter Faden noch durch die Dichtung Martials. In der Spätantike
nimmt das Interesse an ihm ab und setzt erst in der Renaissance, insbesondere in Frankreich, wieder ein. Im 20. Jh. werden die Gedichte
in gewisser Weise wieder neu entdeckt, es finden sich so unterschiedliche Bearbeitungen wie die *Ides of March* von Thornton Wilder
(1948) und die *Catulli Carmina* Carl Orffs (1943).

Ausgaben: R. A. B. Mynors, Oxford 1958; D. F. S. Thomson, Chapel Hill 1978; W.
Eisenhut, Leipzig 1983.
Literatur: D. Braga, Catullo e i poeti greci, Firenze / Messina 1950; K. Quinn, The
Catullan Revolution, Oxford 1969; R. Heine (Hrsg.), Catull, Darmstadt 1975;
H. P. Syndikus, Catull (3 Bde), Darmstadt 1984–1990 (Sonderausgabe Darmstadt
2001); E. A. Schmidt, Catull, Heidelberg 1985; T. P. Wiseman, Catullus and His
World, Cambridge 1985; J. Ferguson, Catullus, Oxford 1988; P. Fedeli, Introdu-
zione a Catullo, Rom / Bari 1990; N. Holzberg, Catull, München [3]2005.

Cornelius Nepos (um 100 – nach 27 v. Chr.)

Leben

Nepos stammt wie Catull, der ihm seine *Carmina* widmet, aus der
Transpadana und gehört dem Ritterstand an. Seinen Vornamen und
sein Geburtsjahr kennen wir nicht. Auf eine politische Karriere verzichtet er, um sich ganz der Familie und seinen Studien zu widmen.
Wie Cicero gehört er dem Freundeskreis um Atticus an. Aus seinem

Hauptwerk, der wohl 16 Bücher umfassenden Biographiensammlung *De viris illustribus*, in denen jeweils auf ein Buch mit Römern eines mit Nicht-Römern folgte, sind nur 22 Biographien über nicht-römische Feldherrn erhalten (darunter Themistokles, Alkibiades, Hannibal).

Werk

Chronica (Weltgeschichte in 3 Büchern, verloren)
Exempla (5 Bücher, Sammlung von Kuriositäten, verloren)
De viris illustribus (erhalten die Biographien der nicht-römischen Feldherrn)
Biographie von Cato und Atticus (erhalten)

Rezeption

Die *Chronica* sind das erste lateinische historische Werk, das sich nicht auf die römische Geschichte beschränkt. Nepos' Verdienst ist es, griechische Geschichte auch denjenigen, die nicht des Griechischen mächtig sind, näherzubringen. Zugleich bereitet er der römischen Biographie den Weg. Er ist zwar nicht der erste, aber der älteste uns erhaltene Biograph, unter den Nachahmern seiner *Viten* finden sich Sueton und Hieronymus.

Ausgabe: P. K. Marshall, Leipzig ³1991.
Literatur: T. A. Dorey (Hrsg.), Latin Biography, London 1967; J. Geiger, Cornelius Nepos and Ancient Political Biography, Wiesbaden 1985; A. Dihle, Die Entstehung der historischen Biographie, Heidelberg 1987; S. Anselm, Struktur und Transparenz: eine literaturwissenschaftliche Analyse der Feldherrnviten des Cornelius Nepos, Stuttgart 2004.

M. Tullius Cicero (106–43 v. Chr.)

Leben

Cicero wird 106 v. Chr. in Arpinum geboren; er stammt aus dem Ritterstand. Der Vater bringt ihn und seinen Bruder Quintus schon früh zur Erziehung nach Rom, wo er vor allem bei dem rechtskundigen Augur Q. Mucius Scaevola eine ausgezeichnete praktische Ausbildung als Advokat erhält. Philosophie studiert er bei dem skeptischen Akademiker Philon von Larissa und nach dessen Tod bei dem Stoiker Diodotos. Eine Studienreise nach Griechenland und Kleinasien (79–77 v. Chr.) führt ihn auch nach Athen zu dem Akademieleiter Antiochos von Askalon und nach Rhodos, wo ihn der Rhetoriker Apollonios Molon stimmschonende Sprechtechniken lehrt. Cicero verfolgt den römischen *cursus honorum*: 76 ist er Quaestor in Lilybaeum (Sizilien), hieran schließt sich 70 sein Durchbruch als Redner mit der erfolgreichen Anklage gegen Verres an, er wird 66 Praetor. 63 erlangt der *homo novus* das Konsulat. Er deckt die catilinarische Verschwörung auf und läßt die Catilinarier hinrichten. 58/57 verbringt er wegen der Hinrichtung im Exil. Das Prokonsulat (51/50) führt ihn nach Kilikien. Statt des für eine auch militärisch erfolgreiche Provinzverwaltung erhofften Triumphes erwartet den Heimkehrer im Januar 49 der Bürgerkrieg zwischen Caesar und Pompeius. Lange Zeit versucht er, sich bedeckt zu halten, dann schlägt er sich auf die unterliegende pompeianische Seite. Nach der Begnadigung durch Caesar (46) setzt sich Cicero in zahlreichen Reden für Pompeianer ein (wichtigstes Zeugnis: *Pro Marcello*). Die Ermordung Caesars weckt in ihm die Hoffnung auf eine Wiederherstellung der Republik, erbittert kämpft er gegen Antonius (*Philippische Reden*, nach dem Vorbild der *Philippika* des Demosthenes). Proskribiert von diesem und Oktavian, wird der größte Redner Roms am 7. Dezember 43 v. Chr. von Antonius' Häschern auf der Flucht ergriffen und ermordet, Kopf und Hände werden auf dem Forum zur Schau gestellt. Reden hat Cicero sein ganzes Leben hindurch verfaßt, philosophische und rhetorische Schriften dagegen nur in den Zeiten der erzwungenen Ruhe (56–51 *De oratore, De re publica, De legibus;* 46–44 die restliche philosophisch-rhetorische Enzyklopädie).

Werk

Reden: Von Ciceros zahlreichen Reden sind 57 erhalten; besonders zur Lektüre empfohlen: *De imperio Cn. Pompei, In Catilinam, Pro Caelio, In Verrem, Philippicae, Pro Archia poeta.*

Rhetorik: *De inventione, De oratore, Partitiones oratoriae, Brutus, Orator, De optimo genere oratorum, Paradoxa Stoicorum, Topica*

Philosophie: *De re publica, De legibus, Hortensius, Academica* (teilweise erhalten), *Timaeus, De finibus bonorum et malorum, Tusculanae disputationes, De natura deorum, De divinatione, De fato, Cato maior (De senectute), Laelius (De amicitia), De officiis;* verloren: *De gloria, Consolatio, Hortensius*

Briefe: *Ad familiares; Ad Atticum; Ad Quintum fratrem; Ad Brutum*

Poetische Werke: *De consulatu suo* (fragmentarisch), *De temporibus suis* (autobiographische Epen in preisendem Ton, fragmentarisch);

Aratea (469 Verse von Arats *Phainomena* [S. 134] in lateinischer Übersetzung)

Rezeption

Cicero beeinflußt die lateinische Literatur maßgeblich, und dies nicht nur stilistisch, indem er mit Caesar das klassische Latein prägt, sondern auch inhaltlich. Zusammen mit Varro schafft er die lateinische Fachsprache und macht – wie Lukrez – durch seine in den philosophischen Schriften geleistete Latinisierung griechischer Termini technici Philosophieren in lateinischer Sprache erst möglich. Seine eklektische Methode, d. h. daß er aus griechischen Philosophen jene Gedanken auswählt, die in sein System passen, hat ihm zwar viel Tadel eingebracht; für uns sind Ciceros Zitate und Referate jedoch häufig die einzige Quelle für verlorene griechische Werke. Cicero zeigt sich in seinen Philosophica vor allem beeinflußt durch die Akademie, den Peripatos und die Stoa, deren *obscuritas* er jedoch ablehnt. Frühchristliche Apologeten benutzen ihn für ihr Ringen um die Durchsetzung des Monotheismus. Augustinus bekennt, er habe sich durch die Lektüre von Ciceros *Hortensius* (verloren) zur Philosophie bekehren lassen (*Confessiones* 3, 4). Hieronymus träumt, der Herr werfe ihm beim Jüngsten Gericht vor, nicht Christ, sondern Ciceronianer zu sein (*Epistulae* 22, 30). Unter den Karolingern wird Cicero wieder zum Vorbild für einen gepflegten Stil. Mittelalterliche Exzerpte überliefern uns Teile von im übrigen verlorengegangenen Reden. Das Auffinden seines umfangreichen Briefcorpus in der Renaissance löst bei Petrarca größtes Befremden aus, da Cicero als Mensch mit Widersprüchen behaftet ist; Coluccio Salutati hingegen zollt ihm Bewunderung wegen der offenkundigen Verbindung von *vita activa* und *vita contemplativa*. Seine Theorie freilich vom Bildungsideal der *humanitas*, der Vereinigung von Redekunst und enzyklopädischem Wissen, findet ungeteilte Anerkennung. In der Neuzeit wird er auch als Philosoph ernstgenommen: Friedrich der Große beurteilt Ciceros *De officiis* als «das beste Werk ... der ethischen Philosophie». Die französische Revolution führt zu einer Neuentdeckung des Redners Cicero. Anfang des 19. Jh.s gelingt mit dem Wiederauffinden von *De re publica* auf einem Palimpsest (S. 57) ein bedeutsamer Einblick in die staatstheoretischen Auffassungen Ciceros.

Ausgaben: Briefe: D. R. Shackleton Bailey, Stuttgart 1987/88 (4 Bde); *Philosoph. Schriften*: *Academica*: O. Plasberg, Stuttgart 1980; *Cato / Laelius*: P. Venini, Torino 1959; *Laelius*: P. Fedeli, Milano 1971; *De divinatione / De fato / Timaeus*:

R. Giomini, Leipzig 1975; *De finibus*: J. Martha, Paris 1955 (2 Bde); *Th. Schichte*, Stuttgart/Leipzig 1993; L.D.Reynolds, Oxford 1998; C.Moreschiní, München/Leipzig 2005; *De legibus*: K. Ziegler u.a., Freiburg/Würzburg ³1979; *De nat.deorum*: O. Plasberg/W. Ax, Stuttgart 1987; *De officiis*: M. Winterbottom, Oxford 1994; *De re publica*: K. Ziegler, Leipzig ⁷1969; *Tuskulanen:* M. Pohlenz, Stuttgart 1982 (= 1918); *Topica:* T.Reinhardt, Oxford 2003; *Dichtungen*: A. Traglia, Mailand 1963; *Reden*: A.C. Clark/W. Peterson, Oxford 1905–1911 u.ö. (6 Bde); *Fragmente*: G. Puccioni, Firenze ²1972; *Rhetorische Schriften*: A.S.Wilkins, Oxford 1902/03 u.ö. (2 Bde); *Brutus*: E. Malcovati, Leipzig ²1970; *De oratore*: K.Kumaniecki, Leipzig 1969; *Orator:* H. Westman, Leipzig 1980; *[Ad Herennium]* F. Marx/W. Trillitzsch, Leipzig 1964; *De re publica, De legibus, Cato maior, De senectute, Laelius De amicitia:* J.G.F.Powell, Oxford 2006.

Literatur: M. Gelzer, Cicero. Ein biographischer Versuch, Wiesbaden 1969; K. Büchner (Hrsg.), Das neue Cicerobild, Darmstadt 1971; B. Kytzler (Hrsg.), Ciceros literarische Leistung, Darmstadt 1973; W.Stroh, Taxis und Taktik, Stuttgart 1975; C.J. Classen, Recht-Rhetorik-Politik. Untersuchungen zu Ciceros rhetorischer Strategie, Darmstadt 1985; M. Fuhrmann, Cicero und die römische Republik. Eine Biographie, München/Zürich 1989; P. Mackendrick, The Philosophical Books of Cicero, London 1989; C. Habicht, Cicero der Politiker, München 1990; P.Grimal, Cicero. Philosoph, Politiker, Rhetor, München ³1991; G.Gawlick/W. Görler, Cicero, in: H. Flashar (Hrsg.), Grundriß der Geschichte der Philosophie: Die Philosophie der Antike, Bd. 4: Die hellenistische Philosophie, Basel 1994, 995–1168; J.G.F. Powell (Hrsg.), Cicero the Philosopher, Oxford 1995; J.Leonhardt, Ciceros Kritik der Philosophenschulen, München 1999; M. v. Albrecht, Cicero's Style, Leiden/Boston 2003; G. Manuwald, Cicero's Philippics 3–9, Berlin/New York 2007.

C. Iulius Caesar (100–44 v. Chr.)

Leben

Caesar wird 100 v. Chr. in Rom geboren. Familiär bedingt, steht er den Popularen nahe, was seine politische Haltung gegenüber dem Senat beeinflußt. 73 wird er Pontifex, um 69/68 Quaestor, 65 ist er kurulischer Aedil, 63 Pontifex Maximus und 62 Praetor. 60 schließt er mit Pompeius und Crassus einen «Dreimännerbund» (1. Triumvirat). Für sich erlangt er ein Kommando in Gallien, das es ihm ermöglicht, die eigene Machtstellung auszubauen. 59 wird er zusammen mit M. Calpurnius Bibulus Konsul und zeigt nun offen seinen Machtanspruch. 58–51 erweitert er die Provinz Gallien bis zum Rhein. 49 wird zu seiner Abberufung in Rom der Notstand ausgerufen und Pompeius zum Diktator ernannt. Statt seine Truppen zu entlassen, marschiert Caesar über den Rubikon und eröffnet damit den Bürgerkrieg. Die Entscheidung fällt auf griechischem Boden im August 48 bei Pharsalos. Pompeius unterliegt und wird auf der Flucht in Ägypten ermordet. Im ägyptischen Streit um die Thronfolge setzt Caesar Kleopatra ein. 47 ist er wieder in Rom und siegt 46 in Afrika über die Optimaten (die Senatspartei), sein republikanischer Gegner Cato begeht in Utica Selbstmord. Mit dem Sieg bei Munda (45) ist Caesar Alleinherrscher. Seine offenkundigen Bestrebungen, die Königswürde für sich zu beanspruchen, geben den Ausschlag für eine republikanische Intrige. Am 15.3.44 wird der mittlerweile auf Lebenszeit ernannte Diktator ermordet.

Werk

Reden, *De analogia, Anticato* (verloren)
Bellum Gallicum (7 Bücher; Buch 8 von Hirtius), 3 Bücher *Bellum civile;* unecht: *Bellum Hispaniense, Bellum Africanum, Bellum Alexandrinum*

Rezeption

Caesar begründet zusammen mit Cicero den lateinischen Prosastil (vgl. das Lob Ciceros in *Brutus* 262). Schulautor wird er allerdings erst ab dem 16. Jh.; seither gehört er dem Anfangsunterricht an bis fast in die Gegenwart hinein. Erasmus und die Jesuiten fördern die Lektüre seiner Schriften als Vorbild für einfaches klassisches Latein. Doch seiner Person widmete man weitaus größere Aufmerksamkeit. Plutarch vergleicht sein Leben mit dem Alexanders des Großen. Shakespeare ehrt ihn als tragische Gestalt (*Julius Caesar*).

Ausgaben: *Bellum civile:* A. Klotz, Leipzig ²1950; *Bellum Gallicum*: W. Hering, Leipzig 1987 (Nachdruck 1997); *[Bellum Africanum / Bellum Alexandrinum / Bellum Hispaniense]* A. Klotz, Stuttgart/Leipzig 1993.
Literatur: F. A. Adcock, Caesar als Schriftsteller, Göttingen ²1959 (zuerst engl. Cambridge 1956); D. Rasmussen (Hrsg.), Caesar, Darmstadt ³1980; C. Maier, Caesar, München 1986; W. Dahlheim, Julius Caesar. Die Ehre des Krieges und der Untergang der römischen Republik, München 1987; K. Christ, Caesar. Annäherungen an einen Diktator, München 1994; L. Canfora, Caesar. Der demokratische Diktator, München 2001; M. Wyke (Hrsg.), Julius Caesar in Western Culture, London 2006.

C. Sallustius Crispus (ca. 86–35/4 v. Chr.)

Leben

Der erste große römische Historiograph wird 86 im sabinischen Amiternum geboren. Er entstammt dem kleinstädtischen Adel. Als *homo*

novus zunächst Quaestor und 52 Volkstribun, ein Gegner Milos und
Ciceros, wird er 50 wegen seines Lebenswandels und seiner Partei-
nahme für Caesar aus dem Senat ausgeschlossen. Caesar sorgt für
seine Rehabilitierung. 46 Praetor verwaltet er als Prokonsul die Provinz Africa Nova. 45/44 nach Rom zurückgekehrt, steht er in der
Gunst Caesars. Er erwirbt die berühmten Gärten auf dem Quirinal.
Die Ermordung Caesars veranlaßt ihn, sich aus dem öffentlichen Leben zurückzuziehen. 35 (oder 34) stirbt er.

Werk

Historische Monographien: *De Coniuratione Catilinae, Bellum Iu-
gurthinum, Historiae* (Zeitgeschichte, 78–67 v. Chr.; erhalten sind nur
die Reden und Briefe)
Sallustiana minora (Politische Flugschriften, deren Echtheit umstritten ist): *Invectiva in Ciceronem, zwei Epistulae ad Caesarem de re
publica*

Rezeption

Schon in der Antike ruft das Mißverhältnis zwischen den ethischen
Forderungen des Sallust und seinem eigenen Lebenswandel Kritik
hervor. Stilistisch werden seine Archaismen, sein Rückgriff auf Cato,
beanstandet. Velleius Paterculus (2, 36) nennt ihn einen *aemulus
Thucydidis*, Tacitus bezeichnet ihn als den *rerum Romanorum floren-
tissimus auctor* (*Annales* 3, 30, 1). Unter dem Einfluß der kaiserzeitlichen Archaisten und durch die Rezeption seitens der Kirchenväter
erscheint Sallust im Mittelalter neben Cicero, Terenz und Vergil im
Kanon der Schulautoren.

Ausgabe: L. D. Reynolds, Oxford 1991.
Literatur: W. Steidle, Sallusts historische Monographien, Wiesbaden 1958;
R. Syme, Sallust, Darmstadt 1975 (zuerst engl. Berkeley 1964); J. Malitz, Ambitio
mala. Studien zur politischen Biographie des Sallust, Bonn 1975; V. Pöschl, Sallust,
Darmstadt ²1981; K. Büchner, Sallust, Heidelberg ²1982; K. Heldmann, Sallust
über die römische Weltherrschaft, Stuttgart 1993; S. Schmal, Sallust, Hildesheim
2001.

P. Vergilius Maro (70–19 v. Chr.)

Leben

Vergil wird am 15. Oktober 70 v. Chr. in Andes bei Mantua geboren.
Sein erstes Opus, zehn Hirtengedichte *(Eklogen)*, verarbeitet unter

anderem die Vertreibung italischer Bauern im Zuge der Landverteilung Oktavians an seine Veteranen 41/40 v. Chr. Ob Vergil von diesen
Maßnahmen persönlich betroffen ist, wie die antike Legendenbil-
dung behauptet, kann nicht mit Sicherheit erwiesen werden; immerhin aber zeigt er als Dichter Sympathie für die notleidende Bevölkerung. Unbestritten ist seine Freundschaft zu Augustus, dem «Gott»
der 1. *Ekloge*, den Vergil in allen Werken als Retter stilisiert. In den
vier Büchern über den Landbau *(Georgica)* spiegelt sich bereits seine
feste Stellung im Dichterkreis um Maecenas (S. 118). Er führt im Jahre
38 Horaz in den Zirkel ein. Vergils Ansehen in der Öffentlichkeit
(man steht respektvoll auf, wenn er das Theater betritt) bildet einen
eigentümlichen Kontrast zu seiner Scheu vor Menschenmengen. Das
größte Werk, die *Aeneis*, bleibt nach seinem Empfinden unvollendet.
Er will sie noch einmal überarbeiten, kommt aber nicht mehr dazu.
Auf einer Reise nach Griechenland erkrankt er und stirbt auf dem
Rückweg in Brundisium (21.9.19 v. Chr.).

Werk

Catalepton (Gedichte verschiedenen Inhalts, geprägt durch die neo-
terische Poetik. Ob überhaupt einige Gedichte von Vergil stammen,
ist umstritten; weitere Vergil zugeschriebene Werke (sogenannte
Pseudepigrapha) sind in der *Appendix Vergiliana* überliefert.
10 *Eklogen*, 4 Bücher *Georgica*, 12 Bücher *Aeneis*

Rezeption

Vergil ist schon zu Lebzeiten Schulautor. Q. Caecilius Epirota, ein
Freigelassener des Atticus, verwendet in seiner 26 v. Chr. gegründe-
ten Schule erstmalig Vergil als Lektüre (Quintilian 1, 8, 5). Bereits für
Ovid ist er der Nationaldichter Roms (*Amores* 1, 15, 25f.). Der Grammatiker Remmius Palaemon, Lehrer des Quintilian, sieht in Vergil
das Vorbild eines Dichters. Die üblichen Schulbücher (Livius Andronicus, *Odusia* und Ennius, *Annales*) werden durch die *Aeneis* verdrängt und verschwinden dadurch aus der Überlieferung. Vergil prägt
auch den Betrieb in der Rhetorenschule: ‹*Vergilius orator an poeta?*›
lautet eine beliebte Fragestellung. Der Philosoph Seneca, der den
Klassiker in seiner Schullaufbahn annähernd auswendig lernte, zitiert
Vergil über 120mal, preist ihn als *vir disertissimus* (*Dialogi* 8, 1, 4) und
maximus vates (*Dialogi* 10, 9, 2). Die Gattungen Lehrdichtung, Bukolik und insbesondere das Epos beeinflußt Vergil maßgeblich. Annaeus Lucanus, Senecas Neffe, versucht, in der Art Vergils ein Epos

auf den römischen Bürgerkrieg zu dichten *(Pharsalia)*, Valerius Flaccus hält sich bei seinen *Argonautica* an den Inhalt des gleichnamigen
Werks des Apollonios von Rhodos, ahmt aber die Verse Vergils nach.
Vergil bleibt auch im Mittelalter ein vielgelesener Dichter. Dante (gestorben 1321) macht ihn in seiner *Göttlichen Komödie* zu seinem ed-
len Führer durch die Hölle, der nur deshalb nicht in den Himmel
kommt, weil er noch kein Christ werden konnte. Erst im 19. Jh. beginnt man unter dem Einfluß des deutschen Philhellenismus und der
größer werdenden Bewunderung für das «Ursprüngliche», Homer
höher zu schätzen als seinen Nachfolger Vergil, was J. C. Scaliger
(1484–1555), der Verfasser der *Poetices libri septem*, 300 Jahre zuvor
noch ganz anders sah (S. 32).Vergils Werk ist zum Teil kühnen Interpretationen ausgesetzt: So versteht das frühe Christentum die in der
4. *Ekloge* angekündigte Geburt eines *puer*, der das Goldene Zeitalter
ankündigt, als Hinweis auf die Ankunft Christi. Die Frage, welchen
Knaben der Dichter meint und mit welcher Intention er das Goldene
Zeitalter beschwört, ist bis heute offen. Auch das mit vielen historischen Durchblicken auf die augusteische Zeit versehene, insgesamt
aber in der mythischen Vorgeschichte angesiedelte ‹Nationalepos›
bereitet Deutungsschwierigkeiten: Seit Adam Parry 1963 mit Blick
auf die Hell-Dunkel-Kontraste der *Aeneis* eine Zweisprachigkeit des
Autors («two voices») im Epos zu vernehmen glaubt – «a public voice
of triumph, and a private voice of regret» –, sind die *Aeneis*-Interpre-
ten in ein Lager der Anti-Augusteer (C. J. Putnam) und Pro-Augu-
steer (A. Wlosok) geteilt, zwischen deren Extremen stets auch eine
Vermittlung versucht wird (V. Pöschl).

Ausgaben: R. A. B. Mynors, Oxford ²1972 u.ö.; R. Sabbadini / A. Castiglioni / M.
Geymonat, Torino ³1973; *Servius-Komm.:* G. Thilo / H. Hagen, Leipzig 1961
(3 Bde); *Viten:* C. Hardie, Oxford 1957.
Literatur: R. Heinze, Virgils epische Technik, Leipzig ³1915 (Nachdruck Stuttgart
1989); A. Parry, The Two Voices of Virgil's Aeneid, Arion 2 (1963) 66–80; C. J. Put-
nam, The poetry of the Eneid. Four studies in imaginative unity and design, Cam-
bridge 1965; A. Wlosok, Die Göttin Venus in Vergils Aeneis, Heidelberg 1967;
F. Klingner, Virgil. Bucolica, Georgica, Aeneis, Zürich / Stuttgart 1967; V. Pöschl,
Die Dichtkunst Vergils, Berlin ³1977; V. Pöschl (Hrsg.), 2000 Jahre Vergil. Ein
Symposion, Wiesbaden 1983; G. B. Conte, Vergilio. Il genere e i suoi confini, Mi-
lano ²1984; R. D. Williams, The Aeneid, London 1987; F. Cairns, Virgil's Augustan
Epic, Cambridge 1989; J. McAuslan / P. Walcot (Hrsgg.), Virgil, Oxford 1990;
N. Horsfall (Hrsg.): A Companion to the Study of Virgil, Leiden 1995 (Mnemo-
syne Suppl. 151); Ch. Martindale (Hrsg.), The Cambridge Companion to Vergil,
Cambridge 1997; H.-P. Stahl (Hrsg.), Vergil's Aeneid: Augustan Epic and Political

Context, London 1998; Ph. R. Hardie, Virgil, Oxford 1998; W. Suerbaum, Vergils Aeneis, Stuttgart 1999; Ph. R. Hardie (Hrsg.), Virgil: Critical Assessments of Classical Authors, 4 Bde, London/New York 1999; W. Kofler, Aeneas und Vergil: Untersuchungen zur poetologischen Dimension der «Aeneis», Heidelberg 2003; D. Armstrong (Hrsg.) Vergil, Philodemus, and the Augustans, Austin 2004; N. Holzberg, Vergil, München 2006; M. v. Albrecht, Vergil, Heidelberg 2006.

Q. Horatius Flaccus (65–8 v. Chr.)

Leben

Horaz wird am 8.12.65 v. Chr. als Sohn eines Freigelassenen in Venusia (Apulien) geboren. Sein Vater zieht für die Ausbildung des Sohnes nach Rom; das Studium der Philosophie und der Rhetorik absolviert Horaz zugleich mit Ciceros Sohn Marcus in Athen (*Epistulae* 2, 2, 44). Auf der Seite des Brutus kämpft er im Rang eines Militärtribuns gegen die Cäsarianer. Er sagt von sich, nach der Niederlage bei Philippi (42 v. Chr.) und der Enteignung des väterlichen Grundbesitzes habe ihn die Armut zum Dichter gemacht (*Epistulae* 2, 2, 50–52). Zum Broterwerb verdingt er sich *scriba quaestorius*. Vergil und Varius führen ihn 38 v. Chr. bei Maecenas ein, der ebenso wie Augustus Horazens Drang nach Unabhängigkeit akzeptieren muß. Ein Geschenk in Gestalt eines sabinischen Landguts ermöglicht ihm, sich ganz der Dichtkunst zu widmen. Als Zeichen größter Anerkennung wird Horaz beauftragt, für das Jahr 17 v. Chr. das Säkularlied *(Carmen saeculare)* zu verfassen und einzustudieren. Am 27.11.8 v. Chr. stirbt er.

Werk

Epoden (Iamben), 4 Bücher *Oden (Carmina)*, 2 Bücher *Satiren (Sermones)*, 2 Bücher *Briefe (Epistulae)*, *Ars poetica*, *Carmen saeculare*

Rezeption

Horaz avanciert bald zum Schulautor. Schon in der Antike wird er rege kommentiert, das Mittelalter liest ihn als Moralisten und bevorzugt deshalb seine *Satiren*. In der Renaissance hält diese Wertschätzung an, erst im 19. Jh. verliert er als Höfling und Kunstdichter an Ansehen. Er wird aber zu allen Zeiten und in allen Bereichen rezipiert, so beispielsweise auch in der Musik. Neben Iuvenal setzt er Maßstäbe für die Satire, beeinflußt mit seiner *Ars poetica* wie Aristoteles die Theorie des Dramas, prägt neben Pindar, dessen Unnachahmlichkeit er anerkennt (*Oden* 4, 2), die europäische Lyrik und liefert der Moralphilosophie gemeinsam mit Seneca Sentenzen. Nietzsches Urteil in der *Götzendämmerung* über die Dichtkunst des Horaz ist ebenso prägnant wie zutreffend: «Dies Mosaik von Worten, wo jedes Wort als Klang, als Ort, als Begriff, nach rechts und links und über das Ganze hin seine Kraft ausströmt, dies Minimum in Umfang und Zahl der Zeichen, dies damit erzielte Maximum in der Energie der Zeichen – das alles ist römisch und, wenn man mir glauben will, vornehm par excellence.» Seit E. Fraenkels wichtigem Horazbuch aus den 50er Jahren stehen insbesondere die Individualität des Horaz und sein Verhältnis zu Augustus und Maecenas im Blickpunkt des neueren Forschungsinteresses.

Ausgaben: F. Klingner, Leipzig ³1959; D. Borzsák, Leipzig 1984; D. R. Shackleton Bailey, Stuttgart ²1991.
Literatur: E. Fraenkel, Horace, Oxford 1957 (Übers.: Horaz, Darmstadt ⁴1974, vielfach nachgedruckt); H. P. Syndikus, Die Lyrik des Horaz (2 Bde), Darmstadt 1972/73 (Darmstadt ³2001); B. Kytzler, Horaz. Eine Einführung, München/ Zürich 1985; M. von Albrecht, Horaz, in: J. Adamietz (Hrsg.), Die römische Satire, Darmstadt 1986, 123–177; D. Armstrong, Horace, New Haven 1989; H. Mauch, O laborum dulce lenimen. Funktionsgeschichtliche Untersuchungen zur römischen Dichtung zwischen Republik und Prinzipat am Beispiel der ersten Odensammlung des Horaz, Frankfurt/Bern/New York 1986; E. Lefèvre, Horaz. Dichter im augusteischen Rom, München 1993; W. Ludwig (Hrsg.), Horace, Vandoeuvres/ Genève 1994; H. Krasser/E. A. Schmidt (Hrsgg.), Zeitgenosse Horaz. Der Dichter und seine Leser seit zwei Jahrtausenden, Tübingen 1996; E. A. Schmidt, Sabinum: Horaz und sein Landgut im Licenzatal, Heidelberg 1997; T. Woodman/ D. C. Feeney (Hrsgg.), Traditions and Contexts in the Poetry of Horace, Cambridge/New York 2002; M. Paschalis (Hrsg.), Horace and Greek Lyric Poetry, Rethymno 2002.

Albius Tibullus (ca. 55–19 v. Chr.)

Leben

Tibull ist im Ritterstand geboren wie die anderen römischen Elegiker. Er gehört dem Kreis um M. Valerius Messalla Corvinus an. Im Zentrum seiner Dichtungen stehen die elegischen Geliebten Delia und Nemesis. Er stirbt 19 (vielleicht auch erst 18) kurz nach Vergil.

Werk

2 Bücher Elegien; daneben sind unter Tibulls Namen weitere, von Lygdamus und Sulpicia stammende Gedichte sowie ein hexametrischer Lobpreis des Messalla erhalten (sogenannte *Appendix Tibulliana*)

Rezeption

Horaz, Ovid und Quintilian schätzen Tibull sehr, im Mittelalter hingegen kennt man ihn kaum. Als Frankreich sich zum Zentrum der elegischen Dichtung erhebt, wird Tibull im 16. Jh. dort als Vorbild herangezogen.

Ausgaben: A. G. Lee, Leeds 1990; H. Tränkle, Appendix Tibulliana, Berlin/New York 1990; G. Luck, Stuttgart ²1998
Literatur: R. J. Ball, Tibullus the Elegist, Göttingen 1983; F. H. Mutschler, Die poetische Kunst Tibulls, Frankfurt a. M. 1985; C. Neumeister, Tibull, Heidelberg 1986; P. Lee-Stecum, Powerplay in Tibullus: Reading Elegies Book One, Cambridge/New York 1998.

Sex. Propertius (ca. 50 v. Chr.- ca. 2 v. Chr.)

Leben

Um die Mitte des 1. Jh.s wird Properz in Assisi (4, 1, 125) geboren. Er entstammt dem Ritterstand. In seiner Jugend erlebt er den perusinischen Krieg und verliert 41 v. Chr. einen Teil seines Grundbesitzes durch die Landverteilung an die Veteranen (4, 1, 130). Eine politische Karriere strebt er nicht an. Seine Dichtung widmet er der Liebe zu Cynthia, nach Apuleius (*Apologia* 10, 2) ein Pseudonym für Hostia. Er stirbt um 2. v. Chr.

Werk

4 Bücher Elegien

Rezeption

Properz gilt als der eleganteste der Elegiker. Nach der Veröffentlichung seines 1. Elegienbuches wird er in den Maecenas-Kreis aufgenommen. Im Mittelalter war er fast unbekannt, erst seit Petrarca nimmt sein Ansehen wieder zu. Goethe, den Schiller den deutschen Properz nennt, ist in seinen *Römischen Elegien* stark von ihm beeinflußt.

Ausgaben: P. Fedeli, Stuttgart 1984; J. P. Goold, Cambridge 1990.
Literatur: M. Hubbard, Propertius, London 1974; J. P. Sullivan, Propertius: A critical Introduction, London 1976; J. P. Bocher, Études sur Properce, Paris ²1980; H.-P. Stahl, Propertius. ‹Love› and ‹War›. Individual and State under Augustus, Berkeley 1985; Th. D. Papanghelis, Propertius: A Hellenistic Poet on Love and Death, Cambridge 1987; H.-Chr. Günther (Hrsg.), Brill's Companion to Propertius, Leiden/Boston 2006.

T. Livius (ca. 59 v. Chr. – 17 n. Chr.)

Leben

Die Heimatstadt des Livius ist Patavium (Padua), seine Geburt fällt in die Zeit um 59 v. Chr. Livius ist damit zeitlich und räumlich vom republikanischen Rom entfernt und schreibt aus einer gewissen Distanz. Er pflegt freundschaftliche Beziehungen zu Augustus (Tacitus, *Annales* 4, 34), dessen Enkel, den späteren Kaiser Claudius, er zu eigenen historischen Studien ermuntert (Sueton, *Claudius* 41,1). Schon zu Lebzeiten berühmt und bewundert, stirbt er 17 n. Chr. in seiner Geburtsstadt. Sein Werk ist nur unvollständig, teilweise in Form von Inhaltsangaben *(Periochae)* und Auszügen des 4. Jh.s, erhalten.

Werk

142 Bücher *Ab urbe condita* (erhalten sind die Bücher 1–10, 21–45)

Rezeption

Livius ist schon in seiner Zeit anerkannt, literarisch und rhetorisch-stilistisch wird er nachgeahmt (Curtius). Diese Wertschätzung hält sich auch im Mittelalter und in der Renaissance: Dante nennt ihn den «nie irrenden» Livius (*Inferno* 28,7–12 zu Livius 23, 12, 1), Petrarca fertigt in seiner Jugend Abschriften aus dem livianischen Werk an und richtet an den Historiker einen seiner Briefe. 1548 errichtet seine Heimatstadt Padua ein Mausoleum für ihn. In der Neuzeit wird Livius mit seiner Darstellung des Bürgersinns zum Vorbild der nationalen Geschichtsschreibung (Montesquieu). Im 19. Jh. kommen dagegen ernste Zweifel an der historischen Glaubwürdigkeit zumindest der ersten Bücher des Livius auf (Niebuhr, Mommsen).

Ausgaben: Buch 1–5: R. M. Ogilvie, Oxford 1974; Buch 6–10: R. S. Conway / C. F. Walters, Oxford 1919; Buch 21–25: R. S. Conway/C. F. Walters, Oxford 1929; Buch 26–30: S. K. Johnson/R. S. Conway, Oxford 1935; Buch 21–30: T. A. Dorey / P. G. Walsh, Leipzig 1971–1986 (4 Bde), Buch 26/27: P. G. Walsh, Leipzig ²1989; Buch 31–35; A. H. McDonald, Oxford 1965; Buch 36–40; P. G. Walsh, Oxford 1999; Buch 31–40: J. Briscoe, Stuttgart 1991 (2 Bde); Buch 41–45: J. Briscoe, Stuttgart 1986.
Literatur: P. G. Walsh, Livy, Oxford 1974; E. Lefèvre / E. Olshausen (Hrsg.), Livius. Werk und Rezeption. Festschrift E. Burck, München 1983; E. Burck (Hrsg.), Wege zu Livius, Darmstadt ³1987; E. Burck, Das Geschichtswerk des Titus Livius, Heidelberg 1992; M. Eigler u. a. (Hrsgg.), Formen römischer Geschichtsschreibung von den Anfängen bis Livius, Darmstadt 2003.

P. Ovidius Naso (43 v. Chr. – 17 n. Chr.)

Leben

Ovid stammt aus einem alten Rittergeschlecht und wird in Sulmo (heute Sulmona in Mittelitalien) am 20. 3. 43 v. Chr. geboren. Für ihn, der zur Zeit der Schlacht von Actium erst zwölf Jahre alt ist, stellt die *pax Augusta* anders als bei Vergil nicht mehr eine segensreiche Zeit nach endlosen blutigen Bürgerkriegen dar, sondern ist schon zur Selbstverständlichkeit geworden. Mit seinem ein Jahr älteren Bruder hört er in Rom Rhetorik bei Arellius Fuscus und Porcius Latro. Eine Studienreise führt ihn auch nach Athen. Nachdem er die Ämter eines *triumvir* (wohl Münzmeister) und eines *decemvir stlitibus iudicandis* (*Fasti* 4, 384) bekleidet hat, verzichtet er auf die politische Laufbahn und widmet sich ganz der Poesie. In jungen Jahren gelangt er in den Kreis um M. Valerius Messalla Corvinus, dem gegenüber er allerdings dank seiner finanziellen Mittel die Unabhängigkeit wahren kann. 8 n. Chr. wird er durch ein kaiserliches Edikt nach Tomi an das Schwarze Meer verbannt, sein Bürgerrecht und sein Vermögen darf er behalten *(Relegation)*. Die in der Forschung immer wieder vorgebrachte Auffassung, Ovid sei gar nicht verbannt worden, sondern treibe in den Verbannungsgedichten ein literarisches Spiel als *poeta exul,* kann nicht überzeugen. Als Ursache nennt der Dichter die *Ars amatoria,* einen weiteren deutet er nur an: Er sei Zeuge von etwas gewesen, was er nicht hätte sehen sollen. Der Ehebruch der Enkelin des Augustus, der jüngeren Iulia, ist als Skandal, dessen Zeuge Ovid gewesen sein soll, ebenso genannt worden wie der Versuch, Agrippa Postumus zum Thronfolger des Augustus zu erheben. Die *Ars amatoria* dürfte lediglich den moralischen Vorwand vor dem Hintergrund der augusteischen Ehegesetzgebung geliefert haben. Ovid wird trotz eindringlicher Bitten und Klagen nicht zurückgerufen und stirbt 17 n. Chr. im Exil.

Werk

Elegien: 3 Bücher *Amores* (2., gekürzte Auflage der ursprünglich 5 Bücher umfassenden)
Briefelegien: *Heroides* (15 Einzelbriefe mythischer Frauen an ihre Geliebten und 3 Briefpaare)
Lehrgedichte in elegischer Form: 3 Bücher *Ars amatoria; Remedia amoris; Medicamina faciei femineae* (nur die ersten 100 Verse erhalten)
Ätiologische Elegien: 6 Bücher *Fasti* (von 12 geplanten)

Epos: 15 Bücher *Metamorphosen*
Verbannungsdichtung: 5 Bücher *Tristia*, 4 Bücher *Epistulae ex Ponto*
(Klageelegien), *Ibis* (Schmähgedicht)
Lehrgedicht: *Halieutica* (über den Fischfang; 130 Verse erhalten)
Tragödie: *Medea* (verloren)

Rezeption

Ovid ist schon zu Lebzeiten ein viel gelesener Dichter. Seine Werke
prägen die Dichtung des Mittelalters und der Renaissance: Die *Ars
amatoria* bereitet dem Minnesang des Mittelalters den Weg. Im 11. bis
13. Jh. (sogenannte *aetas Ovidiana*) ist er der wichtigste Schulautor.
Die *Remedia amoris* werden als medizinischer Ratschlag noch von
dem Mönch Martin Luther ernstgenommen. In der Renaissance
zählen Boccaccio (gest. 1375) und Petrarca zu seinen Bewunderern.
Am meisten beeinflussen die *Metamorphosen* mit ihren Mythen
Literatur, bildende Kunst und Musik. Ovid findet aber auch in seiner
Biographie zahlreiche Leidensgenossen und Nachahmer: Der *poetarum ingeniosissimus* (Seneca, *Naturales quaestiones* 3, 27, 13) wird
zum Vorreiter des Genie-Begriffs, und mit dem verbannten Dichter
identifizieren sich all jene, die sich gleich ihm unverstanden und von
der Gesellschaft ausgeschlossen fühlen (Byron, Grillparzer, Puschkin). Die Faszination, die von der Person und dem außergewöhnlichen Leben und Werk Ovids ausgeht, hat ihren Niederschlag auch
darin gefunden, daß er zum Protagonisten eines modernen Romans
wurde (Chr. Ransmayr, *Die letzte Welt*, 1988).

Ausgaben: *Amores / Medicamina / Ars amatoria / Remedia:* E. J. Kenney, Oxford
²1994; *Amores:* F. Munari, Firenze ⁵1970; *Epist. ex Ponto:* J. A. Richmond, Leipzig
1990; *Fasti:* E. H. Alton u. a., Leipzig ⁴1997; *Heroides:* H. Dörrie, Berlin / New
York 1971; *Metamorphosen:* W. S. Anderson, Stuttgart / Leipzig ⁶1993; *Tristia:*
J. B. Hall, Stuttgart / Leipzig 1995; *Tristia / Epist. ex Ponto / Ibis / Halieutica:* S. G.
Owen, Oxford 1915 u. ö.; *Nux / Consolatio ad Liviam / Fragmente*: F. W. Lenz, Torino 1956.
Literatur: S. Mack, Ovid, New Haven / London 1988; E. A. Schmidt, Ovids poetische Menschenwelt. Die Metamorphosen als Metapher und Symphonie, Heidelberg 1991; J. F. Miller, Ovid's Elegiac Festivals. Studies in the ‹Fasti›, Frankfurt a.
M. / New York / Paris 1991; F. Spoth, Ovids Heroides als Elegien, München 1992;
S. Döpp, Werke Ovids. Eine Einführung, München 1992; M. Picone / B. Zimmermann, Ovidius Redivivus. Von Ovid zu Dante, Stuttgart 1994; M. v. Albrecht,
Das Buch der Verwandlungen. Ovid-Interpretationen, Düsseldorf/Zürich 2000;
M. Schmitzer, Ovid, Hildesheim 2001; F. Harzer, Ovid, Stuttgart/Weimar 2002;
M. v. Albrecht, Ovid, Stuttgart 2003; N. Holzberg, Ovid, München ³2006;

N. Holzberg, Ovids Metamorphosen, München 2007; M. Janka/U. Schmitzer/
H. Seng (Hrsgg.), Ovid, Darmstadt 2007.

3. Nachklassik

L. Annaeus Seneca d. J. (4 v. Chr. – 65 n. Chr.)

Leben

Der Philosoph Seneca stammt aus einer begüterten Ritterfamilie im
spanischen Corduba. Schon sehr früh bringt ihn der Vater (Seneca der
Ältere, der sogenannte «Rhetor») zur Erziehung nach Rom, der Sohn
schließt sich der Stoa an. Er entscheidet sich für die Ämterlaufbahn
und studiert Rhetorik. Häufige Atemwegserkrankungen lassen ihn
auf ärztlichen Rat hin nach Ägypten reisen. 31 kehrt er nach Rom
zurück und widmet sich der politischen Karriere. Als Redner zieht er
den Neid des Kaisers Caligula auf sich. Der Einsatz einer Gönnerin
rettet ihm zwar das Leben, verurteilt ihn aber auch zum Schweigen.
41 wird Seneca des Ehebruchs mit Iulia Livilla, einer Schwester des
Caligula, bezichtigt und muß ins Exil nach Korsika gehen. Urheberin
der Anklage ist wohl Messalina, Grund vermutlich Senecas Einsatz
für die «augusteische Herrscheridee», die ihn zum Führer der Senats-
opposition gegen Kaiser Claudius macht. Messalinas Nachfolgerin
als Gattin des Claudius, Agrippina, ruft den Philosophen 49 zurück
und bestimmt ihn zum Erzieher Neros, nach dessen Thronantritt 54
zum Berater ihres Sohnes. Als sie durch ihren Sohn ermordet wird
(59), gerät Seneca als ihr Günstling in Konflikt mit dem Kaiser. Er
zieht sich aus dem politischen Leben zurück. Nero klagt ihn schließlich der Teilnahme an der Pisonischen Verschwörung an und befiehlt
ihm den Selbstmord.

Werk

Philosophische Schriften: *Dialogi (Consolatio ad Marciam, De ira,*
Consolatio ad Helviam, Consolatio ad Polybium, De brevitate vitae,
De tranquillitate animi, De constantia sapientis, De vita beata, De
otio, De providentia), De clementia, 20 Bücher *Epistulae morales ad*
Lucilium, De beneficiis
Satura: *Apocolocyntosis*
Tragödien: *Hercules furens, Troades, Phoenissae, Medea, Phaedra,*
Oedipus, Agamemnon, Thyestes; mit größter Wahrscheinlichkeit

unecht: *Hercules Oetaeus*; sicher unecht ist die Praetexta *Octavia*

Naturwissenschaftliche Schrift: 8 Bücher *Naturales Quaestiones*

Rezeption

Seneca wird in der Antike von Puristen wie Quintilian wegen seines Stils gerügt, die Christen hingegen (schon Tertullian und Laktanz) haben eine Vorliebe für ihn. Aus dem 4. Jh. stammt ein gefälschter Briefwechsel zwischen Seneca und dem Apostel Paulus. Zusammen mit einer in der Apostelgeschichte (*Apostelgeschichte* 18, 12–17) berichteten Begegnung zwischen dem Apostel und Senecas Bruder Gallio unterstützt die Fälschung die Überlieferung der senecanischen Werke durch die Kirchenväter. Im 12. Jh. ist er Schulautor. Seine Tragödien hingegen finden erst in der Renaissance Anerkennung: Albertino Mussato schreibt um 1315 das erste antikisierende Drama der Neuzeit, die *Ecerinis*. Von da an ist Seneca als Vermittler des Pathos und der Tragik ein Wegbereiter des europäischen Theaters (er wirkt zum Beispiel auf Shakespeare). Erst das Aufkommen des Philhellenismus läßt das Interesse an dem Römer Seneca schwinden. Im 20. Jh. tritt er vor allem als Philosoph in den Vordergrund. In Bezug auf ihren philosophischen Gehalt wurden in jüngster Zeit auch die Tragödien wieder in die Erörterung einbezogen. Zudem ist eine Diskussion über die heikle Frage entbrannt, ob Senecas Dramen zur Aufführung bestimmt waren oder nicht. Die 1966 von O. Zwierlein unter anderem in Hinsicht auf spieltechnische Aporien begründete Darlegung, der Dichter habe sie keinesfalls für die Bühne schreiben wollen, sie seien vielmehr für die Rezitation gedacht, hat inzwischen einigen Widerspruch erfahren.

Ausgaben: Apocolocyntosis: A. A. Lund, Heidelberg 1994 (mit Kommentar); *De benef. / De clem.*: C. Hosius, Leipzig ²1914; *Dialogi*: L. D. Reynolds, Oxford 1977; *Epistulae morales*: L. D. Reynolds, Oxford 1965 (2 Bde); *Nat. quaestiones*: H. M. Hine, Stuttgart 1996; *Tragödien*: O. Zwierlein, Oxford 1986; *Briefwechsel mit Paulus*: A. Fürst u. a. (Hrsgg.), Tübingen 2006.
Literatur: O. Zwierlein, Die Rezitationsdramen Senecas, Meisenheim 1966; K. Abel, Bauformen in Senecas Dialogen. Fünf Strukturanalysen, Heidelberg 1967; H. Cancik, Untersuchungen zu Senecas Epistulae morales, Hildesheim 1967; C. D. N. Costa (Hrsg.), Seneca, London 1974; E. Lefèvre (Hrsg.), Der Einfluß Senecas auf das europäische Drama, Darmstadt 1978; A. J. Boyle (Hrsg.), Seneca Tragicus. Ramus Essays on Senecan Drama, Barwick / Victoria 1983; D. F. Sutton, Seneca on Stage, Leiden 1986; M. T. Griffin, Seneca. A Philosopher in Politics, Oxford ²1992; V. Sørensen, Seneca. Ein Humanist an Neros Hof, München ³1995; M. Fuhrmann, Seneca und Kaiser Nero, Berlin 1997; M. v. Albrecht, Wort

und Wandlung. Senecas Lebenskunst, Leiden 2004; Th. Baier/G. Manuwald/ B. Zimmermann (Hrsgg.), Seneca: philosophus et magister, Freiburg 2005; K. Volk/G. D. Williams, Seeing Seneca As Whole, Leiden 2006; J. Wildberger, Seneca und die Stoa: Der Platz des Menschen in der Welt, 2 Bde, Berlin/New York 2006.

M. Annaeus Lucanus (39–65 n. Chr.)

Leben

Lucan wird am 3.11.39 in Corduba geboren, sein Vater ist M. Annaeus Mela, ein Bruder des jüngeren Seneca. Gleich diesem kommt Lucan schon früh zur rhetorischen Ausbildung nach Rom. Unter seinen Lehrern ist der Stoiker Cornutus. Nero holte den talentierten Mann an den kaiserlichen Hof. Er wird frühzeitig Quaestor und Augur, als Dichter debütiert er 60 bei den *Neronia*. Bald aber trifft ihn wie seinen Onkel, den Philosophen Seneca, kaiserlicher Neid: Nero belegt ihn mit Publikations- und als Anwalt auch mit Berufsverbot. Der Epiker beteiligt sich an der Pisonischen Verschwörung, im Zuge ihrer Entdeckung nennt er Beteiligte und klagt auch seine Mutter an. Am 30.4.65 muß er Selbstmord begehen. Sein historisches Epos über den Bürgerkrieg zwischen Caesar und Pompeius bricht im zehnten Buch unvollendet ab.

Werk

Pharsalia

Rezeption

Lucan erntet bei seinen Nachfolgern Kritik und Bewunderung, die christliche Spätantike benutzt seine Gestalten häufig als *exempla*. Im Mittelalter wird er viel gelesen, als Rhetor und Dichter ebenso wie als Historiker und Naturphilosoph. Auch inhaltlich findet er zahlreiche Nachahmer, noch die Römerdramen Shakespeares und seiner Zeitgenossen nehmen auf die *Pharsalia* Bezug.

Ausgaben: A. E. Housman, Oxford ⁵1970; D. R. Shackleton Bailey, Stuttgart ²1997.
Literatur: F. M. Ahl, Lucan. An Introduction, Ithaca / London 1976; W. D. Lebek, Lucans Pharsalia. Dichtungsstruktur und Zeitbezug, Göttingen 1976; E. Burck / W. Rutz, Die Pharsalia Lucans, in: E. Burck (Hrsg.), Das römische Epos, Darmstadt 1979, 154–199; R. Glaesser, Verbrechen und Verblendung. Untersuchung zum Furor-Begriff bei Lucan mit Berücksichtigung der Tragödien Senecas, Frank-

furt 1984; W. Rutz, Studien zur Kompositionskunst und zur epischen Technik Lucans, mschr. Diss. Kiel 1950; Neuausg., korr. mit bibl. Nachwort von A.W.
Schmitt, Frankfurt 1989; M. Leigh, Lucan: Spectacle and Engagement, New York
1997; S. Bartsch, Ideology in Cold Blood: A Reading of Lucan's Civil War, Cambridge (Mass.) 1997.

Petronius (Arbiter; gestorben 66 n. Chr.)

Leben

Tacitus (*Annales* 16, 18) übermittelt uns das Bild eines Petronius, den
man gemeinhin mit dem Autor des Romans gleichsetzt: Er ist Consul
und anschließend Proconsul in Bithynien, an Neros Hof anerkannte
Autorität in Fragen des Geschmacks und der eleganten Lebens-
führung (*elegantiae arbiter*). Nero verdächtigt ihn der Teilnahme an
einer Verschwörung und zwingt ihn in den Freitod, den Petron in bewußtem Gegensatz zu den heroischen Selbstmorden seiner Zeitgenossen als Spiel inszeniert. Die Forschung setzt das fiktive Datum der
Satyrica in die Regierungszeit des Claudius, seine Abfassung in die
60er Jahre. Der Roman ist nur unvollständig erhalten.

Werk

Satyrica

Rezeption

Petron erweckt zunächst vor allem als Meister des Epigramms mit
seinen Verseinlagen ein Interesse, das bis ins Mittelalter andauert.
Schon im 12. Jh. ist der bekannte Textumfang nicht größer als heute.
Moralische Bedenken verhindern eine größere Rezeption der *Satyrica*. Eine neue Petronwürdigung setzt mit dem Roman *Quo vadis*
(1896) von H. Sienkiewicz ein, der den Autor zur Hauptfigur macht.
1969 werden die Satyrica von F. Fellini verfilmt.

Ausgaben: F. Bücheler / W. Heraeus, Berlin / Zürich [8]1963; K. Müller / W. Ehlers,
München [3]1983 (mit Übersetzung); K. Müller, Stuttgart / Leipzig [4]1995.
Literatur: H. Petersmann, Petrons ‹Satyrica›, in: J. Adamietz (Hrsg.), Die römische
Satire, Darmstadt 1986, 383–426; M. Coffey, Roman Satire, London [2]1989, 178–
206; N. W. Slater, Reading Petronius, Baltimore 1990; G. B. Conte, The Hidden
Author. An Interpretation of Petronius' Satyricon, Berkeley 1996; C. Connors,
Petronius the Poet, Cambridge 1998; L. Castagna/E. Lefèvre (Hrsgg.), Studien zu
Petron und seiner Rezeption, Berlin/New York 2007.

A. Persius Flaccus (34–62 n. Chr.)

Leben

Der Satiriker Persius wird 34 in Volaterrae in Etrurien als Sohn eines römischen Ritters aus etruskischem Adel geboren. Im Alter von 12 Jahren studiert er in Rom bei dem Grammatiker Remmius Palaemon und dem Rhetor Verginius Flavus, mit 16 Jahren schließt er sich dem Stoiker Annaeus Cornutus an. Bereits mit 28 Jahren stirbt er an einem Magenleiden. Cornutus und der Dichter Caesius Bassus geben seine unvollendeten Satiren heraus.

Werk

Saturae
Verloren sind Jugendwerke, darunter eine Praetexta.

Rezeption

Schon in der Antike erweckt Persius Begeisterung, etwa jene Lucans, Martials und Quintilians. Die Schule in Antike und Mittelalter schätzt den pädagogischen Wert seines Werks. Seit der frühen Neuzeit wird der Dichter jedoch aufgrund des hohen sprachlichen Schwierigkeitsgrades und des manieristischen Stils seiner Satiren weniger gelesen und viel gescholten (Th. Mommsen, Römische Geschichte I⁴ 236).

Ausgaben: W. V. Clausen, Oxford ³1993 (mit Juvenal); W. Kißel, Heidelberg 1990 (lat.-dt. mit Kommentar).
Literatur: J. C. Bramble, Persius and the Programmatic Satire. A Study in Form and Imagery, Cambridge 1974; U. W. Scholz, Persius, in: J. Adamietz (Hrsg.), Die römische Satire, Darmstadt 1986, 179–230; M. Coffey, Roman Satire, London ²1989, 98–118; K. Felkenheuer, Die Rezeption der Persius-Satiren in der lateinischen Literatur, Frankfurt/M. 2001.

C. Plinius Caecilius Secundus d. Ä. (23/24–79 n. Chr.)

Leben

Der große Naturforscher Roms stammt aus Novum Comum (Como). In jungen Jahren kommt er nach Rom und schließt sich P. Pomponius Secundus an. Sein Kriegsdienst bei der Reiterei führt ihn mit diesem 50/51 auf einem Feldzug gegen die Chatten, nach Germanien, später kommt er als Prokurator nach Spanien; Gallien und

Afrika sind ihm aus eigener Anschauung bekannt. Einige Zeit arbeitet er als Anwalt, hält sich aber in der zweiten Hälfte der Regierungszeit Neros der Politik fern. Vespasian vertraut ihm häufig Amtsgeschäfte an. Er stirbt 79 n. Chr. als Kommandant der kaiserlichen Flotte von Misenum bei dem Versuch, den Vesuvausbruch aus nächster Nähe zu erkunden. Sein Tod wird von seinem Neffen, dem jüngeren Plinius, beschrieben (*Epistulae* 6, 16).

Werk

37 Bücher *Naturalis historia* (enzyklopädisches Sammelwerk, in dem Plinius das naturkundliche Wissen seiner Zeit darstellt)
Verloren: 20 Bücher *Bella Germaniae* (von Tacitus als Quelle für seine *Annalen* und *Germania* benutzt); rhetorische Schriften *(Studiosi, Dubius Sermo); De iaculatione equestri* (militärische Lehrschrift); *Vita Pomponii Secundi* (Biographie)

Rezeption

Der ältere Plinius beeinflußt als Historiker Tacitus, als Rhetor Quintilian. In wesentlich größerem Umfang aber wirkt seine Naturgeschichte nach. Seit der Renaissance ist sie Schultext (es gibt zwischen 1469 und 1799 nicht weniger als 222 Gesamtausgaben!), Plinius bietet mit ihr eine Quelle sowohl für Sachinformationen als auch für lateinische Fachtermini. In der Neuzeit erfährt er hingegen herbe Kritik – es fehlten ihm im Unterschied zu Theophrast das philosophische Denken und die wissenschaftliche Methode (bereits N. Leoniceni, *De Plinii et plurium aliorum in medicina erroribus* 1492). Schopenhauer spricht ihm die Urteilskraft ab, Mommsen nennt sein Werk ein «Studierlampenbuch». Heute wird sein Werk vor allem als eine unersetzliche Quelle der Wissenschaftsgeschichte angesehen.

Ausgaben: L. Jan / C. Mayhoff, Stuttgart 1967–1987 (6 Bde); R. König, München / Zürich 1973–1997 (lat.-dt. mit Anm.).
Literatur: R. König / G. Winkler, Plinius der Ältere. Leben und Werk eines antiken Naturforschers, München 1979; R. French / F. Greenaway (Hrsgg.), Science in the Early Roman Empire. Pliny the Elder, His Sources and Influence, London 1986; F. della Corte, La genesi della Naturalis Historia, Napoli 1990; M. Beagon, Roman Nature. The Thought of Pliny the Elder, Oxford 1992; J. F. Healy, Pliny the Elder on Science and Technology, Oxford/New York 1999; S. Carey, Pliny's Catalogue of Culture, Oxford/New York 2003.

C. Plinius Caecilius Secundus d. J. (ca. 61–112 n. Chr.)

Leben

Plinius wird 61 oder 62 in Como geboren. Nach dem Tod seines Vaters übernimmt sein Onkel mütterlicherseits, der ältere Plinius, seine Erziehung und adoptiert ihn nach seinem Tod testamentarisch. In Rom hört er Rhetorik bei Quintilian und Nicetes Sacerdos, als Militärtribun in Syrien Philosophie bei Euphrates und Artemidoros. Er ist freundschaftlich mit Tacitus verbunden und pflegt auch den Kontakt mit Sueton und Martial. 100 ist er *consul suffectus*, 111–112 (oder 112–113) kaiserlicher Legat in Bithynien. Etwa 112/13 stirbt er.

Werk

10 Bücher *Epistulae; Panegyricus* auf Trajan

Rezeption

Der *Panegyricus* auf Kaiser Trajan wird zum Vorbild der Gattung; Plinius' Briefstil wird in der Spätantike nachgeahmt. Man könnte die Briefe wegen der Vielzahl der behandelten Themen (Charakteristiken berühmter Zeitgenossen, moralisch-ethische Probleme, Anekdotisches, Außergewöhnliches, Landschaftsbeschreibungen und anderes mehr) als antike Vorläufer des modernen Feuilletons bezeichnen.

Ausgaben: *Epistulae:* R. A. B. Mynors, Oxford 1963 u.ö.; *Panegyricus:* R. A. B. Mynors, XII Panegyrici Latini, Oxford 1964 (1–81).
Literatur: B. Radice, Pliny and the Panegyricus, G&R 15, 1968, 166–172; A. Sherwin-White, Pliny, the Man and his Letters, G&R 16, 1969, 76–90; H. P. Bütler, Die geistige Welt des jüngeren Plinius. Studien zur Thematik seiner Briefe, Heidelberg 1970; F. Gamberini, Stylistic Theory and Practice in the Younger Pliny, Hildesheim 1983; M. Ludolph, Epistolographie und Selbstdarstellung, Tübingen 1997; L. Castagna/E. Lefèvre (Hrsgg.), Plinius der Jüngere und seine Zeit, München 2003.

M. Fabius Quintilianus (ca. 35 – nach 95 n. Chr.)

Leben

Quintilian ist gebürtiger Spanier aus Calagurris. Sein Vater lehrt Rhetorik in Rom, der Junge hört bei dem Grammatiker Remmius Palaemon und dem Redner Domitius Afer. Danach wirkt er in seiner Heimat als Lehrer. 68 folgt er Galba wieder nach Rom. Vespasian ernennt ihn 78 zum ersten öffentlich besoldeten Professor der Rhetorik. Domitian vertraut ihm die Erziehung seiner von ihm adoptierten Großneffen an, der Enkel seiner Schwester Flavia Domitilla, und ehrt ihn mit der Konsulwürde. Quintilian stirbt etwa 96 n. Chr.

Werk

12 Bücher *Institutio oratoria* (Lehrbuch der Rhetorik)
Verloren: *De causis corruptae eloquentiae*
Unecht: Die unter seinem Namen überlieferten *Declamationes* stammen vermutlich aus seiner Schule.

Rezeption

Quintilian beeinflußt Plinius, Tacitus *(Dialogus)* und wohl auch Sueton, sein Werk hingegen findet zunächst nicht die verdiente Beachtung. Im Mittelalter ist es nur fragmentarisch bekannt, bevor es vollständig 1415/16 von Poggio in St. Gallen wiederentdeckt wird. Seine Blütezeit erstreckt sich vom 15. bis zum 17.Jh., Petrarca schreibt ihm einen seiner Briefe, Lorenzo Valla (gestorben 1457) zieht ihn gar Cicero vor. Quintilian ist mit seinen Äußerungen über bestimmte Autoren (vor allem im 10. Buch) maßgebliche Autorität für die Bildung eines Lektürekanons. Bis zum Ende des 18.Jh.s wird sein Redesystem in der Schule gelehrt. Noch im 20.Jh. wendet sich Luciano Albini, Papst Johannes Paul I., achtungsvoll in einem Schreiben an den großen Rhetoriklehrer.

Ausgaben: *Inst.orat.*: M. Winterbottom, Oxford 1970 (2 Bde); H. Rahn, Darmstadt ²1988 (2 Bde; lat.-dt.); [*Declamationes maiores*: L. Håkanson, Stuttgart 1982; *Declamationes minores*: D. R. Shackleton Bailey, Stuttgart 1989].
Literatur: O. Seel, Quintilian oder die Kunst des Redens und Schweigens, Stuttgart 1977; K. Heldmann, Antike Theorien über Entwicklung und Verfall der Redekunst, München 1982; J. Dingel, Scholastica materia. Untersuchungen zu den Declamationes minores und der Institutio oratoria Quintilians, Berlin 1988; E. Zundel, Clavis Quintilianea. Quintilians ‹Institutio oratoria› aufgeschlüsselt nach rhetorischen Begriffen, Darmstadt 1989.

C. Valerius Flaccus Setinus Balbus (gestorben wohl vor 92 n. Chr.)

Leben

Valerius Flaccus stammt aus dem Senatorenstand und gehört einer angesehenen Priesterschaft des Apoll an, er ist *quindecimvir sacris faciundis* (1, 5–7). Möglicherweise kommt er aus dem latinischen Weinort Setia. Das Vespasian gewidmete Epos über den Argonauten-Mythos in 8 Büchern bleibt unvollendet.

Werk

Argonautica

Rezeption

Das Werk des Valerius Flaccus findet schon bei den Zeitgenossen wenig Anklang. Nur Quintilian erwähnt ihn. In der Renaissance trifft er nach seiner Wiederentdeckung durch Poggio (gest. 1459) sogleich auf ein großes Leserinteresse.

Ausgabe: W. W. Ehlers, Stuttgart 1980.
Literatur: J. Adamietz, Zur Komposition der Argonautica des Valerius Flaccus, München 1976 (Zetemata 67); M. Korn / H. J. Tschiedel (Hrsgg.), Ratis omnia vincet. Untersuchungen zu den ‹Argonautica› des Valerius Flaccus, Hildesheim 1991; P. Hardie, The Epic Successors of Vergil. A Study in the Dynamics of a Tradition, Cambridge 1993; U. Gärtner, Gehalt und Funktion der Gleichnisse bei Valerius Flaccus, Stuttgart 1994; M. Eigler/E. Lefèvre (Hrsgg.), Ratis omnia vincet, München 1998; F. Spaltenstein (Hrsg.), Untersuchungen zu den *Argonautika* des Valerius Flaccus, München 2004.

M. Valerius Martialis (ca. 40–104 n. Chr.)

Leben

Martial stammt aus dem spanischen Bilbilis (heute Bambola). 64 kommt er nach Rom. Eine Anwaltstätigkeit behagt ihm wenig, er schlägt sich dank einiger finanzieller Gönner als Literat durch. Mit der überspitzten Darstellung seiner Klientenrolle schafft er das Bild des «Bettelpoeten». Immerhin verfügt er über ein nicht unerhebliches Vermögen, er gehört dem Ritterstand an, besitzt ein Gut in Nomentum, ein Haus in Rom und natürlich eigene Sklaven und Sekretäre. Seine Karriere baut er zielsicher unter der Förderung Domitians auf, bald nach dem Tod des Kaisers kehrt er in seine Heimat zurück, wo er vermutlich 104 stirbt.

Werk

Epigramme (12 Bücher), *Liber de spectaculis* (*Epigrammaton liber*: Beschreibung der Eröffnungsfeierlichkeiten des Colosseums im Jahre 80), *Xenia* und *Apophoreta* (Buch 13 und 14 in den Ausgaben)

Rezeption

Erkennbar ist ein Einfluß Martials auf den Satiriker Juvenal, aber auch in der Spätantike und im Mittelalter ist er bekannt und wird gelesen. Eine neue Blütezeit setzt mit der Renaissance ein: Martial ist der Wegbereiter der modernen nationalsprachlichen Epigrammatik. Im 18. und 19. Jh. hingegen wird er ebenso wie Catull der unverblümten Sprache wegen als Dichter geringer geschätzt. Man nimmt seine Epigramme vielmehr als reiche Quelle für römische Lebensverhältnisse (so zum Beispiel für das antike Buchwesen).

Ausgaben: L. Friedländer, 2 Bde, Leipzig 1886 (Nachdruck Amsterdam 1967); W. Heraeus/J. Borovskij, Leipzig ³1982; D. R. Shackleton Bailey, Stuttgart 1990. *Literatur*: J. P. Sullivan, Martial. The Unexpected Classic, Cambridge 1991; N. Holzberg, Martial und das antike Epigramm, Darmstadt 2002; R. R. Nauta, Poetry for Patrons, Leiden 2002.

P. Papinius Statius (ca. 45–96 n. Chr.)

Leben

Statius wird zwischen 40 und 50 n. Chr. in Neapel geboren. Sein Vater, dem Ritterstand angehörig, ist ein erfolgreicher Dichter (er schrieb ein Bürgerkriegsepos zu Ehren der Flavier). Der Sohn siegt bei den *Augustalien* und gewinnt (wohl 90) den albanischen Wettkampf mit einem Panegyricus auf den Sieg Domitians über Germanen und Daker. Teilweise verkehrt er bei denselben Gönnern wie Martial, von dem er aber geflissentlich nicht erwähnt wird; auch er genießt die Gunst Domitians. An den *Ludi Capitolini* wohl des Jahres 94 beteiligt er sich ohne Erfolg. 95 zieht er sich aus gesundheitlichen Gründen nach Neapel zurück. Er ist vor Domitians Ermordung (September 96) gestorben.

Werk

12 Bücher *Thebais* (thebanisches Epos: Sieben gegen Theben), 5 Bücher *Silvae* (Gelegenheitsgedichte), *Achilleis* (unvollendetes Achilleus-Epos)

Rezeption

Die *Thebais* weckt schon zu Statius' Lebzeiten Bewunderung. Sie wird nicht nur gelesen, sondern auch kommentiert. Im Mittelalter geraten die Gelegenheitsgedichte der *Silvae*, die man in der Spätantike noch schätzte und nachahmte, zunehmend in Vergessenheit, während die Epen (*Thebais* und *Achilleis*) seit dem 10. Jh. Schullektüre sind. In der Renaissance ist Statius neben Vergil das Vorbild für die Gattung Epos (Wirkung auf Petrarcas *De Africa*). Dante stellt ihn sogar als heimlichen Christen dar (*Purgatorio* 22, 64 ff.).

Ausgaben: *Achilleis*: A. Marastoni, Leipzig 1974; *Silvae*: E. Courtney, Oxford 1990; *Thebais*: D. E. Hill, Leiden ²1996.
Literatur: H. Cancik, Untersuchungen zur lyrischen Kunst des P. Papinius Statius, Hildesheim 1965; D. Vessey, Statius and the Thebaid, Cambridge 1973 (mit Bibliographie); A. Hardie, Statius and the Silvae, poets, patrons and epideixis in the graeco-roman world, Liverpool 1983; C. E. Newlands, Statius' «Silvae» and the Poetics of Empire, Cambridge/New York 2002.

Cornelius Tacitus (ca. 55–nach 116 n. Chr.)

Leben

Das Praenomen lautet wohl Publius oder (weniger glaubwürdig) Gaius. Er stammt vermutlich aus Gallien und ist vielleicht der Sohn (oder Neffe) des gleichnamigen Ritters und Prokurators von Belgien. Er studiert Rhetorik und wird ein angesehener Anwalt und Redner. Um das Jahr 78 heiratet er die Tochter des Iulius Agricola. Unter den Flaviern verfolgt Tacitus die politische Laufbahn. 88 ist er Praetor und wird *quindecimvir sacris faciundis*. Nach der Praetur verbringt er vier Jahre außerhalb Roms. Unter Nerva ist er *consul suffectus* und ein angesehener Redner. Später gehört er zusammen mit seinem Freund Plinius d. J. dem engeren Kreis der Senatoren um Trajan an. Um 112/3 erhält er das ehrenvolle Amt eines Prokonsuls der Provinz Asia, eine wichtige Auszeichnung. Er stirbt vermutlich in der Regierungszeit Hadrians.

Werk

Kleine Schriften: *Agricola* (biographischer Nachruf auf seinen Schwiegervater), *Germania* (geographisch-ethnographische Studie), *Dialogus de oratoribus* (Dialog über den Verfall der Redekunst)
Größere Werke: 14 Bücher *Historiae* (erhalten: Bücher 1–4, Anfang Buch 5: Jahre 69/70)
16 Bücher *Annales* (*Ab excessu divi Augusti;* erhalten Bücher 1–6: Tiberius [Jahre 14–37], 11–16: Claudius, Nero [Jahre 47–66])

Rezeption

Tacitus wird in der Antike wenig gelesen. Dem entspricht die Überlieferung seines Werkes – die kleineren Schriften sind nur auf einem
aus Fulda stammenden Hersfelder Kodex erhalten. Sein Stil scheint
für den Unterricht ungeeignet, weshalb die Grammatiker ihn nicht
zitieren. Im 4. und 5. Jh. wirkt er hingegen in Gallien nach. Auch im
Mittelalter bleibt die Rezeption beschränkt, lediglich die *Historien*
und die *Annalen* werden rezipiert. Erst in der Renaissance gelangt
Tacitus zu einiger Bedeutung. Im 16. und 17. Jh. endlich beeinflußt er
sowohl gedanklich als auch formal die Geschichtsschreibung. Tacitus
und seine Schriften werden auch als Vorlage für Bühnenwerke genutzt (Arnault, *Germanicus*, 1817).

Ausgaben: Agricola: J. Delz, Stuttgart 1983; *Annales:* H. Heubner, Stuttgart 1983;
Dialogus: H. Heubner, Stuttgart 1983; *Germania:* A. Önnerfors, Stuttgart 1983;
Historiae: K. Wellesley, Leipzig 1989.
Literatur: R. Syme, Tacitus, 2 Bde, Oxford 1958; G. Wille, Der Aufbau der Werke
des Tacitus, Amsterdam 1983; R. Martin, Tacitus, London 1989; P. Grimal, Tacite,
Paris 1990; T. J. Luce / A. J. Woodman (Hrsgg.), Tacitus and the Tacitean Tradition,
Princeton 1993; A. J. Woodman, Tacitus Reviewed, New York 1998.

C. Suetonius Tranquillus (ca. 70 – ca. 130 n. Chr.)

Leben

Der römische Biograph wird wohl um 70 vermutlich in Hippo Regius
(Nordafrika) geboren. Er ist Ritter. Zu seinen Förderern gehört
Plinius. Sueton durchläuft die Ämter *a studiis, a bibliothecis* und *ab
epistulis.* 122 verliert er seine Stellung als Hadrians Privatsekretär.
Ebenso unsicher wie sein Geburtsjahr ist das Todesjahr.

Werk

8 Bücher *De vita XII Caesarum* (Kaiserbiographien von Caesar bis
Domitian), *De viris illustribus* (daraus ist erhalten *De grammaticis et
rhetoribus*)
Zahlreiche weitere historische und kulturgeschichtliche Schriften
sind bis auf wenige Fragmente verloren.

Rezeption

Die Werke Suetons bilden den Höhepunkt der römischen Biographie
und prägen die Gattung nachhaltig. Seine Beschreibung des Lebens

der Kaiser nehmen sich Aurelius Victor und Eutrop (beide 4.Jh.) sowie Einhart (gestorben 840) in seiner *Vita Karoli Magni* zum Vorbild.
In der Renaissance wird er neben Plutarch viel gelesen, Petrarca nennt
ihn einen *auctor certissimus, curiosissimus rerum scriptor*.

Ausgaben: *Caesares*: M. Ihm, Stuttgart / Leipzig 1992 (= Leipzig 1908); *De grammaticis et rhetoribus*: G. Brugnoli, Leipzig ³1972 (zuerst 1960); R.A. Kaster, Oxford 1995 (mit Kommentar); Fragmente: A. Reifferscheid, Leipzig 1860.
Literatur: B. Baldwin, Suetonius. The Biographers of the Caesars, Amsterdam
1983; A. Wallace-Hadrill, Suetonius. The Scholar and His Caesars, London 1983;
J. Gascou, Suétone historien, Paris 1984.

D. Iunius Iuvenalis (ca. 67 – nach 127 n. Chr.)

Leben

Über das Leben des Satirikers wissen wir kaum etwas. Aus seinen
eigenen Angaben (13, 17; 15, 27) können wir schließen, daß er um
67 geboren wurde und im Jahre 127 noch am Leben war. Martial erwähnt ihn als Deklamator (7, 24, 91) sowie sein Klientendasein in
Rom (12, 18).

Werk

16 Satiren

Rezeption

Im 4. und 5.Jh. findet Juvenal zahlreiche Nachahmer, zum Beispiel
Ausonius und Claudianus. Im griechischsprachigen Osten lernt man
anhand seiner Werke sogar Lateinisch. Wie Horaz gehört er als *poeta
ethicus* im Mittelalter zu den Schulautoren. In der Renaissance wird er
viel gelesen, in der Neuzeit häufig übersetzt und rezipiert. Aus den Satiren Juvenals stammen zahlreiche auch uns noch geläufige Redensar-
ten, so *panem et circenses* (10, 81) und *crambe repetita* («aufgewärmter
Kohl» 7, 154) sowie *mens sana in corpore sano* (10, 356).

Ausgaben: U. Knoche, München 1950; W. V. Clausen, Oxford ²1992 (mit Persius);
I. Willis, Stuttgart 1997.
Literatur: J. Adamietz, Untersuchungen zu Juvenal, Wiesbaden 1972 (Sat. 3, 5, 11);
S. H. Braund, Beyond Anger. A Study of Juvenal's Third Book of Satires, Cam-
bridge 1988; M. Coffey, Roman Satire, London ²1989, 119–146; Chr. Schmitz, Das
Satirische in Juvenals Satiren, Berlin/New York 2000.

Apuleius (ca. 125 – nach 170 n. Chr.)

Leben

Mit Apuleius treten Nordafrikaner in das römische Kulturleben ein, die nicht mehr von einer Karriere in der Hauptstadt abhängig sind. Apuleius wird als Sohn eines hohen Beamten in Madauros (Numidien) geboren. Er studiert in Karthago und Athen. In Griechenland läßt er sich in verschiedene Mysterien einweihen. Er bereist den Orient und ist für kurze Zeit in Rom als Anwalt tätig, bevor er wieder nach Afrika geht. Eine Anklage wegen Magie kann er dank seiner *Apologie*, der einzigen uns erhaltenen kaiserzeitlichen Rede, abwenden. Er ist *sacerdos provinciae*, Priester des Isiskults und ein berühmter Wanderredner, zu Lebzeiten bereits werden ihm Statuen errichtet. Apuleius lebt und schreibt zweisprachig. Geburts- und Sterbejahr sind unbekannt.

Werk

Metamorphosen (Roman: *Der goldene Esel*); *Apologia (De magia)*; *Florida* (Auszüge aus Deklamationen)
Philosophische Schriften (Echtheit teilweise bezweifelt): *De Platone et eius dogmate, De deo Socratis, De mundo, Peri hermeniae*
Weitere philosophische Traktate und Übersetzungen sind verloren.

Rezeption

Mit seinen philosophischen Schriften wird Apuleius in der Spätantike und im Mittelalter als platonischer Philosoph anerkannt. Der sogenannte *Eselsroman (Metamorphosen)* wirkt stärker auf die Neuzeit; viel beachtet wird die in den Roman eingebaute ‹Novelle› von Amor und Psyche.

Ausgaben: *Apologie*: R. Helm, Leipzig 1994; *Florida:* R. Helm, Leipzig 1993; *Metamorphosen*: R. Helm, Leipzig 1992; E. J. Kenney, Apuleius. Cupid & Psyche, Cambridge 1990; *De philosophia libri*: C. Moreschini, Leipzig 1991.
Literatur: R. Merkelbach, Roman und Mysterium in der Antike, München 1962; H. van Thiel, Der Eselsroman, München 1971/72 (2 Bde); J. J. Winkler, Auctor and Actor. A Narratological Reading of Apuleius' Golden Ass, Berkeley 1985; N. Holzberg, Der antike Roman, München 1986; H. Münstermann, Apuleius. Metamorphosen literarischer Vorlagen, Stuttgart 1995; G. N. Sandy, The Greek World of Apuleius, Leiden 1997; O. Pecere/A. Stramaglia (Hrsgg.), Studi apuleiani, Cassino 2003.

A. Gellius (2. Jh. n. Chr.)

Leben

Über das Leben des Gellius ist wenig bekannt. Er wird um 130 geboren und in Rom in Grammatik und Rhetorik ausgebildet. Zu seinen Lehrern zählen Sulpicius Apollinaris, Antonius Iulianus und T. Castricius sowie Favorinus von Arelate. In Rom hat er das Richteramt inne, ob dies vor seine Studienreise nach Athen fällt oder danach, ist unsicher. Zumindest die Jahre 165–167 verbringt er in Athen und schließt Freundschaft mit dem Kunstmäzen Herodes Atticus. Hier entschließt er sich, sein Werk zu verfassen.

Werk

20 Bücher *Noctes Atticae*

Rezeption

Gellius' literarisches Schaffen wirkt unter anderem bei Laktanz, Augustinus und Macrobius nach. In der Renaissance beruft sich ausdrücklich Poliziano (gest. 1494) auf ihn. Er überliefert uns viele verlorene Reste altlateinischer und hellenistischer griechischer Literatur (so zum Beispiel 2, 23 Partien aus Menanders «Plokion»), aber auch Kenntnisse der Philosophie, Geschichte, Rechts- sowie Literatur- und Sprachwissenschaft. Als Vermittler der Antike ist sein Werk daher von erheblichem Wert. Daneben macht ihn die Vielzahl der in einem plaudernden Ton vorgetragenen Themen zusammen mit Plinius d. J. zum Begründer des modernen Feuilletons.

Ausgabe: P. K. Marshall, 2 Bde Oxford 1990.
Literatur: B. Baldwin, Studies in Aulus Gellius, Lawrence (Kansas) 1975; L. A. Holford-Strevens, Aulus Gellius, Oxford/New York 2003.

4. Spätantike

D. Magnus Ausonius (ca. 310–393/94 n. Chr.)

Leben

Ausonius wird um 310 als Sohn eines Arztes in Burdigala (Bordeaux) geboren. Er studiert in seiner Heimatstadt und in Toulouse und lehrt in Bordeaux erst Grammatik, dann Rhetorik. Kaiser Valentinian I. ruft ihn um 365 als Erzieher Gratians nach Trier, Ausonius wird 371 *comes*, 375 *quaestor sacri palatii*. Mit der berühmten *Mosella* wird er «zum ersten deutschen Heimatdichter» (von Albrecht, Geschichte 1047). 378 ernennt ihn Gratian zum *praefectus praetorio trium Galliarum* und 379 zum Konsul. Nach Gratians Ermordung im Jahre 383 zieht sich Ausonius auf seine gallischen Güter zurück.

Werk

Vorreden (Buch 1), *Ephemeris* (Buch 2), *Gedichte* (Buch 3), *Parentalia* (Buch 4), *Epitaphien* (Buch 6), *Eklogen* (Buch 7), *Cupido cruciatur* (Buch 8), *Bissula* (Buch 9), *Mosella* (Buch 10), *Ordo urbium nobilium* (Buch 11), *Technopaegnion* (Buch 12), *Spiel der Sieben Weisen* (Buch 13), *Zwölf Caesaren* (Buch 14), *Conclusio* (Buch 15), *Griphus ternarii numeri* (Buch 16), *Cento nuptialis* (Buch 17), *Briefe* (Buch 18), *Epigramme* (Buch 19), *Dankesrede an Gratian* (Buch 20)

Rezeption

Das Echo auf das Werk des Ausonius ist im Ganzen eher bescheiden, man liest ihn zum Vergnügen und zur Unterhaltung. Petrarca und Goethe lesen ihn offenbar mit Interesse. Herder dagegen kann sich nicht für ihn erwärmen. Die Person des Ausonius erscheint als Figur in Felix Dahns *Bissula*-Roman.

Ausgaben: C. Schenkl = MGH AA 5, 2, Berlin 1961; R. P. H. Green, Oxford 1999. *Literatur*: F. Gruber, Ausonius und der Beginn der spätantiken lateinischen Literatur, in: U. Kindermann u. a. (Hrsgg.): Festschrift P. Klopsch, Göttingen 1988; M. J. Lossau, Ausonius, Darmstadt 1991.

Claudius Claudianus (ca. 370–404 n. Chr.)

Leben

Das Geburtsjahr Claudians ist unbekannt. Wie die ersten lateinischen Dichter ist er gebürtiger Grieche, er stammt aus Alexandria, verfügt über eine umfassende zweisprachige Bildung und schreibt zunächst eine griechische *Gigantomachie* und eine Anzahl Epigramme. Er geht nach Rom und verfaßt als erstes lateinisches Gedicht einen *Panegyricus* auf das Consulat des Probinus und Olybrius (zum 1. 1. 395). Zwischen 395 und 400 hat er verschiedene Hofämter inne, er ist *tribunus* und *notarius* und gehört dem Geheimkabinett Stilichos an. Ihm zu

Ehren wird sogar auf Einwirken des Senats zwischen 400 und 402 auf dem Traiansforum ein Bildnis aufgestellt. Eine Hochzeitsreise führt ihn nach Libyen. Etwa 404 stirbt er.

Werk

Zahlreiche poetische Werke, häufig panegyrischen Inhalts; *De raptu Proserpinae* (mythologisches Epos)

Rezeption

Claudians Werke beeinflussen vor allem die lateinischen Dichter Afrikas, Galliens und Italiens. Seit dem 12. Jh. erwacht ein neues Interesse an ihm. In der Renaissance werden seine Panegyrici zum Vorbild für die ganze, neu auflebende Gattung. Sein Pamphlet gegen *Rufinus* prägt bis in die Neuzeit das Tyrannenbild. Noch im 20. Jh. dienen seine Texte als Vorlage für Novellen (Hella S. Haasse, *Een nieuwer testament*, 1966) und Dramen (Hermann Sudermann, *Die Lobgesänge des Claudian*, 1914).

Ausgaben: T. Birt = MGH AA 10, Berlin 1961; J. B. Hall, Leipzig 1985.
Literatur: A. Cameron, Claudian. Poetry and Propaganda at the Court of Honorius, Oxford 1970; P. L. Schmidt, Politik und Dichtung in der Panegyrik Claudians, Konstanz 1976; S. Döpp, Zeitgeschichte in den Dichtungen Claudians, Wiesbaden 1980; F. Felgentreu, Claudians «Praefationes», Stuttgart 1999.

Aurelius Augustinus (354–430 n. Chr.)
Leben

Augustinus wird am 13.11.354 in Thagaste (Numidien) geboren. Sein Vater Patricius, der Nachkomme eines römischen Veteranen, bekehrt sich erst kurz vor seinem Tod zum Christentum, seine Mutter Monnica hingegen ist bekennende Christin. Augustin wird christlich erzogen, wendet sich aber mit 18 Jahren unter dem Einfluß von Ciceros *Hortensius* der Philosophie zu. In Madauros studiert er Grammatik und in Karthago Rhetorik. Er unterrichtet sodann selbst, zuerst in Thagaste, von 376 an in Karthago. 384 siedelt er nach Rom über und nimmt eine Stelle als Rhetor an. Symmachus, der Sprecher der nichtchristlichen Senatoren, vermittelt ihn auf einen Rhetoriklehrstuhl nach Mailand. Dort lernt er den Neuplatonismus kennen und hört die Predigten des Bischofs Ambrosius. Zunehmend fühlt er sich von der monastischen Lebensform angezogen. In der berühmten Mailänder

Gartenszene (*Confessiones* 8, 8, 19–12,30) vernimmt er in einer Kinderstimme den Ruf Gottes («tolle, lege»). Er studiert den Römerbrief und läßt sich nach einer Zeit der Besinnung zusammen mit seinem aus einer frühen Liebesbeziehung stammenden Sohn Adeodatus 387 von Ambrosius taufen. Zunächst lebt er mit philosophisch Gleichgesinnten zusammen und wird bei einem Aufenthalt in Hippo Regius (Nordafrika) gegen seinen Willen ordiniert. 396 oder 397 wird er Bischof von Hippo Regius. Er stirbt am 28. 8. 430 während der Belagerung Hippos durch die Vandalen.

Werk

Aus Platzgründen können hier nur die Hauptwerke Augustins aufgeführt werden. Ein ausführliches Werkverzeichnis findet sich bei C. Maier (Hrsg.): Augustinus-Lexikon, Basel 1986 ff., Fasc 1,1/2.

Hauptwerke: *Confessiones, De trinitate, De civitate Dei, De doctrina christiana*

Rezeption

Augustinus prägt zusammen mit Boëthius die mittelalterliche philosophische Terminologie. Mit der selbstanalysierenden Autobiographie in den *Confessiones* und der großangelegten Geschichtsphilosophie in *De civitate dei* schafft er neue Gattungen. In der Philosophie verbindet er alttestamentliche, stoische und römische Elemente und wird damit zum Mitbegründer des mittelalterlichen Platonismus. Theologisch schafft er wesentliche Grundlagen, insbesondere die Lehre von der Erbsünde. Er ist der erste Römer, der in seiner Person von Jugend an altrömische Bildung und Kultur mit einer christlichen Erziehung verbindet. Damit steht er an der Wende von der römischen Antike zum christlichen Mittelalter.

Ausgaben: J. P. Migne (Hrsg.), PL 32–46, Paris 1841/42; *De civitate dei:* B. Dombart/A. Kalb (2 Bde), Stuttgart ⁵1981; *Confessiones:* J. O'Donnell (3 Bde), Oxford 1992 (mit Kommentar); *Epistulae:* A. Goldbacher (5 Bde), Wien 1885–1923; *Epist.* 1–29: J. Divjak, Paris 1987 (lat.-frz.).
Lexikon: C. Mayer (Hrsg.), Augustinus-Lexikon, Basel 1986 ff.
Literatur: P. L. R. Brown, Augustine of Hippo. A Biography, London 1967 (dt. Übersetzung: München 1975); K. Flasch, Augustin. Einführung in sein Denken, Stuttgart 1980; H. Chadwick, Augustin, Göttingen 1987; C. Kirwan, Augustine, London/New York 1989; J. M. Rist, Augustine. Ancient thought baptized, Cambridge 1994; Chr. Horn, Augustinus, München 1995; N. Fischer/C. Mayer (Hrsgg.), Die Confessiones des Augustinus von Hippo, Freiburg/Basel/Wien 1998; Th. Fuhrer, Augustinus, Darmstadt 2004; J. Brachtendorf, Augustins «Confessiones», Darmstadt 2005.

Ambrosius Macrobius Theodosius (Anfang 5.Jh. n. Chr.)

Leben

Über die Person des Macrobius wissen wir nichts. Die Identität mit
sonst bekannten Macrobii ist umstritten, wahrscheinlich ist er der
praefectus Italiae von 430 (cod. Theod. 12, 6, 33) und gehört dem
Kreis um Symmachus an (S. 121).

Werk

7 Bücher *Saturnalia* (Gespräche am Saturnalienfest: Erörterung von
literarischen, grammatischen und kulturellen Fragen); neuplatoni-
scher Kommentar zu Ciceros *Somnium Scipionis; De differentiis et
societatibus Graeci Latinique verbi* (nur fragmentarisch erhalten)

Rezeption

Macrobius wirkt am stärksten im Mittelalter nach. Insbesondere sein
Kommentar zum *Somnium Scipionis* trägt zur Vermittlung platonischer Philosophie bei. Mit dem aufkommenden Interesse an Aristoteles wird er in zunehmendem Maße zurückgedrängt.

Ausgaben: I. Willis, Stuttgart ³1994; *Commentarii in Somnium Scipionis*: M. Regali
(2 Bde), Pisa 1983/1990.
Literatur: J. Flamant, Macrobe et le Néo-Platonisme latin à la fin du IVᵉ siècle, Leiden 1977; C. Zintzen, Römisches und Neuplatonisches bei Macrobius, in: P. Stein-
metz (Hrsg.), Politeia und Res publica. Gedenkschrift R. Stark, Wiesbaden 1969,
357–376; D. H. Kelly, The Conspiracy of Allusion: Description, Rewriting, and
Authorship from Macrobius to Medieval Romance, Leiden 1999.

Anicius Manlius Severinus Boëthius (um 480–524 n. Chr.)

Leben

Aus vornehmer stadtrömischer Familie stammend, wird Boëthius um
480 geboren. Sein Vater stirbt früh. Q. Aurelius Memmius Symmachus übernimmt die Erziehung des jungen Mannes, der seine Tochter
Rusticana heiratet. Der Ostgotenkönig Theoderich wird auf die wissenschaftlichen Fähigkeiten des Boëthius aufmerksam. 510 wird er
consul ordinarius sine collega, 522 wird seinen beiden noch nicht er-
wachsenen Söhne dieses Amt übertragen. Kurze Zeit später wird er
magister officiorum (Leiter aller Hof- und Staatsämter). In dem Prozeß, in dem der Patrizier Albinus und der römische Senat angeklagt

sind, eine Verschwörung mit dem oströmischen Kaiser Iustinus gegen
Theoderich angezettelt zu haben, wird Boëthius, der sich zur Vertei-
digung des Albinus bereit erklärt hat, ebenfalls angeklagt und ohne
Anhörung verurteilt. 524 wird er nach kurzer Haft hingerichtet, nur
ein Jahr später auch sein Schwiegervater Symmachus. Boëthius ist der
letzte große, noch des Griechischen vollkommen mächtige Gelehrte
des alten Rom. Sein Plan, alle platonischen Werke in lateinischer
Übersetzung herauszugeben, konnte nicht mehr verwirklicht werden.

Werk

Hauptwerk: *Consolatio Philosophiae*
Daneben sind zahlreiche weitere Werke, Übersetzungen und Kommentare philosophischen Inhalts erhalten

Rezeption

Die *Consolatio (Trost der Philosophie)*, sein im Gefängnis geführter
Dialog mit der Philosophie, erfährt in Mittelalter und Neuzeit einen
immensen Nachhall, was allein die vielen Kommentare zu diesem
Werk bezeugen. Auch die Person des Boëthius bleibt faszinierend. In
Pavia existiert sogar ein lokaler Kult für ihn, der 1883 von Papst
Leo XIII. bestätigt wird. Dante liest sein Werk zum Trost über den
Verlust der Liebsten; Nietzsche beruft sich auf ihn, wenn er sich
(stichelnd) gegen seine Zeitgenossen verteidigt, er wolle lieber
schweigen, um ein Philosoph zu bleiben.

Ausgaben: J.P. Migne (Hrsg.), PL 63/64, Paris 1882–1891; *Arithm./Musik*: G.
Friedlein, Leipzig 1867; *Comm. in Arist.*: C. Maiser, Leipzig ²1880; *Comm. in
Porph.*: S.Brandt, CSEL 48, Paris 1906; *Consolatio*: L. Bieler, *CCSL* 94, 1, Turnhout 1957; *De geometria*: M. Folkerts, Wiesbaden 1970; *De hyp.syllog.*: L. Ober-
tello, Brescia 1969 (lat.-ital.); *Theolog. Traktate*: H.F. Stewart u.a.: London ²1973.
Literatur: H. Chadwick, Boëthius. The Consolations of Music, Logic, Theology
and Philosophy, Oxford 1981; M. Gibson (Hrsg.), Boëthius. His Life, Thought
and Influence, Oxford 1981; M. Fuhrmann/J. Gruber (Hrsgg.), Boëthius, Darmstadt 1984; E. Gegenschatz/O. Gigon (Hrsgg.), Boëthius. Trost der Philosophie,
Zürich/München 1990; G. O'Daly, The Poetry of Boëthius, London 1991;
J.Gruber, Kommentar zu Boethius, De consolatione philosophiae, Berlin/New
York ²2006.

XI. Das Studium

1. Studienreform, «Bologna-Prozeß»

Im Juni 1999 vereinbarten die für Bildung zuständigen Ministerinnen und Minister von 29 europäischen Staaten, eine gesamteuropäische Hochschulreform mit dem Ziel durchzuführen, international anerkannte akademische Grade einzuführen und bis 2010 einen einheitlichen europäischen Hochschulraum zu schaffen. Die Basis dieser Reform, die vor allem die Mobilität von Studierenden während des Studiums und danach die Aufnahme einer Berufstätigkeit in den beteiligten europäischen Ländern erleichtern soll, bilden allgemein anerkannte Qualitätsstandards und Leistungsanforderungen sowie europaweit akzeptierte Evaluierungsmethoden, um die Einhaltung der vereinbarten Standards zu gewährleisten. Die Vergleichbarkeit und Übertragbarkeit von erbrachten Leistungen wird durch das sog. «European Credit Transfer and Accumulation System» (abgekürzt ECTS) garantiert. ECTS-Punkte sind eine quantitative (nicht qualitative!) Maßeinheit, um den ‹Studienaufwand›, d. h. die vom Studierenden investierte Arbeitszeit zu messen. Pro Studienjahr werden 60 ECTS-Punkte vergeben, d. h. 30 pro Semester. Ein ECTS-Punkt entspricht 25 Arbeitsstunden. Der Studienaufwand wiederum errechnet sich aus der ‹Kontaktzeit›, der regelmäßigen Teilnahme an einer Lehrveranstaltung und eventuell erforderlichen Beratungsgesprächen, und dem ‹Selbststudium›, der für die Studien- und Prüfungsleistungen benötigten Arbeitszeit (Vor- und Nachbereitung der Lehrveranstaltungen, Erarbeitung von Referaten und Hausarbeiten, Klausurvorbereitung usw.). Es ist klar, daß dies Durchschnittswerte sind, die weder die Auffassungsgabe der Studierenden noch Vorkenntnisse berücksichtigen.

Die einzelnen Lehrveranstaltungen werden jeweils je nach dem zu erbringenden, berechneten Arbeitsaufwand mit einer bestimmten Anzahl von ECTS-Punkten im Vorlesungsverzeichnis angezeigt. Die ECTS-Punkte können entweder durch Studienleistungen (regelmäßige Teilnahme an einer Veranstaltung, Referate, Lektürepensen usw.), die nicht benotet werden, oder durch studienbegleitende Prüfungen (mündliche Prüfung, Klausur, benotete Hausarbeit), deren Bewertung in die Endnote einfließt, erworben werden. Teilweise können Studien- und Prüfungsleistungen verlangt werden, und der prüfungsrelevante Teil kann aus verschiedenen Komponenten bestehen (z. B. mündliche Prüfung und benotete Hausarbeit). Im Studienplan wird jeweils vermerkt, welche Veranstaltungen in einem bestimmten Semester belegt werden müssen (Pflichtveranstaltungen) und welche aus einem bestimmten Angebot von mehreren Veranstaltungen gewählt werden können (Wahlpflichtveranstaltungen). Gegenüber dem bisher üblichen Studiensystem bringt das reformierte Studium eine größere Verschulung mit sich, da genau festgelegt ist, welcher Veranstaltungstyp in welchem Semester belegt werden muß.

2. Studienaufbau

Durch das Bologna-Abkommen von 1999 wird ein dreigliedriges Studium vorgeschrieben: Die erste Phase ist ein dreijähriges Studium (6 Semester), das mit dem berufsqualifizierenden akademischen Grad eines Bachelor of Arts (B.A.) abgeschlossen wird. Das B.A.-Studium umfaßt 180 ECTS-Punkte. Nach dem erfolgreichen Abschluß des B.A.-Studiums kann in zwei Jahren (4 Semester, 120 ECTS-Punkte) ein Master of Arts (M.A.) erworben werden. Die Zulassung zum Master-Studium hängt von der Note des B.A. ab. Die Zulassung sowohl zum Bachelor- als auch Master-Studiengang wird durch eine universitätsinterne Kommission entschieden. Die Lehre im B.A.- und M.A.-Studium erfolgt in modularisierter Form. Module sind Lehr- und Lerneinheiten, die sich in der Regel über zwei Semester erstrecken und inhaltlich und thematisch abgeschlossen sind.

Nach dem Erwerb des M.A. kann ein Promotionsstudium folgen, das in der Regel zwei bis drei Jahre dauert. Gegenüber dem bisher üblichen System des ‹freien Promovierens› – man sucht sich einen Betreuer, mit dem man sein Thema abspricht – werden mehr und mehr Promotionskollegs, die ein bestimmtes Rahmenthema vorgeben, und Doktorandenschulen bzw. -akademien eingeführt, in denen die Promotion als Studiengang durch Lehrveranstaltungen (z. B. Kolloquien, Workshops) strukturiert ist und häufig ein Rahmenthema vorgegeben ist, innerhalb dessen sich das gewählte Thema der Dissertation bewegen sollte.

Jede Studienphase wird mit einer wissenschaftlichen Arbeit abgeschlossen (Bachelor-Arbeit, Master-Arbeit, Dissertation [Doktorarbeit]). Die Studienpläne der einzelnen Universitäten regeln die zu erbringenden Leistungen, schreiben die ECTS-Punkte fest und klären, welche studienbegleitenden Leistungen in die Endnote einfließen. Deshalb ist es dringend angeraten, sich vor Studienbeginn bei den Studienberatungen und/oder durch die homepages der jeweiligen Universitäten über die Studienpläne kundig zu machen.

Es ist leider kritisch anzumerken, daß entgegen dem Ziel, die Mobilität der Studierenden zu fördern, die ECTS-Berechnung eher ein Hindernis für einen Studienortswechsel darstellt, vor allem wenn man ein Auslandsstudium für ein oder zwei Semester beabsichtigt. Denn nicht einmal im deutschsprachigen Raum wird derselbe Veranstaltungstyp mit derselben Zahl von ECTS-Punkten versehen. Deshalb sollte man sich vor einem Wechsel genau über die Anrechenbarkeit der Leistungen informieren. Man sollte sich aber keinesfalls durch die gegenüber dem früheren Studiensystem höheren bürokratischen Hürden davon abhalten lassen, das Studium durch einen Aufenthalt im Ausland zu bereichern. Die EU stellt mit dem Erasmus-/Sokrates-Programm eine Vielzahl von Möglichkeiten zur Verfügung, die ein Auslandssemester oder -jahr erleichtern und großzügig finanziell unterstützen.

3. Studium der Latinistik

Wenn man vorhat, das Studium der Latinistik aufzunehmen, stellt sich die Grundsatzfrage, ob man als Berufsziel den gymnasialen Schuldienst oder eine Tätigkeit außerhalb der Schule im Auge hat. Entscheidet man sich für ein Lehramtsstudium, muß das Studium der Latinistik mit einem zweiten Fach kombiniert werden, man studiert also zwei Hauptfächer. Die Kombinationsmöglichkeiten sind in den einzelnen Bundesländern verschieden geregelt, Auskunft geben die Kultusministerien. Im Lehramtsstudium nimmt das pädagogische und didaktische Begleitstudium eine immer wichtigere Rolle ein (allerdings vom Umfang her in den einzelnen Bundesländern äußerst unterschiedlich gewichtet). In der Regel muß im Verlauf des Studiums ein Praxissemester an einem Gymnasium abgelegt werden, das eine erste Vorbereitung auf den Schuldienst darstellt. Nach dem ersten Staatsexamen nach fünf Jahren (drei [B.A.-Phase] und zwei [M.A.-Phase] Jahren) schließt sich ein in der Regel eineinhalb Jahre dauernder Vorbereitungsdienst (Referendariat) an, der mit dem zweiten Staatsexamen abgeschlossen wird.

Latinistik kann jedoch auch in einem B.A.- und M.A.-Studium – ohne Didaktik, Pädagogik und Praxissemester – studiert werden. In einem solchen Studiengang ist die Latinistik das zentrale Hauptfach, zu dem ein ‹kleineres› Nebenfach – der Umfang ist von Universität zu Universität verschieden – studiert werden kann (der Fächerkanon differiert ebenfalls zwischen den einzelnen Universitäten). Auf den zukünftigen Beruf wird in Lehrveranstaltungen vorbereitet, die ‹berufsorientierte Kompetenzen› vermitteln.

Man muß ganz deutlich darauf hinweisen, daß man gerade im Bereich der Alten Sprachen mit einem B.A. keine großen Berufschancen hat. Wenn der Schuldienst nicht das Berufsziel ist, sollte man auf alle Fälle einen M.A., wenn möglich, auch einen Doktortitel erwerben, da die Konkurrenz im Bildungssektor (z.B. Verlagswesen, Medien, Kulturinstitute) äußerst hart ist. Außerdem sollte man sich schon während des Studiums durch Praktika, Volontariate usw. Zusatzqualifikationen erwerben.

Durch den Bologna-Prozeß sind eine Reihe neuer Studiengänge entstanden, in denen die römische Kultur und lateinische Literatur eine Rolle spielt. Es sind dies vor allem altertumswissenschaftliche Studiengänge, in denen die Alten Sprachen mit Alter Geschichte, Archäologie, Philosophie der Antike kombiniert werden, oder die vergleichende Literaturwissenschaft (Komparatistik).

4. Kompetenzen und Studieninhalte

Um die Vergleichbarkeit der Abschlüsse im Fach Latein zu gewährleisten, wurden von der Kultusministerkonferenz Kompetenzen formuliert, über die ein Absolvent der Latinistik verfügen sollte, und Inhalte festgelegt, die man im Verlauf des Studiums erwerben sollte.

1. Kompetenzen

Die Studienabsolventen verfügen über sprachliche und fachwissenschaftliche Kenntnisse, die unter Einbeziehung fachdidaktischer Kompetenzen zur Vermittlung der lateinischen Sprache und der lateinischen Literatur erforderlich sind.

1.1 **Sprachkompetenz, sprachwissenschaftliche Kompetenz**
Sie sind in der Lage,

1.1.1 auch schwierige lateinische Texte ohne Hilfsmittel zielsprachenorientiert zu übersetzen,

1.1.2 deutsche Texte, die dem antiken Gedankenkreis zugeordnet sind, ins Lateinische zu übertragen,

1.1.3 Elemente der lateinischen Sprache in metasprachlichen Kategorien zu beschreiben und sprachvergleichend über die Funktion von Sprache überhaupt zu reflektieren.

1.2 Literaturwissenschaftliche, kulturwissenschaftliche Kompetenz
Sie sind in der Lage,

1.2.1 lateinische Texte im Zusammenhang des Werkes und der Gattung auf der Basis wissenschaftlicher Forschungen zu interpretieren,

1.2.2 Texte in ihren historischen, kulturellen und gesellschaftlichen Kontext einzuordnen und in ihrer Bedingtheit zu verstehen,

1.2.3 die Rezeption von Texten und Vorstellungen bis in die Gegenwart zu verfolgen,

1.2.4 Wurzeln europäischen Denkens und Handelns in der römischen Kultur zu benennen,

1.2.5 Inhalte der antiken Kultur und anderer Disziplinen (z. B. Geschichte, Kunst, Religion, Philosophie) fachübergreifend zu vernetzen.

1.3 Fachdidaktische Kompetenz
Sie sind in der Lage,

1.3.1 unter Einbeziehung grundlegender didaktischer und methodischer Fragestellungen Entwürfe zur Unterrichtsgestaltung in der Spracherwerbsphase und der Lektürephase zu erstellen,

1.3.2 einzelne Stunden unter Anleitung durchzuführen, deren Planung und Realisierung auszuwerten.

2. Studieninhalte

Voraussetzung für das Studium: Latinum und Graecum

2.1 Sprache

2.1.1 Aneignung eines für die Originallektüre notwendigen Wortschatzes

2.1.2 Wortgrammatik, Satzgrammatik, Textgrammatik

2.1.3 Phonologie, Morphologie, Syntax, Semantik

2.1.4 Geschichte der lateinischen Sprache
2.1.5 wissenschaftliche Sprachbetrachtung (deskriptive und historische Betrachtungsweise); Anwendung auf das Lateinische

2.2   Literatur

2.2.1 Auf eigener Lektüre in der Originalsprache (Dichtung und Prosa) beruhende Kenntnis wesentlicher, vor allem schulrelevanter Autoren und Werke unter Einbeziehung ihrer Überlieferungs- und Forschungsgeschichte und Benutzung wissenschaftlicher Hilfsmittel
2.2.2 Literaturgeschichte: Überblick über die Epochen der lateinischen Literatur
2.2.3 Gattungen und Textsorten der lateinischen Literatur
2.2.4 Literaturtheorie, Rhetorik, Poetik
2.2.5 Prosodie und Metrik
2.2.6 Rezeption in Literatur, Bildender Kunst, Musik
2.2.7 Methoden der Textarbeit (textimmanente und textexterne Interpretationskategorien)
2.2.8 Hilfswissenschaften (Epigraphik, Paläographie)

2.3   Kultur und Geschichte

2.3.1 Geschichte des griechisch-römischen Altertums
2.3.2 Geographie des Mittelmeerraums, Topographie Roms, archäologische Stätten
2.3.3 griechische und römische Kunst und Architektur
2.3.4 Mythologie und Religion; Christentum in der römischen Welt
2.3.5 römisches Recht
2.3.6 Alltagsleben
2.3.7 Staatstheorien
2.3.8 antike Philosophie
2.3.9 Fortwirken der lateinischen Sprache und der römischen Kultur (bes. in der Germania Romana)

2.4   Fachdidaktik Latein

2.4.1 Bildungsstandards (Kompetenzen und Inhalte)
2.4.2 Arbeit mit Lehrbüchern (Grammatikmodelle; Einführung von Grammatikphänomenen; Übungsformen; Textarbeit)
2.4.3 Formen der Textarbeit (Textauswahl; Texterschließungs- und Übersetzungsmethoden; Interpretationsverfahren)

2.4.4 Interdependenz von Inhalten (Unterrichtsgegenstand), Lernzielen und Unterrichtsformen

2.4.5 Spracherwerbsphase / Lektürephase: Formen der Leistungsbeurteilung

Aus diesen Anforderungen ergeben sich verschiedene Lehrveranstaltungsformen (Module), die im Verlauf des Studiums belegt werden müssen:

In *Lektürekursen* wird ein Autor oder eine Gattung unter Anwendung wissenschaftlicher Kommentare erarbeitet. Ziel ist es, sich soweit in den Autor einzulesen, daß man vom bloßen Übersetzen tatsächlich zum flüssigen Lesen kommen kann.

In *Pro-* und *Hauptseminaren* werden Autoren, Gattungen oder bestimmte übergreifende Themen unter verschiedenen Fragestellungen behandelt. Proseminare sind häufig von Tutorien begleitet, in denen der Stoff der Lehrveranstaltung vertieft und vor allem in die Arbeitsweisen der Philologie eingeführt wird.

In manchen Studienplänen ist auch eine *Einführung in die Metrik* vorgesehen, in der die verschiedenen Versformen erarbeitet werden. Das didaktische Ziel dieser Veranstaltung ist, ein flüssiges Lesen poetischer Texte zu erlernen, das über das hölzerne Skandieren hinauskommt. Die metrische Einführung kann auch Bestandteil der *Einführung in die Klassische Philologie* (oder *in die Latinistik*) sein, in der grundlegende Sachverhalte, methodische Grundbegriffe und literaturgeschichtliche Zusammenhänge vorgestellt werden. Außerdem sollen in der Einführung die Studierenden in den Umgang mit wissenschaftlicher Literatur und in die philologische Arbeitsweise eingeführt werden.

Stilübungen vermitteln die Kenntnisse, einen deutschen Text, der in der Regel dem antiken Gedankenkreis entstammt, ins Lateinische zu übersetzen. Die Fähigkeit, einen deutschen Text in angemessener stilistischer Form ins Lateinische zu übertragen, wird man im Schuldienst immer wieder beim Erstellen von Klassenarbeiten benötigen.

Vorlesungen dienen dazu, Überblickswissen, den Forschungsstand zu einem bestimmten Thema und natürlich Anregungen zum selbständigen Arbeiten zu vermitteln.

In *Kolloquien* werden von Studierenden eigene Arbeiten vorgestellt und diskutiert, oder es kann z. B. über neuere Sekundärliteratur gesprochen werden.

Für den Lehramtsstudiengang ist in der Regel eine mehrtägige *Exkursion* in den römischen Kulturraum vorgeschrieben.

Neben den Pflicht- und Wahlpflichtveranstaltungen sollte ein möglichst umfangreicher Lektürekanon erarbeitet werden. Vor allem mit den in Kap. X vorgestellten Autoren sollte man sich im Verlauf des Studiums in irgendeiner Weise auseinandergesetzt haben.

5. Schriftliche Arbeit

Im Verlauf des Studiums müssen eine Reihe schriftlicher Arbeiten angefertigt werden (Hausarbeiten, B.A.-Arbeit, M.A.-Arbeit, Dissertation). Die formalen Kriterien werden in der Regel vom Dozierenden vorgegeben.

Zitierweise: Wichtig ist, daß in den Fußnoten eine einheitliche, konsequente Zitierweise angewandt wird. Folgende Möglichkeiten bieten sich an:

Bei der ersten Erwähnung wird ein Titel vollständig zitiert: Th. Fuhrer, Augustinus, Darmstadt 2004, 15 (Angabe der Seitenzahl).

Bei der nächsten Erwähnung sollte man schreiben: Fuhrer (wie Anm. XY), 9. Die oft angewandte Abkürzung a. a. O. (am angegebenen Ort) sollte vermieden werden, da der Leser vor allem bei längeren Abhandlungen den ‹angegebenen Ort› nicht ohne weiteres finden wird.

Häufig wird – vor allem in englischsprachigen Werken – in der Fußnote nur der Name, das Erscheinungsjahr und die Seitenzahl angegeben (also: Fuhrer 2004, 15). Den vollständigen Titel findet man über das Literaturverzeichnis am Ende der Arbeit:

Fuhrer 2004: Th. Fuhrer, Augustinus, Darmstadt 2004.

Die Abkürzung lateinischer Autoren und Werke sollte am besten nach dem *Thesaurus Linguae Latinae* erfolgen (s. o. S. 219).

Literaturverzeichnis: Man sollte das Literaturverzeichnis am besten in folgende Kategorien unterteilen: 1. Textausgaben; 2. Kommentare; 3. Sekundärliteratur. Die Kommentare können auch unter die Sekundärliteratur aufgenommen werden. Bisweilen empfiehlt sich, als 4. Unterteilung «Hilfsmittel» (vor allem Wörterbücher, Grammatiken) anzuführen.

Beispiel eines Literaturverzeichnisses:

1. Textausgaben
P. Vergili Maronis opera ed. R.A.B. Mynors, Oxford 1969.
Q. Horati Flacci opera ed. D. R. Shackleton Bailey, Stuttgart ³1995.

2. Kommentare
C. O. Brink, Horace on Poetry. Epistles Book I, Cambridge 1982.
E. Norden, P. Vergilius Maro, Aeneis Buch VI, Stuttgart ²1916 (Nachdruck Darmstadt 1984).

3. Sekundärliteratur
M. v. Albrecht, Die Kunst der Spiegelung in Vergils Aeneis, Hermes 93 (1965) 54–64.
K. Büchner, Vergilius Maro, RE VIII A, 1/2 (1955/1958) Sp. 1021–1486 (= P. Vergilius Maro. Der Dichter der Römer, München ³1978).
G. Carlson, Die Verwandlung der homerischen Gleichnisse in Vergils Aeneis, Diss. Göttingen 1972.
Th. Fuhrer, Ahnung und Wissen. Zur Technik des Erzählens von Bekanntem, in: U. Eigler/E. Lefèvre (Hrsgg.), Ratis omnia vincet. Neue Untersuchungen zu den Argonautika des Valerius Flaccus, München 1998, 11–26.
G. N. Knauer, Die Aeneis und Homer: Studien zur poetischen Technik Vergils mit Listen der Homerzitate in der Aeneis, Göttingen ²1979.

Anmerkung: Die Realencyclopädie der classischen Altertumswissenschaft wird als RE abgekürzt; Sp. = Spalten. Wichtige Artikel der RE gibt es als Sonderausgaben.
Diss. = Dissertation.
Beiträge in Zeitschriften können wie oben der Aufsatz von M. von Albrecht angeführt werden. Alternativ kann die Jahreszahl zwischen Kommata gesetzt werden: Hermes 93, 1965, 54–64.
Beiträge in Sammelbänden werden wie oben der Aufsatz von Fuhrer angeführt. Häufig wird inzwischen die Abkürzung Hrsg. auch für mehrere Herausgeber verwendet.

XII. Verzeichnis der wichtigsten, in textkritischen Apparaten verwendeten Abkürzungen

(Die Abkürzungen der Verbformen im Perf. können jeweils die 3. Pers. Sg. und Pl. im Aktiv, oft auch das PPP bedeuten; hier ist nur die 3. Pers. Sg. genannt)

a.	annus,-i,-o,-um	Jahr, im J., des J.
acc.	accedente, accedit	wobei hinzukommt, kommt h.
add.	addidit	hat hinzugefügt
ad l. / ad loc.	ad locum	zur Stelle
adn. crit.	adnotatio critica	kritischer Apparat
adscr.	adscripsit	hat dazugeschrieben
al.	alii / aliis locis / alias	andere / an anderen Stellen / anderswo
al. al.	alii aliter	andere haben andere und unterschiedliche Versionen / Vorschläge / Meinungen
ap.	apud	bei
a. r.	ante rasuram	vor Stelle, an der radiert wurde
cet. / cett.	ceteri	alle übrigen
cf.	confer	vergleiche
cl. / coll.	collato,-is	nachdem zum Vergleich herangezogen wurde(n)
cod., codd.	codex, codices	Handschrift(en)
coni.	coniecit	hat vermutet
cont.	contulit	hat zum Vergleich herangezogen
corr.	correxit	hat berichtigt
def. / defend.	defendit	hat verteidigt
del.	delevit	hat getilgt
dist.	distinxit	hat durch Interpunktion getrennt
ed. / edd.	editor / editores	Herausgeber
e. g.	exempli gratia	zum Beispiel
em.	emendavit	hat berichtigt
eras.	erasit	hat ausradiert
evan.	evanuit	ist verschwunden
excid.	excidit	ist ausgefallen
exp.	expunxit	hat getilgt
fort. / ft.	fortasse	vielleicht
ibid.	ibidem	am selben Ort
i. e.	id est	das heißt
init.	intitium,-o	(am) Anfang

i. m.	in margine	am Rand
i. r.	in rasura	an einer Stelle, an der radiert wurde
ins.	inseruit	hat eingefügt
it.	iteravit	hat wiederholt
i. t.	in textu	im Text
lac. ind. / - stat.	lacunam statuit / indicavit	eine Lücke hat festgestellt
l. c. / loc. cit.	locus,-o citatus,-o	der (am) angeführte(n) Ort
lect.	lectio(nem / -es)	Lesart(en)
litt.	littera,-ae,-am	Buchstabe(n)
loc.	locavit	hat plaziert
m.	manus	Hand / Hände
mg.	margo,-ine	(am) Rand
m. r.	manus recentior	jüngere (d. h. zeitlich spätere) Hand
mut.	mutavit	hat verändert / vertauscht
n.	nota	Anmerkung
n. l.	non liquet	bleibt unklar
om.	omisit	hat ausgelassen
p. / pag.	pagina	Seite
plur.	plurimi	die meisten
prob.	probavit / -nte,-ntibus	hat gebilligt / wobei billigt,-en
q. d.	qui / quae / quod dicitur	der / die / das sogenannte(n)
	quae dicuntur	
ra. / ras.	rasura	Stelle mit Radierung
rec., recc.	recentior, -es	jüngere(r)
rell.	reliqui	die übrigen
rest.	restituit	hat wiederhergestellt
s.	sive	oder auch
saec.	saeculum,-i,-o	(im / des) Jahrhundert(s)
sc. / scil.	scilicet	das heißt also
Schol. / Σ, σχ	Scholion	antiker / mittelalterl. Kommentar
sec.	secundum	gemäß
secl. / scl.	seclusit	hat ausgesondert, d. h. getilgt
sim.	simile,-ia,-iter	ähnlich(es)
sp. / spat.	spatium,-o	(im) Zwischenraum
sq., sqq.	sequens,-tem,-tes	folgend(e)(n)
sup. / ss.	superscripsit	hat darübergeschrieben
suppl.	supplevit	hat ergänzt
transpos.	transposuit	hat umgestellt
tuent.	tuentur	verteidigen
ut vid.	ut videtur	wie es scheint
v., vv.	versus	Vers, Verse
v(ar). l(ect).	varia(e) lectio(nes)	verschiedene Lesart(en)
v. / vd.	vide	siehe

XIII. Literaturhinweise

Es werden zunächst unter I allgemeine Literaturhinweise gegeben, unter II weiterführende Literaturangaben zu den in den einzelnen Kapiteln behandelten Themen. Die Literaturhinweise zu Kap. X (Autoren und Werke) finden sich jeweils im Anschluß an die Behandlung der einzelnen Autoren.

1. Allgemeines

1.1. Literaturgeschichten

B. Altaner / A. Stuiber, Patrologie. Leben, Schriften und Werke der Kirchenväter, Freiburg / Basel / Wien ⁹1980.

M. von Albrecht, Geschichte der römischen Literatur, 2 Bde, München ²1994 (auch als Taschenbuch, dtv).

L. Bieler, Geschichte der römischen Literatur, Berlin / New York ⁴1980.

K. Büchner, Römische Literaturgeschichte: ihre Grundzüge in interpretierender Darstellung, Stuttgart ⁶1994.

H. von Campenhausen, Lateinische Kirchenväter, Stuttgart / Berlin / Köln / Mainz 1960 (u. ö.).

A. Dihle, Die griechische und lateinische Literatur der Kaiserzeit. Von Augustus bis Justinian, München 1989.

L. J. Engels / H. Hofmann (Hrsgg.), Spätantike, Wiesbaden 1997 (Neues Handbuch der Literaturwissenschaft Bd. 4).

M. Fuhrmann (Hrsg.), Die römische Literatur, Frankfurt/M. 1974 (Neues Handbuch der Literaturwissenschaft Bd. 3).

M. Fuhrmann, Rom in der Spätantike. Porträt einer Epoche, München / Zürich ³1998.

F. Graf (Hrsg.), Einleitung in die lateinische Philologie, Stuttgart / Leipzig 1997, 165–356.

S. Harrison (Hrsg.), A Companion to Latin Literature, Malden, Mass. 2005.

R. Herzog / P. L. Schmidt, Handbuch der lateinischen Literatur der Antike (*HLL*), München (Handbuch der Altertumswissenschaft [HdA]); bisher erschienen:
Bd. 1: Die archaische Literatur: von den Anfängen bis Sullas Tod ; die vorliterarische Periode und die Zeit von 240 bis 78 v. Chr., hrsg. v. W. Suerbaum (2002);
Bd. 4: Die Literatur des Umbruchs (117–284 n. Chr.), hrsg. v. K. Sallmann (1997);
Bd. 5: Restauration und Erneuerung (284–374 n. Chr.), hrsg. v. R. Herzog (1989).
Die von Herzog und Schmidt im HdA herausgegebene *Geschichte der lateinischen Literatur* ersetzt *Die Geschichte der römischen Literatur bis zum Gesetzgebungswerk des Justinian* (5 Bde), hrsg. v. M. Schanz / C. Hosius / G. Krüger (München 1914–1935), die sowohl im Forschungsstand als auch in der Interpretation und literarischen Wertung völlig überholt ist.

E. J. Kenney / W. V. Clausen (Hrsgg.), The Cambridge History of Classical Literature, Vol. 2: Latin Literature, Cambridge 1982.

M. Landfester (Hrsg.), Geschichte der antiken Texte: Autoren- und Werklexikon,
Stuttgart / Weimar 2007.

F. Leo, Geschichte der römischen Literatur, Bd. 1: Die archaische Literatur, Berlin
1913 (Nachdr. Darmstadt 1967) [nicht mehr erschienen].

E. Norden, Die römische Literatur, Leipzig ⁷1998 (= ¹1923).

Ch. Reitz, Die Literatur im Zeitalter Neros, Darmstadt 2006.

Den Rang einer Literaturgeschichte nimmt auch ein W. Haase / H. Temporini
(Hrsgg.), Aufstieg und Niedergang der römischen Welt (*ANRW*), Berlin / New
York 1972 ff. (I. Von den Anfängen Roms bis zum Ausgang der Republik, 4 Bde,
1972/73; II. Principat, 1974 ff.)

1.2. Nachschlagewerke

Das umfassendste Nachschlagewerk für den Bereich der gesamten Altertumswissenschaft ist immer noch *Paulys Realencyclopädie der classischen Altertumswissenschaft* (*RE*) von Pauly und Wissowa (1. Reihe: A–Q, 49 Bde, 1894–1963; 2. Reihe:
R–Z, 19 Bde, 1914–1972; 15 Supplementbände [1903–1978] und 2 Registerbände
[1996/1998]).

Das neue enzyklopädische Nachschlagewerk, in dem auch die Wissenschaftsgeschichte und Rezeption der antiken Literatur Berücksichtigung findet, ist
Der Neue Pauly (*DNP*, Stuttgart / Weimar 1996-2003). Der Registerband (Bd. 16)
erschien 2003. *DNP* ist auch als CD-Rom zugänglich.

Unentbehrlich für die spätantike Literatur und Kultur sowie die Rezeption antiker
Autoren in der lateinischen christlichen Literatur ist das auf ca. 40 Bände angelegte
Reallexikon für Antike und Christentum (*RAC*), Stuttgart 1950 ff.

Über die Übergangszeit zwischen Spätantike und Mittelalter sowie die Rezeption
der Antike im Mittelalter informiert das *Lexikon des Mittelalters*, München /
Zürich 1974ff.

1.3. Weitere wichtige Nachschlagewerke

Der Kleine Pauly. Lexikon der Antike (5 Bde), hrsg. v. K. Ziegler, W. Sontheimer
und H. Gärtner, München 1964–1975 (auch als Taschenbuchausgabe).

Lexikon der Alten Welt, hrsg. v. C. Andresen u. a., Stuttgart / Zürich 1965 (Nachdruck als Sonderausgabe 1990).

Lexikon der antiken christlichen Literatur. Hrsg. v. S. Döpp u. W. Gerlings, Freiburg / Basel / Wien ³2002.

Lexikon des Hellenismus. Hrsg. v. H. H. Schmitt u. E. Vogt, Wiesbaden ³2005.

Metzler Lexikon antiker Autoren, hrsg. v. O. Schütze, Stuttgart / Weimar
1997.

Metzler Lexikon antiker Literatur: Autoren – Gattungen – Begriffe, hrsg. v.
B. Zimmermann, Stuttgart / Weimar 2004.

Metzler Lexikon der Antike, hrsg. v. K. Brodersen und B. Zimmermann, Stuttgart / Weimar ²2006 (mit einem in wichtige Nachschlagewerke und Arbeitstech-
niken einführenden Anhang).

R. Nickel, Lexikon der antiken Literatur, Düsseldorf / Zürich 1999.

Personen der Antike, hrsg. v. K.Brodersen und B.Zimmermann, Stuttgart / Weimar 2004.

Tusculum-Lexikon griechischer und lateinischer Autoren des Altertums und des Mittelalters, bearb. v. A.Buchwald, A.Hohlweg und O.Prinz, München / Zürich ³1982.

The Oxford Classical Dictionary (*OCD*), hrsg. v. S.Hornblower und A.Spawforth, Oxford ³1996.

E.Nash, Pictorial Dictionary of Ancient Rome (2 Bde), New York 1968.

L.Richardson, A New Topographical Dictionary of Ancient Rome, Baltimore 1992.

K.W.Weeber, Alltag im Alten Rom, Zürich 1995.

K.W.Weeber, Alltag im Alten Rom. Das Landleben, Düsseldorf / Zürich 2000.

1.4. Zur Mythologie

K.Brodersen / B.Zimmermann (Hrsgg.), Antike Mythologie, Stuttgart / Weimar 2005.

M.Grant / J.Hazel, Lexikon antiker Mythen und Gestalten, München 1980 (u.ö.)

Lexicon Iconographicum Mythologiae Classicae (*LIMC*), München / Zürich 1981 ff.

E.M.Moormann / W.Uitterhoeve, Lexikon antiker Gestalten mit ihrem Fortleben in Kunst, Dichtung und Musik, Stuttgart 1995.

S.Price / E.Kearns, The Oxford Dictionary of Classical Myth and Religion, Oxford / New York 2003.

1.5. Bibliographien

Das umfassendste Verzeichnis sämtlicher im Bereich der Altertumswissenschaften erschienenen Arbeiten ist seit 1924 *L'année philologique. Bibliographie critique et analytique de l'antiquité gréco-latine* (Paris 1924 ff., http://www.annee-philologique.com/aph/), nach ihrem Begründer kurz auch nur *Marouzeau* oder *L'année philologique* genannt. Da die Bände der *L'année philologique* oft mit beträchtlicher Verspätung erscheinen, gewährt den aktuellsten Stand die viermal jährlich erscheinende bibliographische Beilage des *Gnomon* (http://www.gnomon. ku-eichstaett.de/Gnomon/Gnomon.html) und das Projekt TOCS-IN: http:// www.chass.utoronto.ca/amphoras/tocs.html; Forschungs- und Literaturberichte finden sich in den Zeitschriften *Lustrum* (1956 ff.), *Anzeiger für die Altertumswissenschaft* (1948 ff.) und in *ANRW* (s.o. unter 1).

1.6. Texte / Ausgaben

Die wichtigsten Reihen, in denen die Werke griechischer und lateinischer Autoren erscheinen, sind die *Bibliotheca Teubneriana* (Stuttgart / Leipzig) und die *Bibliotheca Oxoniensis* (Oxford Classical Texts, Oxford) sowie das *Corpus Scriptorum Latinorum Paravianum* (Torino). – Von zweisprachigen Reihen sind zu nennen: *Collection Budé*, Paris (mit franz. Übersetzung); *Loeb Classical Library*, London / Cambridge (Mass.) (mit engl. Übersetzung) sowie die *Sammlung Tusculum*, Zürich / Düsseldorf (mit deutscher Übersetzung). – Kritische Editionen spätantiker lateinischer Autoren finden sich auch in den *Monumenta Germaniae Historica* (*MGH*), besonders in der Abteilung *Auctores Antiquissimi*, 15 Bde, Berlin 1877–

1919. – Die christliche lateinische Literatur ist komplett greifbar in der monumentalen *Patrologia Latina (PL)*, ed. J.-P. Migne, Paris 1844–1855 (222 Bde + 5 Suppl.-Bde), die allerdings nicht den Rang einer kritischen Ausgabe beanspruchen kann. Weitere wichtige Reihen: *Corpus Scriptorum Ecclesiasticorum Latinorum (CSEL)*, Wien 1866 ff.; *Corpus Christianorum. Series Latina (CCL)*, Turnhout 1954 ff.; *Fontes Christiani* (mit deutscher Übersetzung), Freiburg/Wien 1990 ff.; *Sources Chrétiennes (SC,* mit franz. Übersetzung), Paris 1941 ff.; *Cambridge Patristic Texts (CPT)*, Cambridge 1899 ff.

1.7. Wichtige Fragmentausgaben zur römischen Literatur

H. Beck / U. Walter, Die frühen römischen Historiker (2 Bde), Darmstadt ²2005; 2004 (mit Kommentar).

C. Büchner / J. Blänsdorf, Fragmenta poetarum Latinorum epicorum et lyricorum praeter Ennium et Lucilium, Stuttgart/Leipzig ³1995.

E. Courtney, The Fragmentary Latin Poets, Oxford 1993 (mit Kommentar).

H. Funaioli, Grammaticae Romanae fragmenta I, Leipzig 1907.

A. S. Hollis, Fragments of Roman Poetry, c.60 BC–AD 20, Oxford/New York 2007 (mit Kommentar).

H. Keil, Grammatici Latini (7 Bde), Leipzig 1857–1880.

W. Morel / K. Büchner / J. Blänsdorf, Fragmenta poetarum Latinorum, Stuttgart/Leipzig ³1995.

E. Malcovati, Oratorum Romanorum fragmenta (3 Bde), Torino 1930/1933.

A. Mazzarino, Grammaticae Romanae fragmenta aetatis Caesarum, Torino 1955.

H. Peter, Historicorum Romanorum reliquiae (2 Bde), Leipzig ²1914, ¹1906 (Nachdruck 1993).

O. Ribbeck, Scaenicae Romanorum poesis fragmenta (2 Bde), Leipzig 1871/73 (Nachdruck Hildesheim 1962)

E. H. Warmington, Remains of Old Latin (4 Bde), London 1956–1979.

1.8. Wörterbücher

P. G. W. Glare (Hrsg.), Oxford Latin Dictionary (*OLD*), Oxford 1982.

C. T. Lewis / C. Short, A Latin Dictionary, Oxford ²1980.

K. E. Georges, Ausführliches lateinisch-deutsches Handwörterbuch, Hannover ⁸1913 (= ¹⁴1976).

Thesaurus Linguae Latinae (*ThLL*), Leipzig 1900 ff. (http://www.thesaurus. badw.de); bisher erschienen A–M, O – ca. pubertas (2006). Der ThLL ist das umfassendste lateinische Lexikon, in dem sämtliche erhaltenen Texte (bis ca. 600 n. Chr.) berücksichtigt sind. Nützlich ist der *Index librorum, scriptorum, inscriptionum ex quibus exempla afferuntur*, Leipzig ²1990 – eine Zusammenstellung der für den ThLL herangezogenen Texte mit einem Abkürzungssystem, nach dem zu zitieren empfohlen wird.

2007 ist die 5. Ausgabe der CD-Rom und DVD-Edition des ThLL erschienen.

1.9. Internetressourcen

http://www.kirke.hu-berlin.de/ressourc/ressourc.html
KIRKE-Katalog der Internetressourcen für die Klassische Philologie.
http://www.propylaeum.de/

Propylaeum – Virtuelle Fachbibliothek Altertumswissenschaften.
http://www.rassegna.unibo.it/index.html
Rassegna degli Strumenti Informatici per lo Studio dell'Antichità Classica.
http://www.tlg.uci.edu/index/resources.html
Electronic Resources for Classicists.

2. Literaturhinweise zu den einzelnen Kapiteln

Kap. I: Einleitung

E. Burck / F. Maier, Klassischer Philologe / Klassische Philologin (Blätter zur Berufskunde / Bundesanstalt für Arbeit, Nürnberg), Bielefeld [7]1994 (kann über die Arbeitsämter / Berufsberatung kostenlos bezogen werden, inzwischen weitgehend überholt).

M. Fuhrmann, Die Antike und ihre Vermittler, Konstanz 1969 (Konstanzer Universitätsreden 9).

M. Fuhrmann / H. Tränkle, Wie klassisch ist die klassische Antike?, Zürich / Stuttgart 1970.

U. Hölscher, Die Chance des Unbehagens. Drei Essays zur Situation der klassischen Studien, Göttingen 1965.

W. Ludwig (Hrsg.), Die Antike in der europäischen Gegenwart, Göttingen 1993.

K. Reinhardt, Die klassische Philologie und das Klassische, in: K. Reinhardt, Vermächtnis der Antike, Göttingen [2]1989, 334–360 (= Die Krise des Helden. Beiträge zur Literatur und Geistesgeschichte, München 1962, 115–143).

E. A. Schmidt, Lateinische Philologie als hermeneutische Textwissenschaft, in: E.-R. Schwinge (Hrsg.), Die Wissenschaften vom Altertum am Ende des 2. Jahrtausends n. Chr., Stuttgart / Leipzig 1995, 90–117.

Studienangebote deutscher Hochschulen, hrsg. von der Hochschulrektorenkonferenz (HRK), erscheint zweimal jährlich im Verlag Karl Heinrich Bock, Bad Honnef.

Kap. II: Geschichte der Klassischen Philologie

W. Den Boer, Les études classiques aux 19e et 20e siècles, Genf 1980 (Entr. Hardt 26).

W. W. Briggs / W. M. Calder III (Hrsg.), Classical Scholarship. A biographical encyclopedia, New York / London 1990.

C. O. Brink, English Classical Scholarship, Cambridge 1986.

H. Flashar / K. Gründer / A. Horstmann, Philologie und Hermeneutik im 19. Jh., Göttingen 1979.

A. T. Grafton, Defenders of the Text. The Traditions of Scholarship in an Age of Science, 1450–1800, Cambridge (Mass.) / London 1991.

A. T. Grafton / G. W. Most, Philologie und Bildung seit der Renaissance, in: F. Graf (Hrsg.), Einleitung in die lateinische Philologie, Stuttgart / Leipzig 1997, 35–48.

A. Gudemann, Grundriß der Geschichte der Klassischen Philologie, Leipzig / Berlin, [2]1909 (Nachdruck Darmstadt 1967).

I. Hadot, Geschichte der Bildung; artes liberales, in: F. Graf (Hrsg.), Einleitung in die lateinische Philologie, Stuttgart / Leipzig 1997, 17–34.

A. Hentschke / U. Muhlack, Einführung in die Geschichte der Klassischen Philologie, Darmstadt 1972.

P. Hummel, Histoire de l'histoire de la philologie. Étude d'un genre épistémologique et bibliographique, Genève 2000.

R. A. Kaster, Geschichte der Philologie in Rom, in: F. Graf (Hrsg.), Einleitung in die lateinische Philologie, Stuttgart / Leipzig 1997, 1–16.

W. Kroll, Geschichte der Philologie, Berlin ²1919.

J. Latacz, Die Gräzistik der Gegenwart, in: E.-R. Schwinge (Hrsg.), Die Wissenschaften vom Altertum am Ende des 2. Jahrtausends n. Chr., Stuttgart / Leipzig 1995, 41–89.

O. Mazal, Die Überlieferung der antiken Literatur im Buchdruck des 15. Jahrhunderts, Stuttgart 2003.

B. Näf (Hrsg.), Antike und Altertumswissenschaft in der Zeit von Faschismus und Nationalsozialismus, Mandelbachtal / Cambridge 2001.

R. Pfeiffer, Geschichte der Klassischen Philologie. Von den Anfängen bis zum Ende des Hellenismus, München ²1978.

R. Pfeiffer, Die Klassische Philologie von Petrarca bis Mommsen, München 1981.

B. Quillier, La tradition humaniste: VIIe siècle av. J.-C. – XXe siècle apr. J.-C., Paris 2002.

J. E. Sandys, A History of Classical Scholarship, 3 Bde, Cambridge 1903–08.

U. von Wilamowitz-Moellendorff, Geschichte der Philologie (Einleitung in die Altertumswissenschaft I 1), Leipzig / Berlin ³1927 (Nachdruck Stuttgart / Leipzig 1997).

Kap. III: Sprachgeschichte

W. S. Allen, Vox Latina. A Guide to the Pronunciation of Classic Latin, Cambridge ²1978.

A. Bammesberger, Lateinische Sprachwissenschaft, Regensburg 1984.

C. D. Buck, A Grammar of Oscan and Umbrian. With a Collection of Inscriptions and a Glossary, Nachdruck der Ausgabe Boston 1904, mit den Zusätzen der 2. Aufl. 1928 Hildesheim 1974.

R. S. Conway / J. Whatmough / S. E. Johnson, The Prae-Italic Dialects of Italy, 3 Bde, London 1933 (Nachdruck Hildesheim 1967).

R. S. Conway, The Italic Dialects, 2 Bde, Cambridge 1897.

G. Devoto, Geschichte der Sprache Roms, dt. v. I. Opelt, Heidelberg 1968 (Orig.: Storia della lingua di Roma, Bologna 1939, Nachdruck 1969).

W. Eisenhut, Die lateinische Sprache, München ⁷1991.

A. Ernout / F. Thomas, Syntaxe latine, Paris ²1953 (verbesserter Nachdruck 1972).

A. Ernout, Historische Formenlehre des Lateinischen, dt. v. H. Meltzer, 2./3. Aufl. Heidelberg 1920 (= Morphologie historique du latin, Paris ³1953).

K. E. Georges, Lexikon der lateinischen Wortformen, Leipzig 1890.

M. Hammond, Latin. A Historical and Linguistic Handbook, Cambridge (Mass.) 1976.

H. Happ, Grundfragen einer Dependenz-Grammatik des Lateinischen, Göttingen 1976.

H. Happ, Zur Erneuerung der lateinischen Schulgrammatiken, Frankfurt/M. 1977.

J. B. Hofmann, Lateinische Umgangssprache, Heidelberg ³1951.

W. Jäger, Einführung in die Klassische Philologie, München ²1980, 60–103.

E. Kieckers, Historische lateinische Grammatik, mit Berücksichtigung des Vulgärlateins und der romanischen Sprachen, 1. Teil: Lautlehre; 2. Teil: Formenlehre, München 1930/31 (Nachdruck 1960).

J. Kramer, Geschichte der lateinischen Sprache, in: F. Graf (Hrsg.), Einleitung in die lateinische Philologie, Stuttgart/Leipzig 1997, 115–162.

W. Kroll, Die wissenschaftliche Syntax im lateinischen Unterricht, Berlin ⁴1962.

R. Kühner, Ausführliche Grammatik der lateinischen Sprache:

Teil I: Elementar-, Formen- und Wortlehre, neu bearb. v. Fr. Holzweissig, Hannover-Leipzig ²1912, (Nachdruck Darmstadt 1982);

Teil II: Satzlehre, neu bearb. v. C. Stegmann, 2 Bde, Hannover ²1912–14, Darmstadt ⁵1976 mit Zusätzen und Berichtigungen von A. Thierfelder (Nachdruck 1982).

M. Leumann/J. B. Hofmann/A. Szantyr, Lateinische Grammatik (HdA II 2):

Bd. I: M. Leumann, Lateinische Laut- und Formenlehre, Neuausgabe München 1977;

Bd. II: J. B. Hofmann/A. Szantyr, Lateinische Syntax und Stilistik, München 1965 (verbesserter Nachdruck München 1972);

Bd. III: F. Radt/St. Radt/A. Westerbrink, Stellenregister, München 1979.

E. Löfstedt, Late Latin, Oslo 1959.

E. Löfstedt, Syntactica. Studien und Beiträge zur historischen Syntax des Lateins. 2 Bde, Bd. 1 Lund ²1942, Bd. 2 Lund 1933 (Nachdruck Malmö 1956).

E. Löfstedt, Syntactica. Studien und Beiträge zur historischen Syntax des Lateins, Teile 1 u. 2, Lund 1928–1933.

J. Marouzeau, Das Latein. Gestalt und Geschichte einer Weltsprache, München ³1970.

F. Neue, Formenlehre der lateinischen Sprache, 3. Aufl. v. C. Wagener, 4 Bde, Leipzig-Berlin 1892–1905.

M. Niedermann, Historische Lautlehre des Lateinischen, Heidelberg ³1953.

L. R. Palmer, Die lateinische Sprache, Hamburg 1990 (= The Latin Language, London ⁴1965).

V. Pisani, Le lingue dell' Italia antica oltre il latino, Torino ²1964.

R. von Planta, Grammatik der oskisch-umbrischen Dialekte, 2 Bde, Straßburg 1892–1897.

E. Pulgram, Italic, Latin, Italian. 600 B.C. to A.D. 1200. Texts and Commentaries, Heidelberg 1978.

G. Radke, Archaisches Latein. Historische und sprachgeschichtliche Untersuchungen, Darmstadt 1981.

A. Scherer, Handbuch der lateinischen Syntax, Heidelberg 1975.

G. S. Schwarz/R. L. Wertis, Index locorum zu Kühner-Stegmann «Satzlehre», Darmstadt 1980.

F. Skutsch, Einleitung zu: Der kleine Stowasser. Lateinisch-Deutsches Schulwörterbuch, München 1979 (zuerst erschienen 1910).

F. Sommer/R. Pfister, Handbuch der lateinischen Laut- und Formenlehre, Bd. 1: Einleitung und Lautlehre, Heidelberg ⁴1977.

F. Sommer, Handbuch der lateinischen Laut- und Formenlehre. Eine Einführung in das sprachwissenschaftliche Studium des Latein, 2. u. 3. Aufl. Heidelberg 1914 (Nachdruck 1959).

F. Stolz / D. Debrunner / W. P. Schmid, Geschichte der lateinischen Sprache, Berlin ⁴1966.

E. Vetter, Handbuch der italischen Dialekte, Bd. 1 Heidelberg 1953.

K. Vossler / H. Schmeck Einführung ins Vulgärlatein, München 1954.

L. P. Wilkinson, Golden Latin Artistry, Cambridge ²1966.

Kap. IV: Vom Autograph zur modernen Edition

Überlieferungsgeschichte

B. Bischoff, Paläographie des römischen Altertums und des abendländischen Mittelalters, Berlin ³2004.

H. Blanck, Das Buch in der Antike, München 1992.

E. Chatelain, Paléographie des classiques latins, 2 Bde, Paris 1884 / 1900.

H. Hunger / O. Stegmüller u. a., Geschichte der Textüberlieferung der antiken und mittelalterlichen Literatur, Zürich 1961 (München 1975).

J. Irigoin, La tradition des texts grecs, Paris 2003.

A. Petrucci, Breve storia della scrittura latina, Roma 1989.

E. Pöhlmann, Einführung in die Überlieferungsgeschichte und in die Textkritik der antiken Literatur, 2 Bde, Darmstadt 1994, 2003.

L. D. Reynolds, Texts and Transmission. A Survey of Latin Classics, Oxford 1983.

L. D. Reynolds / N. G. Wilson, Scribes and Scholars: A Guide to the Transmission of Greek and Latin Literature, Oxford ³1991.

M. Steinmann, Römisches Schriftwesen, in: F. Graf (Hrsg.), Einleitung in die lateinische Philologie, Stuttgart / Leipzig 1997, 74–91.

Textkritik

Th. Birt, Kritik und Hermeneutik nebst Abriß des antiken Buchwesens, München 1913 (HdA I 3).

P. Chiesa, Elementi di critica testuale, Bologna 2002.

A. Dain, Les manuscrits, Paris ³1975.

J. Delz, Textkritik und Editionstechnik, in: F. Graf (Hrsg.), Einleitung in die lateinische Philologie, Stuttgart / Leipzig 1997, 52–73.

A. Gercke / E. Norden, Einleitung in die Altertumswissenschaft, Bd. I, Leipzig / Berlin ²1912, 36–80.

H. Gronemeyer, Der Philologe und sein Text in Handschrift, Buch und Datenbank, Göttingen 2002.

P. Maas, Textkritik, Leipzig ⁴1960.

R. Merkelbach / H. van Thiel, Lateinisches Leseheft zur Einführung in die Paläographie und Textkritik, Göttingen 1969.

E. Montanari, La critica del testo secondo Paul Maas, Tavarnuzze 2003.

G. Pasquali, Storia della tradizione e critica del testo, Firenze ²1952.

H.-G. Roloff, Geschichte der Editionsverfahren vom Altertum bis zur Gegenwart im Überblick, Berlin 2003.

M. L. West, Textual Criticism and Editorial Technique, Stuttgart 1973.

Kap. V: Hilfswissenschaften

Epigraphik

I. Calabi Limantani, Epigrafia Latina, Milano ⁴1991.

W. Eck, Lateinische Epigraphik, in: F. Graf (Hrsg.), Einleitung in die lateinische Philologie, Stuttgart/Leipzig 1997, 92–111.

A. E. Gordon, Illustrated Introduction to Latin Epigraphy, Berkeley 1983.

P. Kruschwitz, Römische Inschriften und Wackernagels Gesetz, Heidelberg 2004.

E. Meyer, Einführung in die lateinische Epigraphik, Darmstadt 1973.

L. Schumacher (Hrsg.), Römische Inschriften, lateinisch/deutsch, Stuttgart 1988.

Papyrologie

D. Hagedorn, Papyrologie, in: H.-G. Nesselrath (Hrsg.), Einleitung in griechische Philologie, Stuttgart/Leipzig 1997, 59–71.

R. Parkinson/St. Quirke, Papyrus, London 1995.

H.-A. Rupprecht, Kleine Einführung in die Papyruskunde, Darmstadt 1994.

W. Schubart, Paläographie der lateinischen Papyri, 2 Bde, Stuttgart 1972/1981.

E. G. Turner, Greek Papyri, Oxford 1968.

Kap. VI: Metrik

S. Boldrini, Römische Metrik, in: F. Graf (Hrsg.), Einleitung in die lateinische Philologie, Stuttgart/Leipzig 1997, 357–384.

S. Boldrini, Prosodie und Metrik der Römer, Stuttgart 1999.

D. J. Califf, A Guide to Latin Metre and Verse Composition, London 2002.

F. Crusius, Römische Metrik, neu bearb. von H. Rubenbauer, Hildesheim/ Zürich/New York 1989 (= München ⁸1967).

H. Drexler, Einführung in die römische Metrik, Darmstadt ⁵1993.

J. W. Halporn/M. Ostwald/Th. Rosenmeyer, The Metres of Greek and Latin Poetry, London 1963.

J. W. Halporn/M. Ostwald, Lateinische Metrik, Göttingen ⁴1994.

D. S. Raven, Latin Metre. An Introduction, London 1965.

Kap. VII: Rhetorik und Stilistik

G. S. Aldrete, Gestures and Acclamations in Ancient Rome, Baltimore (Md.) 1999.

M. L. Clark, Die Rhetorik bei den Römern, Göttingen 1968 (= Rhetoric at Rome, New York 1963; überarbeitet 3. Auflage New York 1996).

W. Eisenhut, Einführung in die antike Rhetorik und ihre Geschichte, Darmstadt ⁵1994.

R. L. Enos, Roman Rhetoric: Revolution and the Greek Influence, Prospect Heights (Ill.), 1995.

M. Erren, Einführung in die römische Kunstprosa, Darmstadt 1983.

H. Färber/L. Voit, Lateinische Stilkunde, München ²1965.

M. Fuhrmann, Die antike Rhetorik. Eine Einführung, München/Zürich ⁴1995.

J. P. Krebs, Antibarbarus der lateinischen Sprache. 7. Aufl. v. J. H. Schmalz, 2 Bde, Basel 1905/07 (Nachdruck Darmstadt 1984).

W. Kroll, Rhetorik, RE, Suppl. 7, 1940, Sp. 1039–1138.

H. Lausberg, Elemente der literarischen Rhetorik. Eine Einführung für die Studierenden der klassischen, romanischen, englischen und deutschen Philologie, Ismaning ¹⁰1990.

H. Lausberg, Handbuch der literarischen Rhetorik. Eine Grundlegung der Literaturwissenschaft, München ³1990.

W. D. Lebek, Verba prisca, Göttingen 1970.

J. Marouzeau, Einführung ins Latein. Dt. v. A. Lambert unter Mitwirkung v. H. Haffter, Zürich / Stuttgart 1966 (= Introduction au latin, Paris 1954).

J. Martin, Antike Rhetorik. Technik und Methode, München 1974 (HdA II 3).

G. Maurach, Enchiridion poeticum. Hilfsbuch zur lateinischen Dichtersprache, Darmstadt ²1989.

H. Menge, Lateinische Synonymik, 6., durchges. Aufl. v. O. Schönberger, Heidelberg 1977.

K.-F. von Nägelsbach, Lateinische Stilistik, 9. Aufl. bes. v. I. Müller, Nürnberg 1905 (Nachdruck Darmstadt 1980).

E. Norden, Die antike Kunstprosa vom VI. Jahrhundert v. Chr. bis in die Zeit der Renaissance, 2 Bde, Leipzig ³1915 (Nachdruck der 2. Aufl. 1909, Darmstadt 1983).

M. L. Riccio Coletti, La retorica a Roma, Roma 2004.

J. Richter-Reichhelm, Compendium scholare troporum et figurarum. Schmuckformen literarischer Rhetorik, Frankfurt 1988.

Ph. B. Rollinson / R. P. Geckle, A Guide to Classical Rhetoric, Signal Mountain (Tenn.) 1998.

O. Schönberger, Lateinische Phraseologie, Heidelberg ⁴1979.

R. Volkmann, Die Rhetorik der Griechen und Römer in systematischer Übersicht, Leipzig ²1885 (Nachdruck Hildesheim 1963).

Kap. VIII: Epochen

A. Demandt, Die Spätantike als Epoche, in: L. J. Engels / H. Hofmann (Hrsgg.), Spätantike, Wiesbaden 1997, 1–28.

A. Demandt, Die Spätantike. Römische Geschichte von Diocletian bis Justinian 284–565 n. Chr., München ²2007 (HdA III. 6).

P. Dinzelbacher / W. Heinz (Hrsgg.), Europa in der Spätantike 300–600, Darmstadt 2007.

R. Herzog / R. Koselleck (Hrsgg.), Epochenschwelle und Epochenbewußtsein, München 1987 (Poetik und Hermeneutik 12).

M. Fuhrmann, Die römische Literatur, in: M. Fuhrmann (Hrsg.), Die römische Literatur, Frankfurt/M. 1974, 14–21.

M. Fuhrmann, Die Dichtungstheorie der Antike, Darmstadt ²1992.

M. Fuhrmann, Rom in der Spätantike. Porträt einer Epoche, München / Zürich 1994.

U. von Wilamowitz-Moellendorff, Die griechische Literatur des Altertums, Stuttgart / Leipzig 1995 (= Leipzig ³1912).

Kap. IX: Gattungen

Theorie

K. W. Hempfer, Gattungstheorie, München 1973.

M. Fuhrmann, Rom in der Spätantike, München / Zürich 1994.

Tragödie und Komödie

W. Beare, The Roman Stage. A Short History of Latin Drama in the Time of the Republic, London ³1964.

G. Duckworth, The Nature of the Roman Comedy. A Study in Public Entertainment, Princeton 1952.

M. Erasmo, Roman Tragedy. Theatre to Theatricality, Austin 2004.

B. Gentili, Lo spettacolo nel mondo antico. Teatro greco e teatro romano arcaico, ²2006.

R. L. Hunter, The New Comedy of Greece and Rome, Cambridge 1985.

E. Lefèvre (Hrsg.), Die römische Komödie: Plautus und Terenz, Darmstadt 1973.

E. Lefèvre (Hrsg.), Das römische Drama, Darmstadt 1978.

G. Manuwald, Fabulae praetextae. Spuren einer literarischen Gattung der Römer, München 2001.

Epos

E. Burck (Hrsg.), Das römische Epos, Darmstadt 1979.

B. Effe, Epische Objektivität und subjektives Erzählen: «auktoriale» Narrativik von Homer bis zum römischen Epos der Flavierzeit, Trier 2004.

J. M. Hartmann, Flavische Epik im Spannungsfeld von generischer Tradition und zeitgenössischer Gesellschaft, Bern / Frankfurt/M. 2004.

R. Häußler, Das historische Epos der Griechen und Römer bis Vergil, Heidelberg 1976.

R. Häußler, Das historische Epos von Lucan bis Silius, Heidelberg 1978.

A. Perutelli, La poesia epica latina. Dalle origini all'età dei Flavi, Roma 2000.

W. Schetter, Das römische Epos, Wiesbaden 1978.

M. von Albrecht, Roman Epic. An Interpretative Introduction, Leiden / Boston 1999.

Lehrgedicht

B. Effe, Dichtung und Lehre. Untersuchungen zur Typologie des antiken Lehrgedichts, München 1977.

M. Horster / C. Reitz (Hrsgg.), Wissensvermittlung in dichterischer Gestalt, Stuttgart 2005.

E. Pöhlmann, Charakteristika des römischen Lehrgedichts, in: ANRW 1,3 (1973) 813–901.

C. Schindler, Untersuchungen zu den Gleichnissen im römischen Lehrgedicht: Lucrez, Vergil, Manilius, Göttingen 2000.

Satura

J. Adamietz (Hrsg.), Die römische Satire, Darmstadt 1986.

M. Coffey, Roman Satire, Bristol ²1989.

M. A. Coronel Ramos, La sátira Latina, Madrid 2002.

K. Freudenburg, Satires of Rome, Threatening Poses from Lucilius to Juvenal, Cambridge / New York 2001.

G. Highet, The Anatomy of Satire, Princeton 1962.

U. Knoche, Die römische Satire, Göttingen ³1971 (Ndr. 1982).

D. Korzeniewski (Hrsg.), Die römische Satire, Darmstadt 1970.

Lyrik

K. Büchner, Die römische Lyrik. Texte, Übersetzungen, Interpretationen, Geschichte, Stuttgart 1976.

P. Grimal, Le lyrisme à Rome, Paris 1978.

I. Tar, Über die Anfänge der römischen Lyrik, Szeged 1975.

W. Wimmel, Kallimachos in Rom. Die Nachfolge seines apologetischen Dichtens in der Augusteerzeit, Wiesbaden 1960.

Elegie

E. Delbey, Poétique de l'élégie romaine. Les ages cicéronien et augustéen, Paris 2001.

N. Holzberg, Die römische Liebeselegie. Eine Einführung, Darmstadt ²2001 (2. völlig überarb. Aufl.).

P. Pinotti, L'elegia Latina. Storia di un forma poetica, Roma 2002.

Epigramm

N. Holzberg, Martial und das antike Epigramm, Darmstadt 2002.

G. Pfohl (Hrsg.), Zur Geschichte einer inschriftlichen und literarischen Gattung, Darmstadt 1969.

H. Szelest, Martial, eigentlicher Schöpfer und hervorragendster Vertreter des römischen Epigramms, in: ANRW 2,32,4 (1986) 2563–2623.

Bukolik

B. Effe/G. Binder, Die antike Bukolik. Eine Einführung, Düsseldorf/Zürich ²2001.

Geschichtsschreibung

U. Eigler u. a. (Hrsgg.), Formen römischer Geschichtsschreibung von den Anfängen bis Livius: Gattungen, Autoren, Kontexte, Darmstadt 2003.

A. Mehl, Römische Geschichtsschreibung: Grundlagen und Entwicklungen. Eine Einführung, Stuttgart 2001.

R. Mellor, The Historians of Ancient Rome, London 2004.

D. Timpe, Fabius Pictor und die Anfänge der römischen Geschichtsschreibung, in: ANRW 1,2 (1972) 928–969.

D. Timpe, Antike Geschichtsschreibung. Studien zur Historiographie, Darmstadt 2007.

U. Walter, Memoria und res publica. Zur Geschichtskultur im republikanischen Rom, Frankfurt/M. 2004.

Rede

A. Cavarzere, Oratoria a Roma. Storia di un genere pragmatico, Roma 2000.

M. E. Consoli, Prassi e teoria della retorica in Roma, Galatina 2004.

W. J. Dominik (Hrsg.), Roman Eloquence. Rhetoric in Society and Literature, London 1997.

A. Michel, Rhétorique et philosophie chez Cicéron, Paris 1960.

W. Stroh, Taxis und Taktik. Die advokatische Dispositionskunst in Ciceros Gerichtsreden, Stuttgart 1975.

C. J. Classen, Recht-Rhetorik-Politik. Untersuchungen zu Ciceros rhetorischer Strategie, Darmstadt 1985.

Fachschriftstellerei

B. Deinlein, Das römische Sachbuch, Diss. Erlangen 1975.

M. Fuhrmann, Das systematische Lehrbuch. Ein Beitrag zur Geschichte der Wissenschaften in der Antike, Göttingen 1960.

R. Hirzel, Der Dialog. Ein literarhistorischer Versuch, 2 Bde, Leipzig 1895.

G. Maurach, Geschichte der römischen Philosophie. Eine Einführung, Darmstadt 1989.

G. Maurach (Hrsg.), Römische Philosophie, Darmstadt 1976.

B. Meissner, Die technologische Fachliteratur der Antike: Struktur, Überlieferung und Wirkung technischen Wissens in der Antike, Berlin 1999.

Brief

B. Antón, La epistolografía romana: Cicerón, Séneca y Plinio, Helmantica 47, 1996, 105–148.

M. H. Dettenhofer, Briefe und Biographien (Altertum), in: M. Maurer (Hrsg.) Aufriss der historischen Wissenschaften 4, Quellen, 82–101, 2002.

H. J. Klauch, Die antike Briefliteratur und das Neue Testament, Paderborn 1998.

H. Peter, Der Brief in der römischen Literatur, Leipzig 1903.

K. Thraede, Grundzüge griechisch-römischer Brieftopik, München 1978.

K. Thraede, Zwischen Gebrauchstext und Poesie. Zur Spannweite der antiken Gattung Brief, in: Acta colloquii didactici classici octavi. Didactica Gandensia 20, 1980, 179–218.

Biographie, Autobiographie

M. H. Dettenhofer, Briefe und Biographien (Altertum), in: M. Maurer (Hrsg.) Aufriss der historischen Wissenschaften 4, Quellen, 82–101, 2002.

J. Geiger, Cornelius Nepos. An Ancient Political Biography, Stuttgart 1985.

B. Gentili / G. Cerri, Storia e biografia nel pensiero antico, Bari 1983 (engl. Amsterdam 1988).

F. Leo, Die griechisch-römische Biographie nach ihrer literarischen Form, Leipzig 1901 (Nachdruck Hildesheim 1990).

H. Sonnabend, Geschichte der antiken Biographie, Stuttgart 2002.

M. Reichel (Hrsg.), Antike Autobiographien. Werke – Epochen – Gattungen, Köln / Weimar / Wien 2005.

Roman

L. Graverini / W. Keulen / A. Barchiesi (Hrsgg.), Il romanzo antico. Forme, testi, problemi, Roma 2006.

N. Holzberg, Der antike Roman. Eine Einführung, München ²2001.

M. Picone / B. Zimmermann (Hrsgg.), Der antike Roman und seine mittelalterliche Rezeption, Basel 1997.

G. Schmeling (Hrsg.), The Novel in the Ancient World, Leiden u. a. 1996.

P. G. Walsh, The Roman Novel. The Satyricon of Petronius and the Metamorphoses of Apuleius, Cambridge 1970.

Wichtige Beiträge zur Geschichte und Interpretation des griechisch-römischen Romans enthält die Reihe *Ancient Narrative Supplementa* (Groningen 2002 ff., bisher 9 Bde).

Kap. XI. Studium

Die Studienreform ist gut dargestellt auf folgender homepage:
http://www.hs-bremerhaven.de/bachelor_master.html

Wichtige Arbeitsmittel für die Stilübungen:
F. Haeger / K. Schmidt, Compendium Linguae Latinae, Stuttgart ⁶1975.
F. Maier, Die Version aus dem Lateinischen, Bamberg 1977.
G. Maurach, Lateinische Stilübungen. Ein Lehrbuch zum Selbstunterricht, Darmstadt 1997.
H. Menge, Lehrbuch der lateinischen Syntax und Semantik. Völlig neu bearb. v. Th. Burkard u. M. Schauer unter wissenschaftl. Beratung v. F. Maier, Darmstadt ³2007.
K. Raab / M. Kessler, Lateinische Wortkunde, Bamberg / München ²1993.
R. Vischer, Lateinische Wortkunde für Anfänger und Fortgeschrittene, München / Leipzig ³2001.

Abkürzungen

Autoren und Werke sollten am besten nach dem Index des ThLL abgekürzt werden (S. 219).

ANRW	Aufstieg und Niedergang der römischen Welt
BT	Bibliotheca Teubneriana
DNP	Der Neue Pauly
CCL	Corpus Christianorum. Series Latin
CPT	Cambridge Patristic Texts
CSEL	Corpus Scriptorum Ecclesiasticorum Latinorum
CIL	Corpus Inscriptionum Latinarum
HdA	Handbuch der Altertumswissenschaft
HLL	Handbuch der lateinischen Literatur
MGH	Monumenta Germiae Historica
LIMC	Lexicon Iconographicum Mythologiae Classicae
OCD	Oxford Classical Dictionary
PL	Patrologia Latina
RAC	Realenzyklopädie für Antike und Christentum
RE	Paulys Realencyclopädie der classischen Altertumswissenschaft
SC	Sources Chrétiennes
ThLL	Thesaurus Linguae Latinae

Ein ausführliches Abkürzungsverzeichnis findet sich in *Der Neue Pauly*, Bd. 1, Stuttgart / Weimar 1996, XII–XLVII.

XIV. Register/Glossar

XIV. Register der Lateinischen Autoren (Kap. X)